JN412483

EmguCV를 이용한 C# 디지털 영상처리

이칠우 정민영 공저

주의

1. 본 교재는 지식경제부의 대학 IT전공역량강화사업(NEXT)의 수행 결과입니다.
2. 본 교재의 내용을 인용하실 때에는 반드시 지식경제부의 사업결과임을 밝혀야 합니다.
3. 국가과학기술 기밀유지에 필요한 내용은 대외적으로 발표 또는 공개할 수 없습니다.

EmguCV를 이용한 C# 디지털 영상처리

인　쇄 : 2011년 3월 10일
발　행 : 2011년 3월 15일

지은이 : 이칠우 · 정민영
발행인 : 현영덕
펴낸곳 : 도서출판 YOUNG
121-865 서울시 마포구 연남동 252-1 2층
전　화 : 02-3141-4134
팩　스 : 02-3141-4889
등록번호 105-90-67568
ISBN : 978-89-92843-30-0

정가 25,000원

*잘못 만들어진 책은 바꾸어 드립니다.

머리말

일반적으로 많은 사람들이 영상처리 분야는 다른 컴퓨터 응용 분야에 비해 다소 이해하기 어렵다는 인식을 갖고 있다. 대부분의 책들이 딱딱한 이론을 바탕으로 수식을 사용하여 내용을 설명하고 있고, 구체적인 알고리즘의 설명에는 C나 C++ 언어의 복잡한 프로그램을 사용하고 있기 때문에 초보자의 경우 공부를 포기하기 쉽다.

그러나 최근에 들어 이론을 손쉽게 이해할 수 있고 프로그램의 재사용이 가능한 다양한 영상처리 라이브러리들이 등장하고 있고, 프로그래밍 환경이 C++와 C#, JAVA와 같은 객체지향 프로그래밍으로 변화가 이루어지고 있다. 특히 OpenCV를 이용한 C++ 기반 프로그래밍 환경은 현재 영상처리 분야에 있어서 대세를 이루고 있으며 앞으로도 한동안 많이 사용될 것으로 예상된다. 그러나 C++는 완전한 객체지향언어에 비해 객체지향의 특성이 부족하여 손쉬운 프로그래밍에는 부족한 점이 많다. 즉, 포인터 기반의 자료구조와 C언어 속성인 함수 중심의 구조적 프로그래밍 기법에서 완전히 벗어날 수 없기 때문에 손쉽게 프로그램을 작성하기에는 많은 어려움이 있다.

이러한 난점을 개선하고자 최근에 OpenCV를 근간으로 하되 OpenCV의 자산을 그대로 활용할 수 있는 객체지향 구조의 영상처리 라이브러리가 다수 개발되고 있다. 그중에서도 타 언어와의 인터페이스 다양성 및 안정성 때문에 EmguCV가 가장 많은 주목을 받고 있다. 닷넷 프레임워크(.NET framewokr)를 기반으로 완전한 객체지향언어의 특징을 지닌 C#이 널리 확산되고 있고, EmguCV가 이 플랫폼 위에서 자유스럽게 사용될 수 있으므로 종래의 OpenCV을 활용한 C++ 영상처리 프로그램은 손쉽게 재사용이 가능하게 된다. 따라서 OpenCV의 기능을 그대로 살릴 수 있는 EmguCV 응용 C# 영상처리 프로그래밍환경은 앞으로 많은 사용자층을 갖게 될 것으로 예상된다.

이 책은 이와 같은 환경 변화를 배경으로 2005년에 발행한 졸저 「C# 디지털영상처리」를 최신 EmguCV를 기반으로 한 C# 프로그래밍 기법으로 개조하여 누구든지 손쉽게 영상처리 기술을 체험할 수 있도록 저술되었다. 영상처리 기초 알고리즘을 .NET 프레임워크를 기반으로 하는 C# 언어와 OpenCV를 그대로 이용한 EmguCV로 표현하고, 해당 프로그램 코드를 Visual Studio.NET 실습 환경을 통해 직접 입력하여 그 결과를 곧바로 확인할 수 있도록 만들었다. 따라서 이 책의 최대 특징은 영상처리 관련 프로그래밍을 쉽게 배울 수 있다는 것으로, C나 C++언어를 이용하여 영상처리를 한 사람은 물론 C# 언어나 영상처리 분야의 초보자라도 이 책의 내용대로 따라 하기만 하면 실제 프로그래밍에 금방 익숙해지고 자연스럽게 영상처리 고급 알고리즘을 이해할 수 있게 된다는 것이다.

C# 언어는 누구든지 쉽게 이해할 수 있다. 또 새로운 객체 지향 언어이면서 보다 강력하고 사용하기 편리한 .NET 플랫폼을 기반으로 하고 있기 때문에 다른 언어에 비해 생산성이 높다. 이 책은 이러한 C#과 .NET 프레임워크를 기반으로 구성되었으므로 영상처리 분야에 처음 입문하는 초보자들은 물론 보다 복잡한 알고리즘 개발을 신속하고 손쉽게 하고자 하는 전문가들에게도 객체지향 신세계로의 친절한 안내자가 되어줄 것이다.

전문가일지라도 대부분 자신의 프로그래밍 환경을 바꾸는 것을 어렵고 귀찮게 생각할 수 있다. 이미 특정 프로그래밍 언어에 익숙해진 사람들도 새로운 C#과 .NET 프레임워크 프로그래밍 환경으로의 변화를 주저할 수 있다. 그러나 '언제(anytime)', '어디서(anywhere)' 든지, '어떤 장치(any device)' 를 사용하더라도 네트워크와 정보처리를 통해 새로운 가치를 창출하는 유비쿼터스 컴퓨팅(ubiquitous computing) 환경에 적응하기 위해서는 최소한 .NET 플랫폼이 무엇인지는 알아두어야 한다.

21세기 지식기반 정보사회 특징의 하나는 기술의 발전 속도가 사회적 변화보다 훨씬 빠르다는 것이다. 기술변화가 사회 변화를 선도하고 그 영향은 일상생활의 여러 방면에서 나타나게 된다. 그러므로 변화를 두려워하면 발전을 기대할 수 없다. C++에서 C#으로, Win32에서 .NET 플랫폼으로의 변화를 억지로 넘어야할 산으로 생각하지 않고 목적지로 가는 도중에 있는 환승역으로 생각하는 마음만 먹으면 .NET 프레임워크에로의 접근은 매우 쉬워진다. 또한 이 책에서 기술한 바와 같이 응용 소프트웨어의 알고리즘들을 C# 프로그램의 각 메소드 개념으로 다룰 수만 있다면 그 내용을 다른 프로그래밍 언어로 쉽게 변경할 수 있으며 아무리 어렵고 복잡한 프로그램이라도 쉽게 이해할 수 있게 된다.

이 책은 9장으로 구성되어 있으며 크게 4단계로 나누어진다. 제1단계는 기초 부분으로 디지털 영상처리의 개념, 영상의 이해, 디지털 영상의 표현 등 디지털 영상처리의 개요를 다루는 제1장과, C# 영상처리 기초, C# 영상처리 프로그램 분석 등의 C# 영상처리 기본 프로그래밍을 다루는 제2장으로 구성되었다. 제2단계는 음영영상처리(gray-level image processing)에 관한 부분으로 제3장의 픽셀 중심 영상처리, 제 4장의 영역처리, 제5장의 기하학적 변환, 제6장의 퓨리에 변환, 제7장의 형태하적 영상처리 등으로 구성되었다. 제3단계는 음영영상처리 기법을 기초로 컬러영상처리 기법을 다루는 제8장의 컬러영상처리에 해당된다. 마지막 제4단계는 제9장에 해당되며, C# 영상처리 정리 프로젝트와 EmguCV를 이용한 얼굴인식 프로젝트로 구성되었다.

이 책의 발행을 위해 여러 가지로 애를 써주신 도서출판 영의 현영덕 사장님께 감사드린다. 또, 항상 좋은 아이디어와 우정어린 조언으로 연구의 즐거움을 주는 KAIST의 권인소 교수, 어려운 환경 속에서도 열심히 연구에 몰두하고 있는 전남대학교 '지능영상미디어 · 인터페이스연구실' 연구원 여러분들께도 진심으로 감사드린다. 아무쪼록 이 책을 통하여 영상처리 분야에 처음 입문하는 분들은 물론 관련 분야의 모든 분들께 조금이라도 도움이 되고, 또 그 분들의 앞날에 무궁한 발전이 있기를 두 손 모아 기원한다.

저자 이칠우 · 정민영

차 례

제1장 디지털 영상처리의 개요

제2장 C# 영상처리 프로그래밍

제3장 픽셀 중심 영상처리

제4장 영상의 영역처리

제5장 영상의 기하학적 변환

제6장 퓨리에 변환

제7장 형태학적 영상처리

제8장 컬러영상처리

제9장 C# 영상처리 응용프로그램

디지털 영상처리의 개요

1.1 영상의 이해

영상(映像)이란 말은 이미지(image)의 역어(譯語)로 인간 의식으로서의 내적 이미지에 대하여 공학적으로는 렌즈를 통하여 형성되는 물리적인 상(像)을 말한다. 즉, 광원으로부터 출발한 빛이 물체에 부딪힌 후 중간의 다양한 변화를 거쳐 센서에 도달하면 영상이 만들어진다. 따라서 영상을 식별하기 위해서는 관측 주체(눈, 카메라, 현미경 등), 관측 대상(물체, 풍경 등), 그리고 빛(가시광선)이 있어야 한다.

시각 정보를 인지하는 인간의 눈은 바깥쪽부터 눈을 보호하는 투명한 구조체인 각막(cornea), 광량(光量)을 조절하는 홍채(iris), 빛이 망막에 모이게 하는 볼록 렌즈(lens) 역할을 하는 수정체(lens), 상이 맺히는 망막(retina), 망막의 상을 뇌에 전달하는 시신경 등으로 구성되어 있다. 이 중 망막은 어두운 환경에 잘 반응하여 전반적인 형태를 인식하는 간상체(rod)와, 밝은 환경에 잘 반응하여 색깔에 민감하고 미세한 사물을 보는 기능을 가진 원추체(cone)로 구성되어 있다. 원추체는 적색, 녹색, 청색을 인지하는 세포들로 구성된다.

빛은 태양에서 방출되는 전자파의 한 부분으로, 그림 1-1과 같이 자외선, 가시광선, 적외선 중 약 350nm~780nm의 파장 대역에 속하는 가시광선 부분을 말한다. 빛의 반사, 굴절, 흡수 등의 성질에 의해 비춰진 물체에 대한 상은 다양한 색깔로 나타난다.

어떤 물체가 빨간색이라면 이는 가시광선 중 적색 파장을 갖는 것을 주로 반사시켜 눈으로 보내기 때문에 원추체의 적색 인지 세포에 의해 이 정보가 뇌에 전달되어 빨간색으로 인지하게 되는 것이다.

색깔(color)은 빛의 강도(intensity)와 분광 내용(spectral content)에 의해 영

<table>
<tr><td rowspan="2">자외선(라디오)</td><td colspan="3">가시광선(빛)(350nm~780nm)</td><td rowspan="2">적외선(열)</td></tr>
<tr><td>청색계(440nm)</td><td>녹색계(540nm)</td><td>적색계(580nm)</td></tr>
</table>

그림 1-1 태양에서 방출하는 전자파의 구성

향을 받는다. 빛을 분광시켜보면 다양한 색이 나타난다는 것과, 빛의 3원색에 해당되는 적색(赤色), 녹색(綠色), 청색(靑色)의 강도와 혼합 정도에 의해 다른 모든 색을 만들 수 있다는 것이 실험에 의해 밝혀졌다. 즉, 색깔은 빛이 눈에 들어오는 느낌이라 할 수 있고, 인간이 색깔을 식별하는 기본 원리는 RGB(Red, Green, Blue) 모형에 의해 설명될 수 있다. 그림 1-2 (a)는 RGB 모형을 나타낸 것이다. 빛이 없으면 암흑이고, 적색, 녹색, 청색 빛이 모두 합해지면 백색(白色)이 된다. 즉, RGB 모형에서는 섞일수록 명도가 커지므로 가산 혼합 원리가 적용된다. 이와 달리, 물감이나, 잉크젯 프린터(ink-jet printer)에서는 RGB모형과는 반대로 감산 혼합 원리가 적용되어 섞일수록 명도가 작아지는 CMY(Cyan, Magenta, Yellow) 모형이 적용된다. 그림 1-2 (b)와 같은 CMY 모형은 모두 섞이면 흑색이 되는데, 혼합된 흑색보다는 순수한 흑색을 사용하는 것이 더 낫기 때문에 CMYK(Cyan, Magenta, Yellow, blacK) 모형을 더 널리 사용한다.

그러나 인간이 실제로 색깔을 인지하는 느낌은 '파릇파릇하다' 는 의미가 잔디밭을 아침에 보았을 때 한 낮에 보았을 때, 그리고 해질 무렵에 보았을 때가 달리 느껴지듯이 색상(hue), 채도(saturation), 명도(brightness)에 따라 달라진다.

색상(色相)은 색깔이 눈에서 구별되는 느낌으로서, 빛의 주파수 성분에 의해 결정되는 고유한 색정보이다. 채도(彩度)는 백색과 섞이지 않은 정도를 의미한다. 따라서 채도가 높을수록 색깔의 순수한 정도가 높다. 순수한 색상에

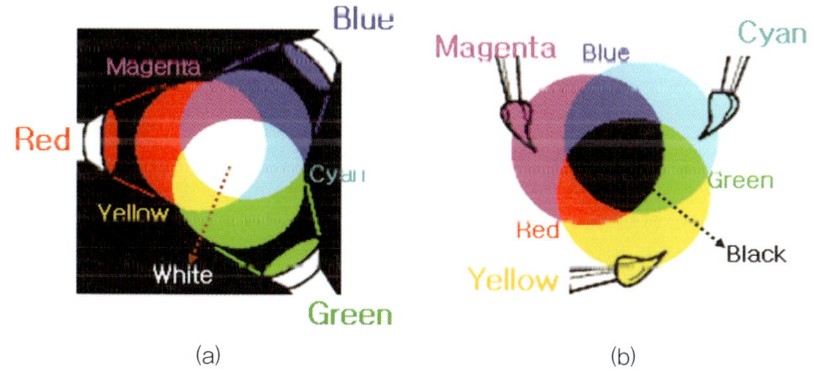

그림 1-2 RGB 모형 (a)와 CMYK 모형 (b)

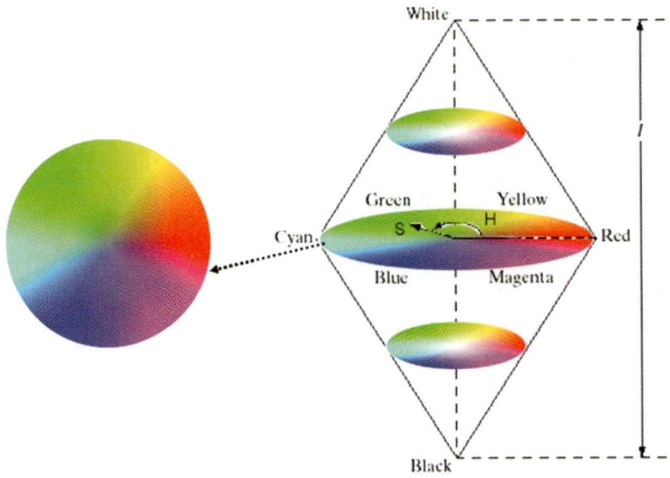

그림 1-3 HSI 컬러 모형

백색이 섞인 것을 그 정도에 따라 단계별로 나열한 것을 색조(tint)라 하는데 예를 들면 빨간 색조(色調)를 띠는 것은 그 채도에 따라 다양한 빨간 느낌을 갖게 된다. 명도(明度)는 글자 그대로 밝은 정도를 의미하는 것으로 빛이 물체에 비쳐져 반사되는 느낌의 정도라 할 수 있다. 빛의 강도(intensity)가 셀수록, 물체가 빛을 덜 흡수할수록 명도가 높게 된다. 그림 1-3은 색상, 채도, 명도를 기준으로 한 HSI 컬러 모형을 나타낸 것이다.

하나의 영상에 있어서 가장 명도가 높은 부분과 가장 명도가 낮은 부분의 차이를 대비(contrast)라 한다. 우리의 눈은 명도보다는 대비(對比)에 더 민감하다. 그림 1-4와 같이 똑같은 명도를 갖는 부분도 배경의 명도에 따라 달리 인지되는 현상이나 서로 다른 명도를 갖는 부분들이 인접해 있을 때 경계 부분을 강조해서 인지하는 현상들이 이것을 증명해 준다.

1.2 디지털 영상처리의 개념

디지털 영상(digital image)이란 0 또는 1과 같은 이산(離散)적인 상태를 의미하는 전자적 신호로 생성되어 표현되고 저장되는 그림을 말한다. 디지털 영

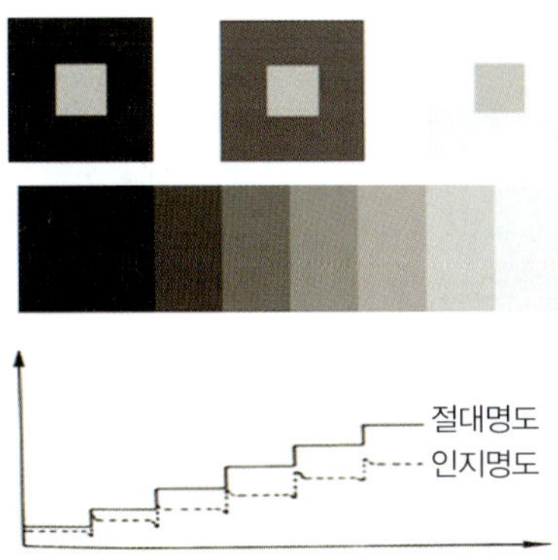

그림 1-4 대비의 특성에 대한 실험(일명 Mach Band Effect). 같은 밝기에도 주변의 변화에 따라 다르게 감지된다.

상은 디지털 장치에 의해 표현, 처리, 저장되기 용이하게 만들어지므로, 대표적인 디지털 장치라 할 수 있는 컴퓨터(computer)에서 글자나 그래픽(graphic)과 같은 데이터처럼 쉽게 처리될 수 있다. 디지털 영상은 실세계의 상을 디지털 카메라(camera)에 의해 직접 획득하거나, 필름(film) 영상에 담겨진 실세계의 상을 스캐너(scanner)에 의해 메모리(memory)에 기록되게 할 수 있다. 또한, 그래픽 프로그램[1]을 통해 새로 생성하거나 캡처(capture)받아서 파일 형태로 보조기억장치에 저장할 수 있다. 이 때, 필름 영상과 같이 연속적인 전자적 신호 형태로 표현되는 아날로그(analog) 영상은 샘플링(sampling)과 양자화(quantization)를 통해 0과 1과 같은 상태의 이산적인 전자 신호로 변환하여 디지털화해야 한다.

디지털 영상 데이터는 저장하는 방식에 따라 크게 벡터(vector) 영상 데이터와 래스터(raster) 영상 데이터로 구분할 수 있다. 벡터 영상 데이터는 드로잉(drawing)되는 선, 호, 원, 사각형 등과 같은 객체의 위치, 성질을 표현하는 목

1) 그래픽 프로그램은 크게 벡터 기반의 드로잉 중심의 프로그램과 비트맵 기반의 페인팅 중심의 프로그램으로 나눌 수 있다. 컴퓨터 그래픽스는 전통적으로 벡터 기반에 초점을 맞추고, 2D, 3D 인공 합성 영상을 2D 평면에 모델링(modeling)하고 렌더링(rendering)하는 기술이라 한다면, 영상처리는 비트맵, 또는 래스터 기반의 실제 영상을 개선, 복원, 분석, 압축하는 기술이다. 따라서 그래픽 데이터와 영상은 컴퓨터에서 0과 1상태의 디지털 데이터로 표현되므로 하나의 파일로 통합될 수 있다. 이 책에서는 이러한 특징을 갖는 비트맵 기반의 영상 파일을 다룬다.

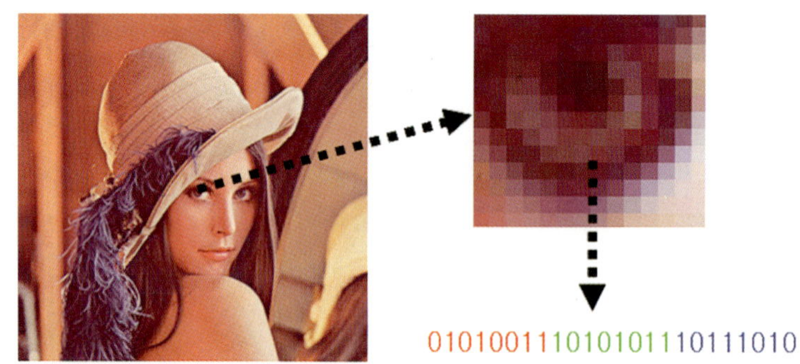

그림 1-5 영상의 최소 구성단위 픽셀(pixel: Picture Element: 화소)의 의미

록으로 구성되며, 래스터 영상 데이터는 페인팅(painting)되는 화면의 모든 픽셀의 값으로 구성된다. 픽셀(pixel; Picture Element. 화소(畵素)라고 번역 함)은 화면을 구성하는 기본 단위로서 보통 비트맵(bitmap)이라고 하는 메모리(memory) 영역에 그 값이 저장된다. 따라서 픽셀은 그림 1-5와 같이 디지털 영상의 한 점(point)을 화면에 표시하며 디지털 영상의 기본 단위로 사용되기도 한다.

디지털 영상처리 과정은 그림 1-6과 같이 영상입력, 영상처리, 영상저장 및 출력의 메카니즘(mechanism)을 갖는다. 영상입력은 실세계의 모습을 갖는 사진이나 카메라 정보 등을 AD변환기를 통해 디지털화하여 메모리로 전하는 것

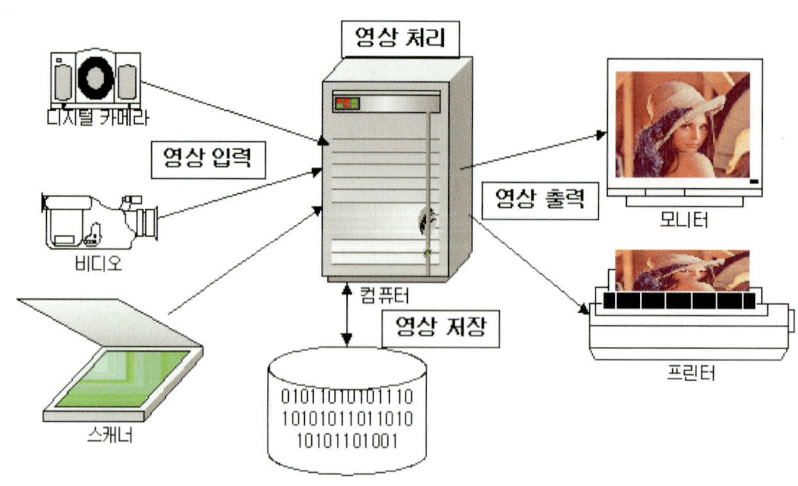

그림 1-6 디지털 영상처리 과정

을 말한다. 입력되는 영상의 품질은 샘플링(sampling)과 양자화 정도에 따라 달라지므로 이것을 잘 조정하는 것이 중요하다.

영상처리란 그림 1-7과 같이 디지털 영상 데이터에 대해 필요에 따라 명도, 대비 등의 조정을 통한 품질 향상을 꾀하는 영상개선(image enhancement), 그림 1-8과 같이 획득 과정에서 누락된 영상정보를 되살리는 영상복원(image restoration), 그림 1-9와 같이 영상으로부터 특징점, 윤곽선 등의 의미 있는 정보를 추출하기 위한 영상분석(image analysis)[2], 그림 1-10과 같이 필요에 따

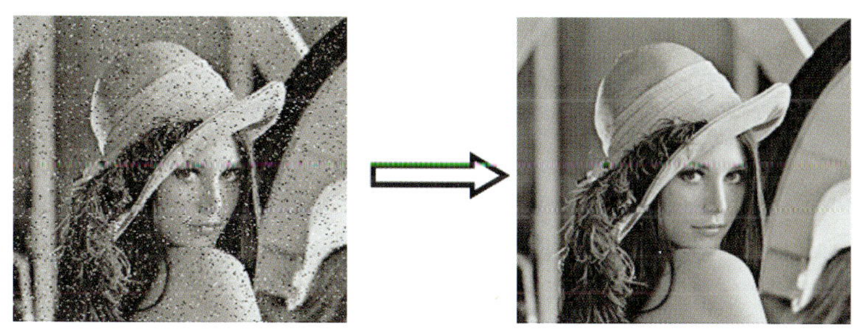

그림 1-7 영상개선. 잡음을 제거하여 깨끗한 영상을 얻음

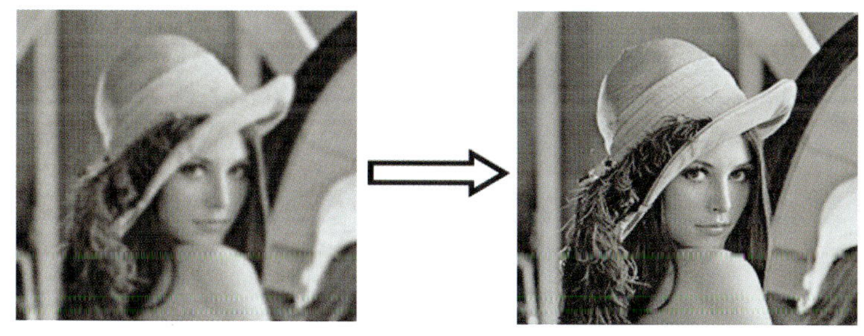

그림 1-8 영상복원. 훼손된 영상을 원래의 상태로 복원

2) 영상강조, 영상압축 등과 같이 영상분석을 통해 얻어진 정보를 이용하여 사용자의 이해를 돕거나 이차적인 응용을 위한 기술을 좁은 의미의 영상처리라고 한다면, 영상처리를 포함하여 동물의 시각 및 인지기능, 영상으로부터의 3차원 정보추출 및 지식처리 등 동물의 시각기능 이해 및 구현 전반에 걸쳐 이루어지는 연구를 컴퓨터시각(computer vision) 이라고 구별할 수 있다. 그러나 영상관련 연구의 응용 범위가 넓어지면서 두 용어는 전문가들 사이에서도 혼용되고 있다.

라 크기, 회전, 이동 등의 기하학적인 변형을 가하거나 퓨리에 변환 등과 같이 다른 형태의 데이터로 바꾸는 영상변환(image transformation), 그림 1-11과 같이 영상의 저장용량을 줄여 영상의 송수신 속도 및 처리 효율을 향상시키기 위해 데이터의 크기를 줄이는 영상압축(image compression) 등을 말한다.

그림 1-9 영상 분석. 선, 면적 등 의미 있는 정보를 추출

그림 1-10 영상변환. 영상전송, 보관 등을 위해 다른 형태로 변환

그림 1-11 영상압축. 데이터의 크기를 적게 하기 위해 표현법을 변환

영상 데이터에 적절한 계산 알고리즘을 적용하여 실생활이나 다른 시스템 제작에 필요한 정보를 추출하는 작업을 영상인식(image recognition)이라고 한다. 이 작업은 크게 영상입력, 영상처리, 영상저장 및 출력의 세 부분으로 나누어지며, 그 세부 과정은 그림 1-12와 같다.

영상획득(image acquisition)은 영상입력 시 수행하는 영상 표본화(sampling) 및 양자화(quantization)를 뜻한다. 전 처리는 영상획득 과정을 통해 얻은 디지털 영상을 개선하거나 수학적 모델을 통해 복원하는 것을 말한다. 분할(segmentation)은 색상이나 특징을 이용하여 입력영상을 서로 다른 구성요소나 물체, 또는 전경과 배경(foreground and background)로 나누는 것을 말한다.

표현 및 기술(representation & description)은 분할된 영상데이터를 컴퓨터에서 처리하기 적당한 형태로 바꾸는 것이다. 인식과 해석은 특징을 이용해서 한 가시 형태의 특정 객체로 설정하거나 인식된 객체의 모임에 의미를 부여하는 것을 말한다.

영상처리에 있어서 중요한 알고리즘(algorithm)은 영상을 구성하는 기본 단위인 점 또는 픽셀 값 자체를 조작하는 점처리(point processing) 알고리즘, 점 주위의 영역의 값의 영향을 고려하여 처리하는 영역처리(regional processing) 알고리즘, 영상 전체에 대해 일정한 규칙이나 원리를 적용하는 전역처리(global region processing) 알고리즘 등이 있다. 점처리 알고리즘은 히스토그램(his-

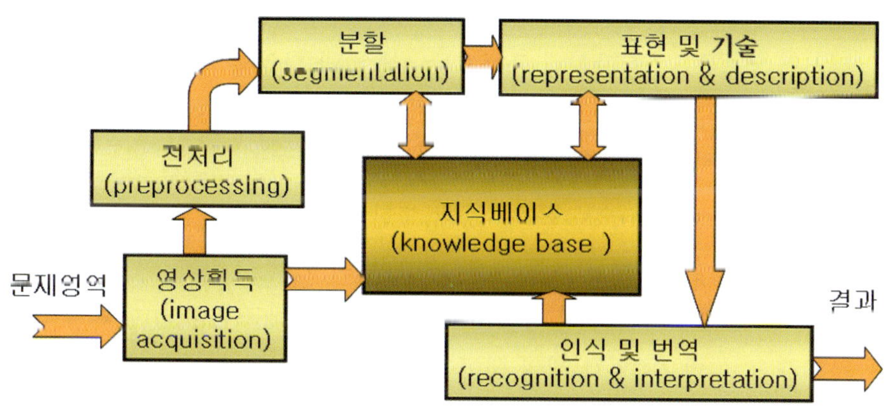

그림 1-12 영상인식을 위한 영상처리 과정

togram)이나 룩업 테이블(look-up table)을 이용하여 명도와 대비를 조정하여 영상의 품질을 높이거나, 두 개 이상의 영상에 대해 같은 위치의 픽셀 값을 조작하여 하나의 영상으로 합성하는 곳에 주로 사용된다. 영역처리 알고리즘은 기본적으로 회선(convolution) 알고리즘을 적용하여 고주파, 저주파 필터를 통한 샤프닝(Sharpening: 첨예화(尖銳化)), 블러링(Blurring: 희미화(稀微化)), 미디언 필터(median filter)를 통한 잡음 제거, 윤곽선 검출 마스크(mask)를 이용한 영상분할 등에 주로 적용된다. 전역처리 알고리즘은 기본적으로 영상 전체에 대해 적용되면서 필요에 따라, 점처리 알고리즘, 영역처리 알고리즘 등도 같이 적용하는 것을 말한다. 영상의 크기, 회전, 이동 등의 기하학적 변형을 가하거나, 퓨리에 변환(Fourier transformation) 이나 웨이블릿(wavelet) 변환 등의 영상변환, 그리고 저장 용량을 최소화하기 위한 영상압축 등에 주로 적용된다.

영상저장은 영상입력이나 영상처리 시 필요에 따라 영상을 보조기억장치에 저장해 두는 것을 말한다. 여기에는 새로운 입력 영상, 중간 처리 결과 영상, 최종 처리 결과 영상 등을 모두 포함한다.

영상 출력은 디지털 영상정보를 사람이나 다른 매체에서 이용할 수 있도록 하거나 통신망을 통해 배포되도록 변환하여 표시하는 것을 말한다.

1.3 디지털 영상의 표현

디지털 영상은 어떤 장치에 표현되느냐에 따라 다양한 모습으로 나타난다. 즉, 디지털 영상은 디지털 카메라, 디스크, 메모리, 화면, 프린터 등에 각기 다른 모습으로 보이지만 추상화하여 표현하면 밝기와 위치 정보를 갖는 0과 1의 비트 스트림(bit stream)으로 볼 수 있다. 또한 메모리와 디스크 중심으로 표현하면 색 정보를 수치로 가지고 있는 2차원 배열이라 할 수 있고, 화면과 프린터 중심으로 표현하면 픽셀의 색 정보를 갖는 좌측 상단좌표가 (0, 0)이고 우측 하단 좌표가 (x, y)인 2차원 그래픽 데이터라 할 수 있다. 그림 1-13은 그래픽 좌표계를 나타낸 것으로 좌측 상단이 모서리가 원점이 된다.

화면에 표시되는 영상은 화면을 구성하는 각 픽셀이 얼마나 많은가, 각 픽

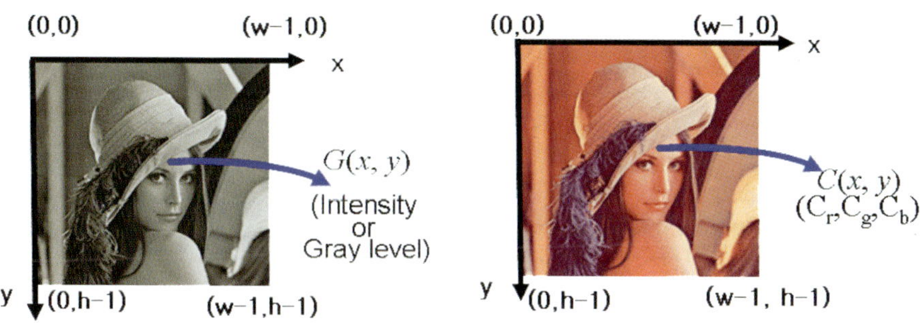

그림 1-13 음영 및 컬러 디지털 영상을 표현하는 2차원 그래픽 좌표계

셀이 어떤 RGB값을 갖느냐에 따라 다양한 모습으로 나타난다. 보통 영상 해상도는 영상을 구성하는 픽셀의 수를 의미하고 보통 영상의 품질에 있어서 정밀도의 척도로 사용된다.

또한 픽셀 해상도(pixel resolution)는 픽셀의 비트(bit)수를 의미하며 그 숫자가 클수록 보다 많은 색깔을 표현할 수 있다. 보통 음영영상의 경우 8비트, 컬러영상의 경우 24비트를 사용한다. 화면 해상도는 화면에 표시할 수 있는 최대 픽셀 수를 의미하며 보통 그래픽 카드의 영향을 받는다. 그래픽 카드의 종류에 따라 화면에 표시되는 최대 영상 해상도와 픽셀 해상도가 결정된다. 아날로그(analog) 영상을 디지털 영상으로 변환할 때 양자화 수준은 픽셀 해상도의 영향을 받는다. 그림 1-14는 픽셀 해상도에 따라 달리 나타나는 디지털 영상의 예를 보인다.

픽셀 해상도가 5비트 이상인 영상의 경우 사람의 눈으로 그 품질을 구별하기가 힘들어 보인다. 그림 1-15는 같은 픽셀 해상도를 갖지만 다른 영상 해상도를 갖는 영상을 같은 크기로 나열한 것이다.

1.4 음영영상과 컬러영상

픽셀의 값으로 명도값만을 갖는 영상으로서 보통 픽셀 해상도가 8비트인 영상 을 많이 사용한다. 픽셀 해상도가 8비트인 경우, 픽셀값은 0~255 사이의

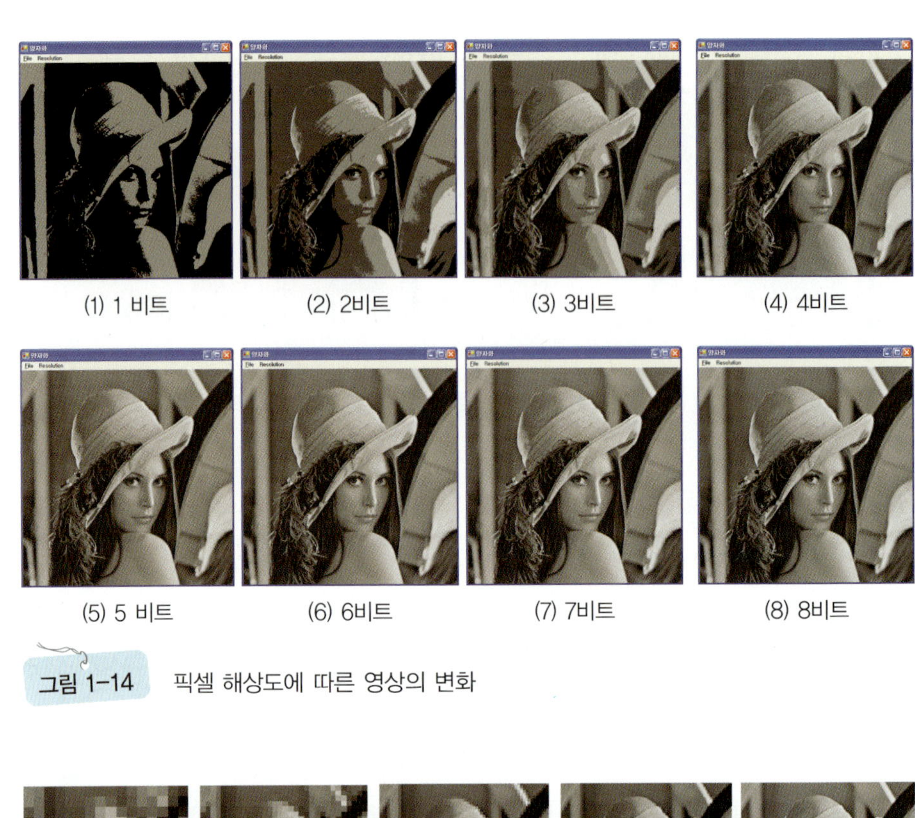

(1) 1 비트 (2) 2비트 (3) 3비트 (4) 4비트

(5) 5 비트 (6) 6비트 (7) 7비트 (8) 8비트

그림 1-14 픽셀 해상도에 따른 영상의 변화

(1) 16×16 (2) 32×32 (3) 64×64 (4) 128×128 (5) 256×256

그림 1-15 영상 해상도에 따른 영상의 변화

값을 갖게 되고 그만큼의 밝고 어두운 단계를 갖게 된다. 음영영상(gray image)을 2차원 그래픽 좌표로 나타내면 G(x, y)와 같이 표현할 수 있다. 여기서 x, y는 각각 그래픽의 x와 y좌표를 의미하며 만약 폭이 w, 높이가 h, 픽셀 해상도가 8비트라면, x는 0~$(w-1)$, y는 0~$(h-1)$, $G(x, y)$는 0~255까지의 값을 갖는다.

음영영상을 C#형태의 2차원 배열로 나타내면 $g[y, x]$와 같이 표현할 수 있다. 여기서 y는 행 인덱스(row index), x는 열 인덱스(column index)를 의미하며, 만약 폭이 w, 높이가 h, 픽셀 해상도가 8비트라면, x는 0~$(w-1)$, y는

0~$(h-1)$, $G(x, y)$는 0~255까지의 값을 갖는다. [그림 1-16]은 음영영상을 표현하는 2차원 배열 구조를 나타낸 것이다. 여기서, 2차원 배열 구조의 인덱스 $g[y, x]$와 2차원 그래픽 좌표계의 인덱스 $G(x, y)$의 행과 열의 위치가 서로 반대임을 주의하여 혼동하지 않도록 해야 한다.

컬러영상(color image)은 일반적으로 픽셀값이 RGB값을 갖는 영상으로서 픽셀 해상도가 24비트인 영상을 많이 사용한다. 픽셀 해상도가 24비트 이상인 경우를 트루 컬러 영상(true color image)라 하며, 각 픽셀은 RGB에 각각에 8비트씩 할당 받아 각 값은 0~255 사이의 값을 갖게 되므로 RGB값이 혼합되어 256×256×256가지의 색깔을 표현할 수 있게 된다. 컬러영상을 2차원 그래픽 좌표로 나타내면 $C(x, y)$와 같이 표현할 수 있다. 여기서 x, y는 각각 그래픽의 x와 y좌표를 의미하며 만약 폭이 w, 높이가 h, 픽셀 해상도가 24비트라면, x는 0~$(w-1)$, y는 0~$(h-1)$, 픽셀의 RGB에 해당되는 $C_r(x, y)$, $C_g(x, y)$, $C_b(x, y)$는 0~255까지의 값을 갖는다.

컬러영상을 C#의 배열로 나타내면, $c[0, y, x]$, $c[1, y, x]$, $c[2, y, x]$와 같이 표현할 수 있다. 여기서 면(plane) 인덱스에 해당되는 0은 빨강(Red), 1은 녹색(Green), 2는 파랑(Blue), y는 행 인덱스(row index), x는 열 인덱스(column index)를 의미하며, 만약 폭이 w, 높이가 h, 픽셀 해상도가 24비트라면, x는

g[0,0]	g[0,1]	g[0,2]	·	g[0,x]	·	g[0,w−1]
g[1,0]	g[1,1]	g[1,2]	·	·	·	g[1,w−1]
g[2,0]	g[2,1]	g[2,2]	· · ·	·	·	g[2,w−1]
·	·	·	·	·	·	·
g[y,0]	·	·	·	g[y,x]	·	g[y,w−1]
·	·	·	·	·	·	·
g[h−1,0]	g[h−1,1]	g[h−1,2]	·	g[h−1,x]	·	g[h−1,w−1]

그림 1-16 음영영상을 표현하는 2차원 배열

		c[2,0,0]	c[2,0,1]	c[2,0,2]	•	c[2,0,x]	•	c[2,0,w−1]
	c[1,0,0]	c[1,0,1]	c[1,0,2]	•	c[1,0,x]	•	c[1,0,w−1]	c[2,1,w−1]
c[0,0,0,]	c[0,0,1]	c[0,0,2]	•	c[0,0,x,]	•	c[0,0,w−1]	c[1,1,w−1]	c[2,2,w−1]
c[0,1,0]	c[0,1,1]	c[0,1,2]	•	•	•	c[0,1,w−1]	c[1,2,w−1]	•
c[0,2,0]	c[0,2,1]	c[0,2,2]	• • •	•	•	c[0,2,w−1]	•	c[2,y,w−1]
•	•	•	•	•	•	•	c[1,y,w−1]	•
c[0,y,0]	•	•	•	c[0,y,x]	•	c[0,y,w−1]	•	c[2,h−1,w−1]
•	•	•	•	•	•	•	c[1,h−1,w−1]	
c[0,h−1,0]	c[0,h−1,1]	c[0,h−1,2]	•	c[0,h−1,x]	•	c[0,h−1,w−1]		

그림 1-7 컬러영상을 표현하는 3차원 배열

$0 \sim (w-1)$, y는 $0 \sim (h-1)$까지의 범위를 갖으며 $c[0, y, x]$, $c[1, y, x]$, $c[2, y, x]$는 각각 0~255까지의 값을 갖는다. [그림 1-7]은 컬러영상을 나타내는 3차원 배열로서 맨 앞의 0번 면이 빨간색, 중간 면이 녹색, 맨 뒷면이 파란색의 정보를 가지고 있다.

1.5 C# 디지털 영상처리 프로그래밍 환경

객체 지향 프로그래밍 환경이라 할 수 있는 닷넷 프레임워크(.NET framework)과 C# 언어가 등장하기 이전의 영상처리는 주로 구조적 프로그래밍 언어인 C를 이용하여 수행하는 것이 일반적이었다. 화면에 표시하는 것보다는 영상 파일을 읽어서 일련의 영상처리 알고리즘이 적용된 프로그램에 의해 가공한 다음 영상 파일로 출력하는 것이 중심이 되었다. 영상처리 알고리즘은 복잡한 수학적 연산을 구현해야 하므로 이를 프로그래밍하기 위한 시간과 노력이 많이 소모될 뿐 아니라 효율적인 알고리즘을 세우지 못하면 프로그램의 실행 속도가 느려질 수밖에 없었다. 그래서 인텔(Intel)사에서 하드웨어 친화적인 영상처리 라이브러리인 OpenCV를 만들어서 공급하였고, OpenCV를 이용한 영상처리는 널리 활용되기 시작했다. 그런데, C 언어와 함수 중심인 OpenCV는 구조적 프로그래밍의 한계를 가지고 있고, 특히 복잡한 사용자 인터페이스에 대한 요구와 보다 강력한 그래픽 처리에 대한 열망으로 C는 C++로 진화하였고, OpenCV는 C++에서도 사용 가능한 형태로 진화하였다. C++은 복잡한 사용자 인터페이스에 대한 요구를 어느 정도 해소하였으나 OpenCV는 여전히 함수 중심구조에서 계속 머물러 있었으므로 C++을 사용함에도 불구하고 완전한 객체 지향 프로그래밍을 구현하지는 못했다.

그러나 OpenCV는 최근 2.0 버전으로 발전하면서 단순 함수 구조에서 탈피하여 클래스 형태를 제공함으로써 C++에서 객체 지향 프로그래밍을 할 수 있는 발판을 만들었으나 이미 C++은 닷넷 프레임워크를 기반으로 하고 있기 때문에 형태만 약간 다른 C# 언어로 되어 버렸다는데 주목할 필요가 있다. 즉 완전한 객체 지향 프로그래밍 환경을 제공하기 위한 노력의 일환으로 등장한 닷넷 프레임워크와 C#은 이미 GDI+, DirectX를 활용할 수 있게 되었고, 임베디드 소프트웨어, 모바일(mobile) 환경까지 지원할 수 있게 되었을 뿐 아니라 OpenCV의 래퍼(wrapper)라 할 수 있는 EmguCV를 사용할 수 있게 됨으로써 OpenCV를 객체 지향 환경에서 사용할 수 있게 되었다.

객체 지향 언어는 데이터와 데이터를 조작하는 코드를 하나의 단위로 통합하여 사용할 수 있게 하므로, 실세계의 객체를 추상화하여 쉽게 이해할 수 있는 형태로 표현하여 컴퓨터에서 구현이 용이하며, 재사용하기 편하여 프로그램 개발 생산성 향상에 크게 기여하고 있다.

객체(object)란 분명히 구분할 수 있는 실체(entity)를 추상한한 개념으로 속성(properties)과 행동(behavior)의 두 요소를 가지고 있는 것을 말한다. 실체를 추상화하여 표현할 수 있으므로, 실세계의 이해를 증진시키고, 컴퓨터에 구현하기 위한 실제적인 기초를 제공한다.

클래스(class)란 객체의 공통적인 속성과 행동을 정의한 설계도, 즉 모형이다. 객체가 붕어빵이라면 클래스는 붕어빵 틀에 해당된다. 인스턴스화(instantiation)란 클래스의 실례(instance) 를 만드는 것으로 정의된 클래스로부터 객체를 생성하는 것을 말한다. 즉, 붕어빵틀에서 붕어빵이 구워지는 것을 말하며 인스턴스가 바로 객체에 해당된다. 클래스와 객체에서 표현하는 속성과 행동은 [표 1-1]과 같이 여러 가지 용어로 표현할 수 있다.

객체 지향 언어의 가장 큰 특징은, 캡슐화(encapsulation), 상속(inheritance), 다형성(polymorphism)을 들 수 있다. 캡슐화는 객체의 내부를 가려 정보를 은닉하는 것을 말하며, 상속은 한 클래스의 속성과 기능을 그대로 물려받아 또 다른 클래스를 만드는 것을 말한다. 그리고 다형성은 비슷한 기능을 다양하게 수행하는 메소드들을 같은 이름으로 여러 개 정의해놓고 하나의 이름으로 접근할 수 있게 하는 것을 말한다.

객체 간에 상호작용하는 매개 역할을 하는 것을 메시지(message)라 하는데 객체는 메시지를 통해 접근하며, 메시지는 대상객체, 메소드, 매개변수 등으로 구성된다. 한 객체에서 다른 객체로 메시지를 주고받을 때 대상 객체의 속성과 행동은 공개(public)된 것이어야 한다.

C#은 C와 Java의 영향을 받아 탄생한 최신의 객체 지향 프로그래밍 언어로서, 콘솔 프로그래밍, 윈도우 프로그래밍, 웹 프로그래밍이 가능한 강력한 프로그래밍 언어이다. 또한 C#은 [그림 1-8]과 같은 닷넷 프레임워크(.Net Framework)을 기반으로 한 최신의 객체 지향 프로그래밍 언어이다. 닷넷 프레임워크(.Net Framework)의 기본 클래스 라이브러리(Basic Class Library)를 이용하기 때문에 기본적인 윈도우(window), 그래픽(graphic), 데이터(data) 등에 관한 각종 클래스(class)를 재사용하기 용이하고, 그래픽 API(Application Programming Interface)인 GDI(Graphic Device Interface)를 개선시킨 최신의

표 1-1 클래스와 객체에서 속성과 행동의 다양한 표현

클래스와 객체	객체의 역할	Class 정의	C# Class 정의	Memory
속성(properties)	Attributes	Member Variables	Field Variables, Properties	Data
행동(behavior)	Operations	Member Function	Methods	(Instruction) Code

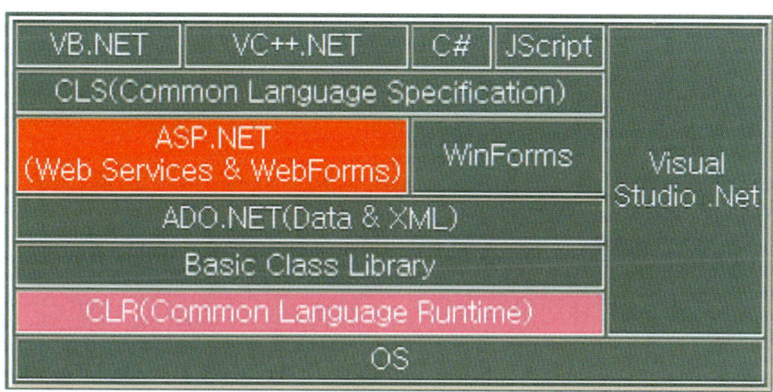

그림 1-8 닷넷 프레임워크(.Net Framework)

GDI+를 이용한 그래픽 프로그래밍은 물론, 멀티미디어(multimedia) API인 다이렉트엑스(DirectX)로의 확장까지 지원하므로 일반 2D, 3D 그래픽 처리 분야는 물론 영상처리 분야의 구현을 용이하게 하고, 응용을 효율적으로 할 수 있다. 닷넷 프레임워크(.Net Framework)은 플랫폼(platform) 독립적으로 실행할 수 있는 프로그램을 개발하기 위한 환경으로서 인터넷 환경을 혁신적으로 바꿀 MS사의 제품군과 기술을 총칭하는 것이다. 프로그래밍 언어 독립적이며 모든 언어에서 사용가능한 클래스 라이브러리(class library)를 지원하고 HTTP (HyperText Transfer Protocol) 프로토콜과 XML(eXtensible Markup Language) 데이터 형식을 사용할 수 있게 하며 PDA(Personal Digital Assistants), Mobile 기기의 프로그램밍까지 지원한다.

CLR(Common Language Runtime)은 프로그램 코드의 실행을 관리하는 환경으로 JVM(Java Virtual Machine)과 유사한 것이다. 기본 클래스 라이브러리(Basic Class Library)는 모든 언어에서 공통으로 사용할 수 있는 메소드와 속성을 가진 클래스들을 체계적으로 모아둔 것이다. ADO.NET(ActiveX Data Objects .NET)는 데이터와 데이터베이스, 그리고 XML과 관련된 라이브러리의 일종이다. ASP.NET(Active Server Page .NET)은 여러 언어를 사용하여 웹서비스(Web Services)와 웹폼(WebForms)을 구현하는 환경으로서, 프로그래밍 언어가 아니라 웹어플리케이션을 만드는 프레임워크(Framework)이다. CLS(Common Language Specification)는 모든 프로그래밍 언어가 따라야 할 특징을 모아둔 것이며, 각 언어들 사이의 차이를 조정하는 역할을 한다. 비주얼 스튜디오 닷넷(Visual Studio .Net)은 닷넷 구조를 기반으로 원시코드 입력, 컴파일, 링크, 디버그 등을 통해 각종 프로그램을 개발할 수 있도록 하는 윈도우즈 기반 환경이며, 개발 도구이다.

C# 윈도우즈 폼 응용 프로그램을 작성하여 실습하는 것에 관한 보다 자세한 사항은 [부록 A]를 참조하고 이를 기반으로 EmguCV를 이용한 C# 프로그래밍 실습 과정의 보다 자세한 사항은 [부록 B]를 참조하기 바란다.

연/습/문/제

[기초문제]

※ 다음 글을 읽고 빈 칸에 가장 알맞은 말을 넣으시오.

1. (   )란 이미 획득되었거나 만들어진 영상을 조작하는 것을 말하고, (   )란 새로운 합성 영상을 만드는 것을 말한다.

2. 눈의 망막에 있는 세포 중에서 중앙에 주로 집중되어 있는 것으로 RGB 색을 구별할 수 있게 해주는 것을 (   )라 하고, 골고루 퍼져 있으면서 색을 구분하는 데는 도움이 되지 않지만 빛의 강도에 민감하여 약한 빛에서도 사물의 흑백 형체를 볼 수 있게 해주는 것을 (   )라 한다.

3. HSB 색상 모형에서 H는 (   )로서 다양한 파장이 관측자에게 쬐어짐으로써 받아들여지는 컬러에 대한 느낌이고, S는 (   )로서 색의 순수한 정도, 즉 백색으로 희석되지 않은 색깔의 정도를 나타내며, B는 빛의 밝기(Brightness), 즉 명도를 의미한다.

4. 영상의 가장 어두운 영역으로부터 가장 밝은 영역의 범위를 (   )라 하는데, 우리의 지각은 명도보다는 이것에 더 민감하다.

5. 서로 다른 광도가 인접해 있으면 경계 부분을 강조해서 보는 경향을 (   ) 효과라 한다.

6. (   ) 혼합 원리가 적용되는 컬러 모형을 RGB모형이라 한다면, 감산 혼합 원리가 적용되는 컬러 모형은 (   )모형이다.

7. 픽셀(Pixel)은 (   )의 합성어로서 디지털 영상 표현의 기본 단위이므로 영상을 픽셀의 집합이라고 할 수 있다. 그래서 영상의 정밀도를 의미하는 (   )는 픽셀의 수라 할 수 있고, 픽셀의 색상을 표현하는데 사용되는 비트의 수를 (   )라 한다.

8. (   ) 영상을 2차원 배열로 표현한다면, 컬러영상은 (   )차원 배열로 표현할 수 있다.

9. 영상처리에 있어서 점처리는 픽셀 값 자체를 조작하는 것을 말하고, (   ) 처리는 픽셀의 원래 값과 주위의 픽셀 값을 기반으로 하여 픽셀 값을 변경하는 것이며, 전역처리는 영상 전체에 대해 일정한 규칙이나 원리를 적용하는 것인데, 이 중 기하학적 처리는 픽셀의 (   )나 배열을 변화시켜 (   ), 이동, 확대, 축소 등의 기하학적 변형을 가하는 것을 말한다.

10. 음영영상의 픽셀 해상도가 8비트(bit)라면 각 픽셀은 0에서 (   ) 사이의 값을 가진다. 만약 0값이 검정색을 나타낸다면 가장 큰 값은 (   )을 나타낸다.

11. C#은 (   )을 기반으로 한 최신의 객체 지향 프로그래밍 언어이다. 이것의 기본 클래스 라이브러리를 이용하기 때문에 기본적인 윈도우(window), 그래픽(graphic), 데이터(data) 등에 관한 각종 (   )를 재사용하기 용이하고, 그래픽 API(Application Programming Interface)인 최신의 (   )를 이용한 그래픽 프로그래밍이 가능하다. 또한 OpenCV의 래퍼(wrapper)라 할 수 있는 (   )를 사용할 수 있게 됨으로써 OpenCV를 객체 지향 환경에서 사용할 수 있게 되었다. OpenCV는 인텔(Intel)사의 (   ) 친화적인 영상처리 라이브러리이므로 실행속도가 빠르다.

12. 클래스(class)란 (   )의 공통적인 속성과 행동을 정의한 설계도이다. (   )란 클래스의 실례(instance)를 만드는 것으로 정의된 (   )로부터 객체를 생성하는 것을 말한다.

13. 객체 지향 언어의 가장 중요한 특징 중의 하나인 (   )는 객체의 내부를 가려 정보를 은닉하는 것을 말하며, (   )은 한 클래스의 속성과 기능을 그대로 물려받은 또 다른 클래스를 만드는 것을 말한다. 그리고 (   )은 비슷한 기능을 다양하게 수행하는 메소드들을 같은 이름으로 여러 개 정의해놓고 하나의 이름으로 접근할 수 있게 하는 것을 말한다.

14. 객체 간에 상호작용하는 매개 역할을 하는 것을 (   )라 하는데 객체는 메시지를 통해 접근하며, 메시지는 대상객체, 메소드, 매개변수 등으로 구성된다. 한 객체에서 다른 객체로 메시지를 주고받을 때 대상 객

체의 속성과 행동은 (　　　　　)된 것이어야 한다.

15. (　　　　　　)은 플랫폼(platform) 독립적으로 실행할 수 있는 프로그램을 개발하기 위한 환경으로서 인터넷 환경을 혁신적으로 바꿀 MS사의 제품군과 기술을 총칭하는 것이다. 프로그래밍 언어 독립적이며 모든 언어에서 사용가능한 (　　　　　)를 지원하고 HTTP (HyperText Transfer Protocol) 프로토콜과 XML(eXtensible Markup Language) 데이터 형식을 사용할 수 있게 하며 PDA(Personal Digital Assistants), Mobile 쪽까지 지원한다.

16. 닷넷 프레임워크에서 (　　　　　)은 프로그램 코드의 실행을 관리하는 것으로, 자바 환경에서 JVM(Java Virtual Machine)과 유사한 것이다.

[심화문제]

1. 영상처리(image processing)와 관련된 다음 용어를 간략히 비교 설명하시오.

   1) 영상처리와 컴퓨터 그래픽스(computer graphics)

   2) 영상처리와 컴퓨터 시각(computer vision)

2. [그림 1-2]는 영상처리 과정 나타낸 것이다. 다음 단계에서 하는 일을 간략히 설명하시오.

   1) 영상입력

   2) 영상처리

3) 영상저장

4) 영상출력

3. 다음 영상처리 알고리즘이 무엇인지 간략히 설명하시오.

 1) 픽셀처리 알고리즘

 2) 영역처리 알고리즘

 3) 전역처리 알고리즘

4. 영상정보 인지와 관련된 다음 용어를 간략히 설명하시오.

 1) HSB

 2) RGB

 3) CMYK

 4) 대비(Contrast)

 5) 마크 밴드 효과 (Mach band effect)

5. 다음은 디지털 영상인식을 위한 처리 과정을 나타낸 것이다. 빈 칸에 가장 알맞은 과정을 쓰시오.

   영상획득 → (   ) → 영상분할 → 표현 및 서술→ (   )

6. 음영영상의 흑색에서 흰색 사이의 음영 단계를 나타내는 음영 크기(gray scale) 값으로 대개 0~255값을 가진다. 그렇다면 이 음영영상의 픽셀 해상도는 몇 비트(bit)에 해당되는가?

7. RGB(Red, Green, Blue) 컬러 공간은 CMY(Cyan, Magenta, Yellow) 컬러 공간과 보색 관계에 있기 때문에 서로 변환하기 용이하다. 다음 식을 참조하여 RGB 컬러영상을 CMY로 CMY 공간을 CMYK(Cyan, Magenta, Yellow, blacK) 공간으로 변환하여 표시하는 알고리즘을 작성하시오.

   1) RGB-> CMY

$$\begin{bmatrix} C=255-R \\ M=255-G \\ Y=255-B \end{bmatrix}$$

   2) CMY-> CMYK

$$\begin{bmatrix} K=Minimum(C, M, Y) \\ C=C-K \\ M=M-K \\ Y=Y-K \end{bmatrix}$$

8. 다음 수식을 참조하여 RGB(Red, Green, Blue)컬러 공간은 HSI(Hue, Saturation, Intensity) 공간으로 변환하여 표시하는 알고리즘을 작성하시오.

$$\begin{bmatrix} H=\cos^{-1}\dfrac{\dfrac{(R-G)+(R-B)}{2}}{\sqrt{(R-G)^2+(R-B)(G-B)}} \\ S=1-\dfrac{3}{R+G+B}\ (Minimum(R, G, B)) \\ I=\dfrac{R+G+B}{3} \end{bmatrix}$$

9. 다음은 음영영상을 2차원 배열로 표현한 것이다. 대각선을 그어 × 표시가 나오는 영상이 되도록 하는 알고리즘을 기술하시오.

g[0,0]	g[0,1]	g[0,2]	•	g[0,x]	•	g[0,w-1]
g[1,0]	g[1,1]	g[1,2]	•	•	•	g[1,w-1]
g[2,0]	g[2,1]	g[2,2]	• • •	•	•	g[2,w-1]
•	•	•	•	•	•	•
g[y,0]	•	•	•	g[y,x]	•	g[y,w-1]
•	•	•	•	•	•	•
g[h-1,0]	g[h-1,1]	g[h-1,2]	•	g[h-1,x]	•	g[h-1,w-1]

10. 다음과 같은 2차원 배열로 표현된 디지털 영상을 보고 물음에 답하시오.(단 픽셀 수는 5×5, 각 픽셀의 명암값의 범위는 0~7)

5	5	6	7	7
5	5	6	6	6
4	4	5	5	6
4	2	2	3	4
0	1	1	2	3

1) 위 영상의 해상도는?

2) 위 영상의 픽셀의 깊이는 몇 비트인가?

3) 위 영상의 대비 값은 얼마인가?

11. 다음은 클래스와 객체에서 속성과 행동의 다양한 표현을 나타낸 것이다. 표의 빈 칸을 채우시오.

클래스와 객체	객체의 역할	Class 정의	C# Class 정의	Memory
속성(properties)	Attributes	Member Variables	Field Variables, Properties	Data
행동(behavior)	Operations			(Instruction) Code

12. 객체 지향 언어의 가장 큰 특징 3가지에 대해 간략히 설명하시오.

1)

2)

3)

13. OpenCV와 EmguCV를 간략히 비교 설명하시오.

14. C#과 관련하여 닷넷 프레임워크(.NET Framework)이 무엇인지 간략히 설명하시오.

C# 영상처리 프로그래밍

2.1 C# 윈도우즈 폼 응용 프로그램의 구조
2.2 C# 영상처리 환경
2.3 EmguCV를 이용한 C# 영상처리 프로그래밍

2.1 C# 윈도우즈 폼 응용 프로그램의 구조

1) C# 프로그램과 클래스

C#은 대표적인 객체 지향 언어이므로, 객체의 공통적인 성질과 행동을 클래스(class)로 정의하고, 이를 통해 객체를 생성하여 데이터와 데이터를 조작하는 코드를 하나로 표현함으로써 효율적인 정보처리를 할 수 있도록 하므로, C# 프로그램에는 반드시 하나 이상의 클래스가 정의되어야 한다.

C# 클래스의 멤버(member)로는 객체들의 공통적인 성질이나 속성에 해당되는 멤버변수(또는 필드변수), 데이터를 조작하는 명령 코드를 의미하는 객체들의 공통적인 행동이나 멤버함수에 해당되는 메소드(method)가 있으며, 이들은 클래스를 정의할 때 기술된다. 그리고 클래스 중에는 그 안에 Main()이라는 메소드가 정의된 것이 반드시 하나 포함되어야 한다. 이 Main() 메소드는 C# 프로그램의 시작 지점에 해당된다.

객체 지향 프로그래밍은 이벤트 중심(event-driven) 프로그래밍 기법을 주로 사용하므로 C#에도 이벤트를 발생시키는 명령이 포함되어 이벤트와 이벤트 핸들러와의 연결 관계를 설정할 수 있다. 이벤트(event)란 객체에 어떤 동작이나 변화가 발생했음을 알려주는 신호이며, 이벤트 핸들러(event handler)는 이를 처리하는 루틴(routine)에 해당된다.

C# 윈도우즈 폼 응용 프로그램(프로젝트 템플릿 유형이 'Windows Form Application' 임. 부록 A 참조)도 반드시 Main() 메소드가 포함된 하나 이상의 클래스가 포함되어야 하며, 윈도우즈 폼 객체를 나오게 하기 위한 폼 클래스도 정의해야 한다.

2) C# 윈도우즈 폼(Wndows Form) 화면 표시

[그림 2-1]과 같은 화면 설계에 의해 [그림 2-2]와 같이 제목만을 가진 윈도우즈 폼 1개를 화면에 표시하는 간단한 윈도우즈 폼 응용 프로그램을 나타낸 것이 바로 [프로그램 목록 2-1(a)], [프로그램 목록 2-1(b)], [프로그램 목록 2-

1(c)] 이다.

[그림 2-1]에 나오는 폼(프로그램에서 'Form1' 이라는 이름으로 설정됨)의 제목이 처음에는 'Form1' 으로 정해져 있는데, 이것을 속성(Properties) 창의 Text 속성 값으로 ' Simple Form' 으로 정해주고 빌드(Build)하여 실행시키면 [그림 2-2]와 같은 간단한 윈도우즈 폼이 화면에 표시된다.

[프로그램 목록 2-1(a)]와 [프로그램 목록 2-1(b)]는 폼 객체를 생성하기 위해 'System.Window.Forms.Form' 클래스로부터 상속받은 서브 클래스 'Form1' 클래스를 정의한 것인데, 'partial' 이라는 예약어를 써서 [프로그램 목록 2-1(a)]와 [프로그램 목록 2-1(b)]로 분리시켜 두었다.

[프로그램 목록 2-1(a)]는 [그림 2-1]의 우측 상단에 있는 솔루션 익스플로러(Solution Explorer) 창의 'Form1.cs' 에 대한 원시 코드를 나타낸 것이다('Form1.cs' 위에서 마우스 우측버튼을 눌러 나오는 팝업 메뉴에서 'view code' 를 클릭). Form1 클래스는 닷넷 프레임워크에 미리 정의되어 있는 클래스 중 System.Windows.Forms.Form 클래스를 상속받은 것이므로 Form 클래

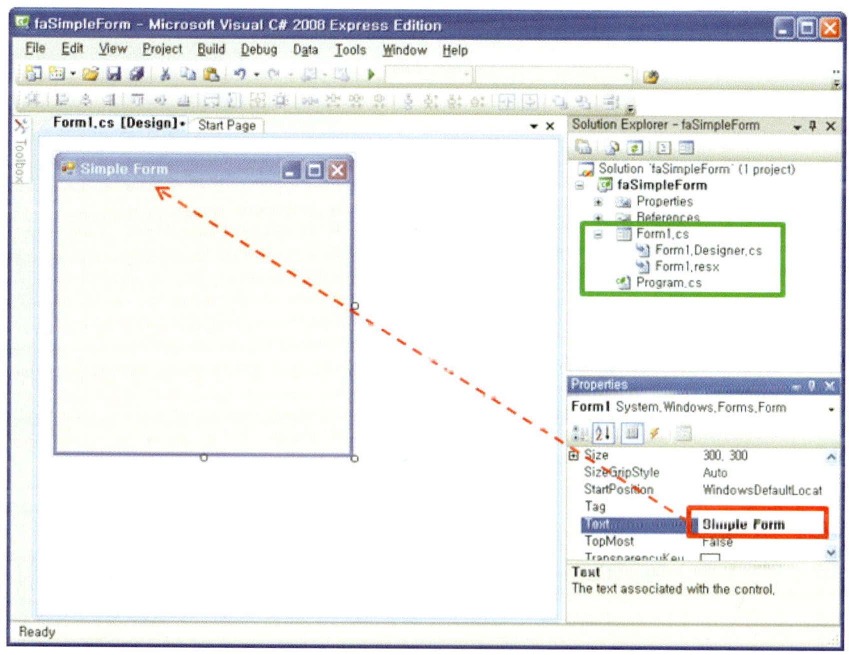

그림 2-1 간단한 윈도우 폼의 표시를 위한 화면 설계

그림 2-2 간단한 윈도우 폼의 화면 표시

스의 모든 멤버변수와 메소드도 함께 정의된 것이나 다름없이 그대로 재사용할 수 있다. [프로그램 목록 2-1(a)]는 'Form1' 클래스의 생성자가 정의하고 있으며, 'Form1' 클래스에 프로그래머가 직접 입력하여 추가되는 속성이나 메소드 또는 [프로그램 목록 2-1(b)]에 추가된 컨트롤의 이벤트에 대한 이벤트 핸들러를 정의할 수 있다. 'Form1()' 메소드는 클래스와 이름이 같은 특별한 메소드인 생성자이다. 생성자는 클래스로부터 객체를 생성할 때, 처음 실행되는 함수이다.

[프로그램 목록 2-1(b)]는 [그림 2-1]의 우측 상단에 있는 솔루션 익스플로러(Solution Explorer) 창의 'Form1.cs' 의 아래에 있는 'Form1.Design.cs' 를 더블 클릭하면 나오는 원시 코드 목록으로, 'Form1' 의 화면 설계 부분 ('Form1.cs [Design]')위에서 폼(form)을 비롯하여 도구상자(toolbox)에 있는 각종 컨트롤(controls)을 추가하거나 각 컨트롤에 대한 속성 값을 재설정하고, 이벤트(event)를 추가할 때 자동으로 해당 명령을 포함시키는 코드이다. 'components' 는 화물을 운송할 때 사용하는 컨테이너(container)와 같은 역할을 하는 컴포넌트(components)를 정의한 것으로 폼 위의 여러 가지 컨트롤들을 여기에 넣거나 빼거나 하여 폼 구성요소를 묶어서 효율적으로 관리하기 위한 것이다. 지금의 예제에서는 컨테이너에 폼 구성요소를 추가하지 않으므로 의미가 없다. Dispose() 메소드는 컨테이너 속의 폼 구성요소는 물론 모든 시스템 리소스를 비우고 다른 객체에 대한 참조를 해제하여, 붙잡고 있던 메모리

[프로그램 목록 2-1(a): faSimpleForm의 Form1.cs]

```
using System;
using System.Collections.Generic;
using System.ComponentModel;
using System.Data;
using System.Drawing;
using System.Linq;
using System.Text;
using System.Windows.Forms;

namespace faSimpleForm
{
   public partial class Form1 : Form
   {
      public Form1()
      {
         InitializeComponent();
      }
   }
}
```

를 사용 가능하게 되돌려 주는 역할을 한다. InitializeComponent()라는 특수한 메소드 속에 추가되는 명령 코드들은 #region~#endregion을 사용하여 프로그래밍 작업 시 필요에 따라 숨기거나 펼칠 수 있게 하였다. 즉 #region~#endregion에 둘러싸인 부분은 실제 동작과는 관계없이 프로그래밍 중에 제목만을 나타내고 숨길 수 있어 긴 코드를 간단히 정리할 수 있게 해준다. 그 안에 정의된 InitializeComponent() 메소드는 폼을 디자인할 때 설정하는 각 폼 구성요소(각종 컨트롤들)에 대한 속성의 초기값, 이벤트 핸들러(Event-Handler)에 대한 정의를 담고 있는 부분으로, 도구상자를 통해 컨트롤(controls)을 추가하여 속성과 이벤트(events)를 정의할 때 자동으로 생성된다. 이 안에 있는 this는 정의되는 Form1 자신을 의미한다. 이것은 프로그램을 실행할 때 Form1 클래스 정의로부터 객체를 생성하게 되는데 이 때 생성되는 객체 자신을 뜻하기도 한다.

[프로그램 목록 2-1(c)]는 C# 윈도우즈 폼 응용 프로그램에 'Main()' 메소드를 폼과 별도로 'Program' 이라는 독립적인 클래스 속에 정의하되, 여기서 폼 객체를 생성하면서 안전하게 프로그램이 실행되도록 하는 'Application.Run(new Form1())' 을 포함하고 있다. 윈도우즈 폼(Windows Forms)은 System.Windows.Forms.Form으로부터 유도된 최소한 하나 이상의

[프로그램 목록 2-1(b): faSimpleForm의 Form1.Designer.cs]

```
namespace faSimpleForm
{
   partial class Form1
   {
      private System.ComponentModel.IContainer components = null;
      protected override void Dispose(bool disposing)
      {
         if (disposing && (components != null))
         {
            components.Dispose();
         }
         base.Dispose(disposing);
      }
      #region Windows Form Designer generated code
      private void InitializeComponent()
      {
         this.SuspendLayout();
         this.AutoScaleDimensions = new System.Drawing.SizeF(7F, 12F);
         this.AutoScaleMode = System.Windows.Forms.AutoScaleMode.Font;
         this.ClientSize = new System.Drawing.Size(292, 266);
         this.Name = "Form1";
         this.Text = "Simple Form";
         this.ResumeLayout(false);
      }
      #endregion
   }
}
```

클래스를 가져야 하며 프로그램이 시작되는 Main() 메소드에 폼 인스턴스(instance), 즉 폼 객체를 생성하여 매개변수로 넘겨주어 System.Windows.Forms.Application.Run() 메소드가 실행되게 해야 한다. 이 메소드는 운영체제에서 어플리케이션까지 메시지를 처리한다. Application 클래스는 응용프로그램의 시작과 종료 메소드, 윈도우 메시지를 처리하기 위한 메소드, 응용프로그램의 정보를 가져오기 위한 속성 등을 응용프로그램을 관리하기 위한 메소드와 속성을 제공한다. Application 클래스의 Run() 메소드는 표준 응용프로그램의 메시지 루프(loop)를 실행하는 것으로서 Form 객체를 인수로 넘기면, 그 Form이 자동으로 화면에 표시되게 하고, 그 Form을 닫으면 제어권을 Main()에게 넘기고 프로그램이 올바르게 종료하는 역할을 한다. Form 객체를 인수로 넘기지 않으면, Exit() 메소드를 호출해서 강제로 Run()이 복귀되도록 해야 한다. 그리고 윈도우즈 폼이 본래 Win32에 기반을 두었기 때문에 STA(Single

[프로그램 목록 2-1(c): faSimpleForm의 program.cs]

```
using System;
using System.Collections.Generic;
using System.Linq;
using System.Windows.Forms;

namespace faSimpleForm
{
    static class Program
    {
        [STAThread]
        static void Main()
        {
            Application.EnableVisualStyles();
            Application.SetCompatibleTextRenderingDefault(false);
            Application.Run(new Form1());
        }
    }
}
```

Thread Apartment) 모델을 사용하므로 이를 확실하게 표시하기 위해 '[STA Thread]' 가 삽입되었다.

3) 네임 스페이스(name space)의 사용

[프로그램 목록 2-1(a)], [프로그램 목록 2-1(b)], [프로그램 목록 2-1(c)]에 있는 'namespace' 는 현 프로젝트의 이름을 최상위 네임 스페이스로 정의한 것으로 프로그램이 복잡하여 분리될 때, 같은 이름 공간에 있도록 하여 이름 사용의 중복이나 혼란을 없애고 명확히 구분되도록 하기 위한 것이다. 따라서 세 프로그램에 사용된 변수들은 모두 'faSimpleForm' 네임 스페이스에 있으며 같은 프로젝트에 속하는 것들이다. [프로그램 목록 2-1(c)]에 있는 'Application.Run(new Form1())' 속의 'Form1' 은 동일한 이름 공간인 'faSimpleForm' 네임 스페이스 속에 [프로그램 목록 2-1(a)]와 [프로그램 목록 2-1(b)]로 분리되어 정의된 클래스 이름이므로 인용할 수 있다.

또 다른 형태의 네임 스페이스로 'using' 구가 사용되는데, 이것은 닷넷 프레임워크의 모든 클래스를 구분하는 네임 스페이스의 계층 구조에서 필요한 것을 인용하는 것이다. [프로그램 목록 2-1(a)] 속에서 'System.Windows.

Forms.Form' 으로 써야할 'Form' 은 'using System.Windows.Forms;' 에 의해 이름을 간단히 구분할 수 있다. [프로그램 목록 2-1(c)]에 나오는 Application 도 System.Windows.Forms.Application으로 써야할 것이 간략화 된 것이다. 새 프로젝트를 만들 때, 템플릿(Templates)을 ' Windows Form Application' 으로 정하여 C# 윈도우즈 폼 응용 프로그램을 작성하기로 정하면 Visual Studio .Net IDE(Integrated Development Environment)는 [프로그램 목록 2-1(a)]와 같이 첫 부분에 나오는 using 구를 자동으로 삽입하여 그 네임 스페이스에 속하는 클래스를 사용할 수 있도록 한다. 여기에 속하지 않는 다른 닷넷 프레임워크의 클래스를 사용하고자 한다면 그 클래스가 속하는 다른 네임 스페이스를 추가적으로 인용하도록 using 문에 의해 기술하면 된다.

프로그램 목록 2-1(a)]의 'using' 구 뒤에 나오는 닷넷 프레임워크의 'System' 은 일반적으로 사용되는 값과 참조 데이터 형식, 이벤트와 이벤트 처리기, 인터페이스, 특성 및 처리 예외 등을 정의하는 기본 클래스를 포함하고 있다.

'System.Drawing' 은 GDI+ 기본 그래픽 기능에 추가적인 액세스(access)를 제공한다. 'System.Collections' 는 목록, 대기열, 비트 배열, 해시 테이블 및 사전과 같은 다양한 개체의 컬렉션을 정의하는 인터페이스와 클래스를 포함하고 있다. 'System.ComponentModel' 은 구성 요소 및 컨트롤의 런타임 및 디자인 타임 동작을 구현하는데 사용되는 클래스를 제공한다. 'System. Windows.Forms' 는 마이크로 소프트(Microsoft) 윈도우즈(Windows) 운영 체제의 풍부한 사용자 인터페이스 기능을 활용하는 Windows 기반 응용 프로그램을 만들 수 있는 클래스를 포함하고 있다. 'System.Data' 는 ADO.NET 아키텍처를 구성하는 클래스들로 구성된다. ADO.NET 아키텍처를 사용하면 여러 데이터 소스(source)로부터 데이터를 효과적으로 관리하는 구성 요소를 만들 수 있다. 'System.Linq' 는 LINQ(Language Integrated Query)관련 클래스로 구성된 것이다. LINQ는 '비주얼 C# 2008 익스프레스 에디션' 버전에서 추가된 것으로 응용 프로그램 속에서 데이터를 질의할 수 있는 기능이다. 닷넷 프레임워크(.NET framework)의 컬렉션(collections), SQL 데이터베이스(databases), ADO.NET 데이터셋(datasets), XML 도규먼트(documents)와 함께 데이터에 접근하는데 사용한다.

4) 영상 파일 읽기

영상 파일을 읽어서 표시하는 프로그램을 작성하기 위해서는 영상 파일이 저장된 위치로 접근하여 해당 파일을 읽을 수 있는 방법이 있어야 한다. 이것은 도구상자에 있는 OpenFileDialog 컨트롤에 의해 구현될 수 있다. [그림 2-3]은 도구상자에서 OpenFileDialog 컨트롤을 더블 클릭함으로써 폼에 추가시키고, 이것의 속성창에서 'ofdOpen' 라는 이름으로 정했으며, 'btOpen' 이라는 이름의 버튼(button) 컨트롤을 추가시킨 화면 설계를 나타낸 것이다.

[프로그램 목록 2-2(a)]에서 '파일 열기' 버튼을 클릭(click)할 때 수행되는 이벤트 핸들러 btOpen_Click()을 정의한다. 이것은 [그림 2-3]에서 '파일 열기' 버튼을 더블 클릭하면 [프로그램 목록 2-2(b)]의 InitializeComponent() 메소드 속에 Click 이벤트와 함께 정해지는 이벤트 핸들러이며 자동으로 명령 코드를 입력할 수 있는 상태가 된다. Image 클래스는 래스터(raster) 영상을 위한 것으로서 정적 메소드 FromFile() 메소드를 통해 영상 파일을 해당 객체로 읽을 수 있게 한다. 각종 그래픽(graphic)은 물론 이미지(image)까지도 윈도우즈

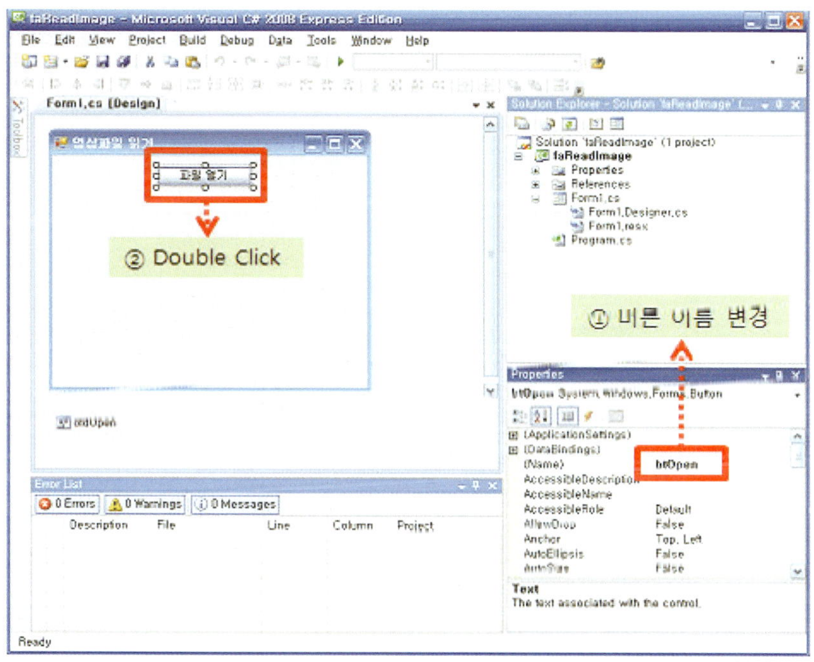

그림 2-3 영상파일을 읽어서 표시하는 프로그램의 화면 설계

[프로그램 목록 2-2(a): faReadImage의 Form1.cs]

```
using System;
using System.Collections.Generic;
using System.ComponentModel;
using System.Data;
using System.Drawing;
using System.Linq;
using System.Text;
using System.Windows.Forms;

namespace faReadImage
{
    public partial class Form1 : Form
    {
        public Form1()
        {
            InitializeComponent();
        }

        private void btOpen_Click(object sender, EventArgs e)
        {
            Image image;
            string filterName = "All Files(*.*)|*.*|Bitmap File(*.bmp)|*.bmp|";
            filterName = filterName + "Gif File(*.gif)|*.gif|Jpeg File(*.jpg)|*.jpg";
            Graphics gr = CreateGraphics();
            ofdOpen.Title = "파일 열기
            ofdOpen.Filter = filterName;
            if (ofdOpen.ShowDialog() == DialogResult.OK)
            {
                string strFilename = ofdOpen.FileName;
                image = Image.FromFile(strFilename);
                gr.DrawImage(image, 10, 50, image.Width, image.Height);
            }
            gr.Dispose();
        }
    }
}
```

폼 위에 나타나게 하려면 'Graphics' 클래스에 의해 그래픽 객체를 생성해야 한다. Graphics 클래스는 C# 객체지향 프로그래밍 언어의 일반적인 객체 생성 방법을 사용할 수 없는 특수한 클래스이므로 다른 방법을 통해 그래픽 객체를 생성한다. 여기에서는 폼 위에 놓일 컨트롤을 위한 그래픽 객체를 만들어야 하므로 CreateGraphics() 메소드를 사용한다. 이렇게 만들어진 그래픽 객체는 종료 전에 반드시 Dispose() 메소드를 실행하여 차지하고 있던 공간을 사용 가능한 메모리로 되돌려 주어야 한다.

[프로그램 목록 2-2(b): faReadImage의 Form1.Designer.cs]

```
namespace faReadImage
{
  partial class Form1
  {
    private System.ComponentModel.IContainer components = null
    protected override void Dispose(bool disposing)
    {
      if (disposing && (components != null))
      {
        components.Dispose();
      }
      base.Dispose(disposing);
    }

    #region Windows Form Designer generated code
    private void InitializeComponent()
    {
      this.btOpen = new System.Windows.Forms.Button();
      this.ofdOpen = new System.Windows.Forms.OpenFileDialog();
      this.SuspendLayout();
      this.btOpen.Location = new System.Drawing.Point(115, 12);
      this.btOpen.Name = "btOpen";
      this.btOpen.Size = new System.Drawing.Size(102, 23);
      this.btOpen.TabIndex = 0;
      this.btOpen.Text = "파일 열기";
      this.btOpen.UseVisualStyleBackColor = true;
      this.btOpen.Click += new System.EventHandler(this.btOpen_Click);
      this.AutoScaleDimensions = new System.Drawing.SizeF(7F, 12F);
      this.AutoScaleMode = System.Windows.Forms.AutoScaleMode.Font;
      this.ClientSize = new System.Drawing.Size(342, 266);
      this.Controls.Add(this.btOpen);
      this.Name = "Form1";
      this.Text = "영상파일 읽기";
      this.ResumeLayout(false);
    }
    #endregion

    private System.Windows.Forms.Button btOpen;
    private System.Windows.Forms.OpenFileDialog ofdOpen;
  }
}
```

[그림 2-3]의 폼에 추가된 'OpenFileDialog' 컨트롤인 'ofdOpen'은 메소드 ShowDialog()에 의해 프로그램을 실행할 때 '파일 열기'라는 제목의 대화상자가 되어 화면에 나온다. DialogResult.Ok는 '파일 열기' 대화상자에서 표시하고자 하는 파일을 선택한 후, '열기' 버튼을 누른 것을 의미한다.

ofdOpen.Filter는 파일 열기 대화상자의 ' 파일형식 '에 표시되는 파일 종류에 대한 것을 나타낸다. 그래픽 객체(gr)의 DrawImage() 메소드는 지정된 이미지 객체를 지정된 위치에 표시해주는 역할을 한다. 여기서는 image 객체를 폼의 (10, 50) 좌표에 image의 폭과 높이 그대로 표시하게 했다.

Image 클래스에서 지원하는 영상 파일 종류로는 BMP(Bit MaP), GIF(Graphics Interchange Format), JPEG(Joint Picure Experts Group), PNG(Portable Network Graphics), TIFF(Tag Image File Format), WMF(Windows MetaFile), EMF(Windows Enhanced MetaFile) 등이 있다. BMP 파일은 윈도우즈의 고유한 비트맵 파일 형식을 말한다. 페인팅(painting) 방식의 정지 영상을 표현하는데 적합하며, 압축되지 않은 영상 파일 형식이므로 파일 크기가 크다. GIF은 CompuServe사에서 개발된 것으로 LZW(Lempel-Ziv-Welch) 알고리즘을 이용한 비손실 압축 형식을 갖는 비트맵 파일 형식으로 인공 영상의 압축에 유용하다. JPEG은 정지 영상 전문가 그룹에서 표준으로 정의한 손실 압축 이미지 파일 형식이다. 이 형식은 자연 영상의 압축에 유용하다. PNG는 GIF의 라이센스가 없는 대안으로 개발된 것으로 JPEG과 GIF와 더불어 웹 상에서 널리 사용된다. TIFF는 스캐너(scanner) 제조사들이 표준으로 개발한 포맷으로 사용자가 고쳐서 쓸 수 있는 유연성이 특징이다. WMF와 EMF는 비트맵이 아니고 벡터 드로잉 함수들의 집합인 메타 파일을 위한형식으로 마이크로소프트사에서 개발하였다.

[프로그램 목록 2-2(b)]의 InitializeComponent() 메소드에는 'btOpen' 이라는 이름의 버튼(button) 컨트롤 객체와 ofdOpen' 라는 OpenFileDialog' 컨트롤 객체가 'this' 라고 명명된 폼 객체 속에 생성된 것을 알 수 있는 코드가 추가되어 있다. 'btOpen' 객체의 경우, 위치(Location), 이름(Name), 크기(Size), 텍스트(Text) 등의 속성이 새롭게 정의된 것이 추가되어 있다. 그리고 'btOpen' 의 Click 이벤트가 this.btOpen.Click += new System.EventHandler(this.btOpen_Click);와 같이 추가되어 있다. 이것은 Form객체(this) 내의 버튼(btOpen)에 Click 이벤트가 발생하면 처리하는 이벤트 핸들러(event handler)의 이름이 ' this.btOpen_Click '임을 알 수 있다. 폼 객체(this)의 경우, 크기(ClientSize), 이름(Name), 텍스트(Text) 등의 속성이 새롭게 정의된 것이 추가되어 있다.

[프로그램 목록 2-2]를 실행하면 [그림 2-4]와 같은 초기 화면이 나온다. [그림 2-4]의 '파일 열기' 버튼을 클릭하면 [그림 2-5]와 같은 '파일 열기' 대화상자가 나온다. 여기서 읽어서 표시하고자 하는 파일을 클릭하여 선택한 다음, '열기' 버튼을 선택하면 Image 객체인 'image' 속으로 읽은 영상 파일의 영상 데이터가 들어간다. 이것은 그래픽 객체(gr)의 DrawImage() 메소드를 통

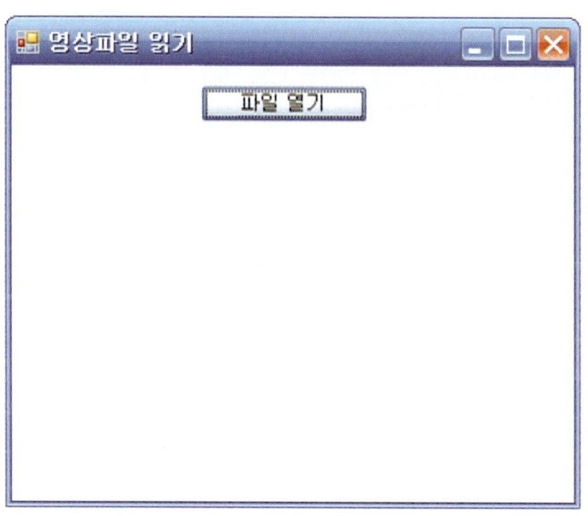

그림 2-4 영상 파일을 읽어서 윈도우 폼에 표시

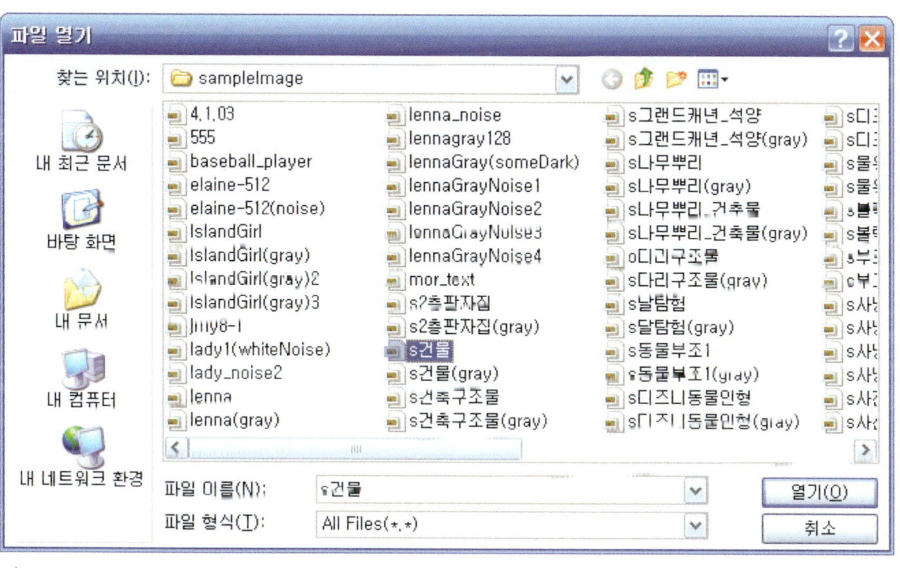

그림 2-5 읽을 영상파일을 선택하는 대화상자

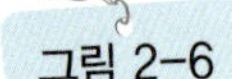
그림 2-6 영상파일을 읽어서 윈도우 폼에 표시한 예

해 폼 위의 (10,50) 좌표를 좌상귀로 하여 실제 이미지의 폭과 높이 만큼의 크기로 [그림 2-6]과 같이 표시된다.

2.2 C# 영상처리 환경

C#에서 영상처리는 좌표 값과 픽셀 값을 가진 영상 데이터 파일을 읽어 들여 그 값을 사칙연산에 의해 변경시키거나, 일정한 규칙에 의해 변환시켜서 영상 데이터로부터 의미 있는 정보를 추출하는 일련의 처리 과정을 뜻한다. 이러한 처리 과정의 중간 상황이나 최종 결과에 대한 확인을 위해 영상정보를 그래픽 형태로 화면에 표시해야 할 때가 있다. 이를 위해 보통 닷넷 프레임 웍의 클래스 라이브러리 중 System.Drawing을 통해 접근할 수 있는 GDI+의 그래픽 기능을 사용한다.

1) GDI+

GDI+는 GDI(Graphic Device Interface)를 개선시킨 최신의 클래스 기반

그래픽 API(Application Programming Interface)로서 프로그래머가 장치 독립적(device independent)인 응용프로그램을 만들 수 있게 한 장치 독립적인 인터페이스(interface)이다. GDI+는 [그림 2-7]과 같이 그래디언트 브러쉬(gradient brush), 독립적인 패스(path) 객체, 기하학적 변환 및 행렬 객체, 알파 블렌딩(alpha blending) 등을 지원한다.

GDI+의 주요 클래스로는 Graphics, Bitmap, Image, Brush, Brushes, Pen, Font, Region 등이 있으며, 주요 구조체(structure)로는 Color, Size, Rectangle, Point 등이 있다. GDI+의 핵심 클래스는 Graphics 클래스이며, Graphics 객체의 다양한 메소드를 사용하여 각종 그래픽을 윈도우 폼 위에 나타낼 수 있다. Graphics 클래스에 정의된 주요 메소드로는 DrawString(), DrawLine(), DrawLines(), DrawRectangle(), DrawRectangles(), DrawPolygon(), DrawEllipse(), DrawArc(), DrawPie(), DrawBezier(), DrawBeziers(), DrawCurve(), DrawClosedCurve(), DrawPath(), FillRectangle(), FillRectangles(), FillEllipse(), FillPie(), FillPolygon(), FillClosedCurve(), FillPath(), Clear() 등이 있다.

일반적으로 객체는 new 라는 키워드를 사용해서 클래스로부터 생성되지만, Graphics 객체는 클래스로부터 생성자를 통해 생성할 수 없고 다른 방법을 사용해야 한다. 즉, [프로그램 목록 2-2]와 같이 Form의 다른 메소드 안에서 컨트롤 클래스의 CreateGraphics() 메소드를 호출하여 생성하거나, [프로그램 목록 2-3]과 같이 Form 객체에서 Paint 이벤트가 발생할 때 PaintEventArgs 형의 매개변수를 통해 생성한다. Graphics 객체가 생성되면 폼의 클라이언트(client) 영역에 그림을 그리거나 표시할 수 있다.

[그림 2-8]은 Paint 이벤트를 통해 그래픽 객체를 생성하고 GDI+ 그래픽의 예를 보이는 [프로그램 목록 2-3]의 화면 설계 부분을 Paint 이벤트와 관련하여

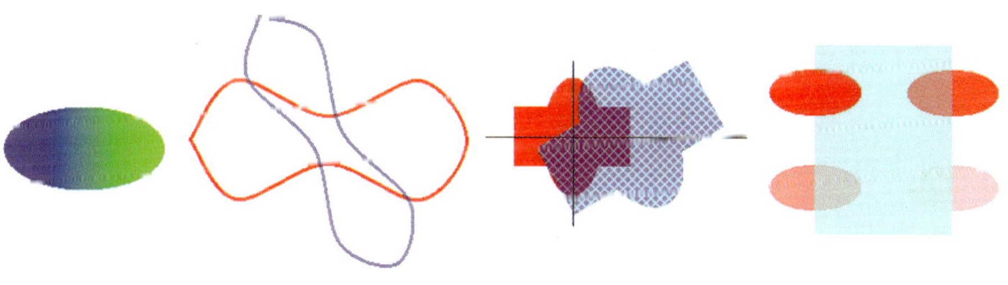

그림 2-7 GDI+을 이용한 그래픽 예

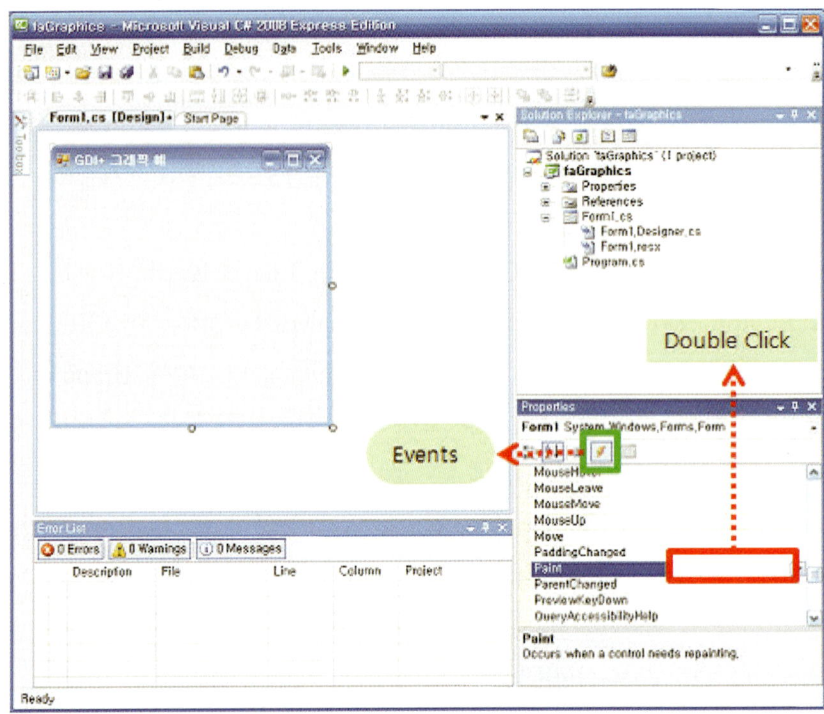

그림 2-8 GDI+ 그래픽 예를 위한 화면 설계와 이벤트

나타낸 것이다. 먼저 Form1 객체의 속성창에서 Text 속성값으로 'GDI+ 그래픽 예' 라고 입력하여 폼의 제목을 정한다. 그리고 Form1 객체의 이벤트(events)창에서 Paint 이벤트 속성값을 입력하는 부분을 더블 클릭하면 [프로그램 목록 2-3(a)]에 있는 Form1의 Paint 이벤트 핸들러에 자동으로 명령 코드를 입력할 수 있는 상태가 된다. Paint 이벤트 핸들러의 이름은 'Form1_Paint' 이며 이것은 [프로그램 목록 2-3(b)]의 InitializeComponent() 메소드 속에 Paint 이벤트 발생에 관한 코드와 함께 자동으로 정해진다. 필요에 따라 이벤트 핸들러의 이름을 다른 것으로 바꿀 수도 있는데, 그렇게 하려면 [프로그램 목록 2-3(a)]와 [프로그램 목록 2-3(b)]에 있는 'Form1_Paint' 를 함께 수정해 주어야 한다.

[프로그램 목록 2-3(a)]는 Paint 이벤트를 통해 그래픽 객체를 생성하는 것을 나타내는데, 'Form1' 의 Paint 이벤트 핸들러 속에 PaintEventArgs 의 e 매개변수를 이용하여 그래픽 객체를 생성한다. 또한 Pen 클래스를 이용하여 검

[프로그램 목록 2-3(a): faGraphics의 Form1.cs]

```
using System;
using System.Collections.Generic;
using System.ComponentModel;
using System.Data;
using System.Drawing;
using System.Linq;
using System.Text;
using System.Windows.Forms;

namespace faGraphics
{
  public partial class Form1 : Form
  {
    public Form1()
    {
      InitializeComponent();
    }
    private void Form1_Paint(object sender, PaintEventArgs e)
    {
      Graphics gr = e.Graphics;
      string msg = "직사각형, 타원, 직선 그리기";
      Pen black2Pen = new Pen(Color.Black, 2.0f);
      Point p1 = new Point(70,80);
      Point p2 = new Point(220,180);
      Size size = new Size(150,100);
      Rectangle rect = new Rectangle(p1, size);
      gr.DrawString(msg, Font, Brushes.Black, 70,30);
      gr.DrawLine(black2Pen, p1, p2);
      gr.DrawRectangle(black2Pen, rect);
      gr.DrawEllipse(black2Pen, rect);
    }
  }
}
```

정색, 2.0 굵기의 'black2Pen' 객체를 생성한다. Pen 클래스는 드로잉(Drawing)하는 펜 객체를 생성하기 위해 펜 색깔과 펜 두께를 지정하는 생성자를 가지고 있다. Color 구조체는 색깔을 나타내는 것으로서 141개의 색깔을 정의하고 있는 정적 속성(static properties)과 ARGB(Alpha, Red, Green, Blue) 모델을 기준으로 색깔을 지정하는 FromArgb() 메소드를 가지고 있다. Point 구조체는 그래픽 객체의 좌표평면의 (x, y) 좌표를 설정하는 것이므로 이를 이용해서 p_1과 p_2 좌표를 설정했다. Size 구조체는 폭(Width)과 높이(Height)를 속성으로 가지고 있으므로 이를 이용해서 size를 설정했다. Rectangle 구조체는 좌

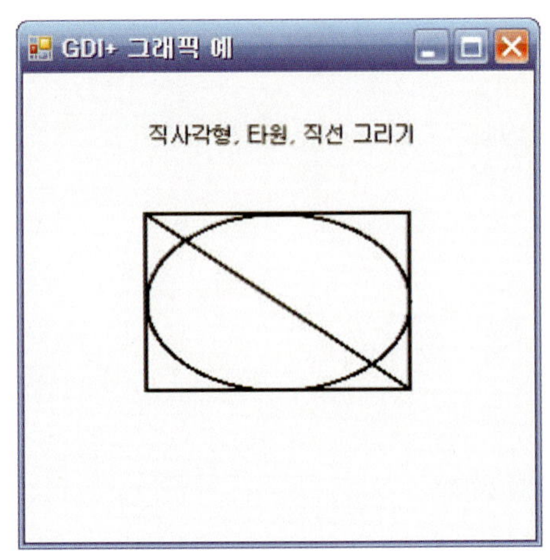

그림 2-9 그래픽 객체를 이용한 그리기 예

상좌표, 폭, 높이로 직사각형을 2차원 그래픽 좌표계에 나타내는 구조체이다. Rectangle 구조체를 이용하여 rect 사각형의 좌상좌표와 크기(폭과 높이)를 정의했다. Graphics 객체 gr의 DrawString() 메소드를 이용해서 [그림 2-9]와 같이 검정색의 '직사각형, 타원, 직선 그리기' 라는 글자를 그림 그리듯 현재 폼의 텍스트 폰트로 폼 상단 (70, 30) 위치에 표시한다. DrawLine() 메소드를 이용해서 2.0 두께의 검정펜을 사용하여 p_1(70, 80)에서 p_2(220, 180) 사이를 긋는 직선도 그린다. DrawRectangle() 메소드를 이용해서 좌상단의 좌표가 p_1이고 가로와 세로의 크기가 size인 사각형을 그리고, DrawEllipse() 메소드를 이용해서 좌상단의 좌표가 p_1이고 폭와 높이의 크기가 size인 타원을 그린다. 타원은 같은 좌상좌표, 폭, 높이의 직사각형에 내접한다.

[프로그램 목록 2-3(b)]의 InitializeComponent() 메소드에는 'this' 라고 명명된 폼 객체의 크기(ClientSize), 이름(Name), 텍스트(Text) 등의 속성이 새롭게 정의된 것이 추가되어 있다. 또한 이 폼 위에 Paint 이벤트가 발생하면 수행할 이벤트 핸들러의 이름을 PaintEventHandler() 메소드를 이용하여 정해지도록 했다. 이것은 폼의 이벤트 창에서 Paint 이벤트 항목을 찾아 오른쪽 빈 칸을 더블 클릭함으로써 추가시킨다.

[프로그램 목록 2-3(b): faGraphics의 Form1.Designer.cs]

```
namespace faGraphics
{
  partial class Form1
  {
    private System.ComponentModel.IContainer components = null
    protected override void Dispose(bool disposing)
    {
      if (disposing && (components != null))
      {
        components.Dispose();
      }
      base.Dispose(disposing);
    }
    #region Windows Form Designer generated code
    private void InitializeComponent()
    {
      this.SuspendLayout();
      this.AutoScaleDimensions = new System.Drawing.SizeF(7F, 12F);
      this.AutoScaleMode = System.Windows.Forms.AutoScaleMode.Font;
      this.ClientSize = new System.Drawing.Size(292, 266);
      this.Name = "Form1";
      this.Text = "GDI+ 그래픽 예";
      this.Paint += new System.Windows.Forms.PaintEventHandler(this.Form1_Paint);
      this.ResumeLayout(false);
    }
    #endregion
  }
}
```

2) Image와 Bitmap

GDI+에는 래스터 영상을 구현하는데 사용할 수 있는 것으로 Image와 Bitmap 클래스 두 가지가 있다. Image 클래스는 Bitmap 클래스 상위의 추상 클래스이므로 생성자를 사용할 수 없지만 정적 메소드를 통해서 객체를 생성할 수 있고 영상파일을 읽어, 파일형식을 변환시킬 수 있으며, Graphics 클래스의 DrawImage() 메소드를 통하여 화면에 표시할 수 있다. Bitmap 클래스는 다양한 생성자를 통해서 Image를 확장한 크기나 컬러 양식을 갖는 새로운 비트맵을 만들 수 있고 각 픽셀의 값을 직접 읽거나 변경시킬 수 있고 비트맵의 내용을 저장할 수도 있다. Image 클래스보다 더 세세한 일을 할 수 있는 기능을 가지고 있으나 Image 클래스로부터 상속되는 Metafile 클래스에 대한 기능은 수행할 수 없다.

(1) RGB 컬러영상의 음영영상으로의 변환

RGB 컬러영상을 음영영상으로 바꾸기 위해서는 컬러 정보를 명도 정보로 바꾸는 것이 필요하다. RGB 컬러값을 명도값으로 바꾸는 가장 간단한 방법은 세 가지 색의 평균값을 명도로 삼는 것으로, Brightness = (R+G+B)/3, 또는 Brightness = 0.333R+0.333G+0.333B와 같은 수식을 이용하는 방법이다. 이보다 더 널리 이용하는 방법은 NTSC(National Television System Committee) 표준으로 사용되는 brightness = 0.299R + 0.587G + 0.114B를 이용하는 것이다. [그림 2-13]은 이를 위한 화면 설계를 나타낸 것이다.

먼저 Form1의 속성창에서 폼의 제목 'RGB 컬러영상을 음영영상으로 변환' 으로 정하고 폼의 크기를 폭 680, 높이 300으로 조정한다. 그리고 두 개의 버튼 컨트롤과 하나의 OpenFileDialog 컨트롤을 도구상자에서 더블 클릭에 의해 폼에 추가시킨 후, 속성창에서 이름을 각각 'btOpen', 'btGray', 'ofdOpen'

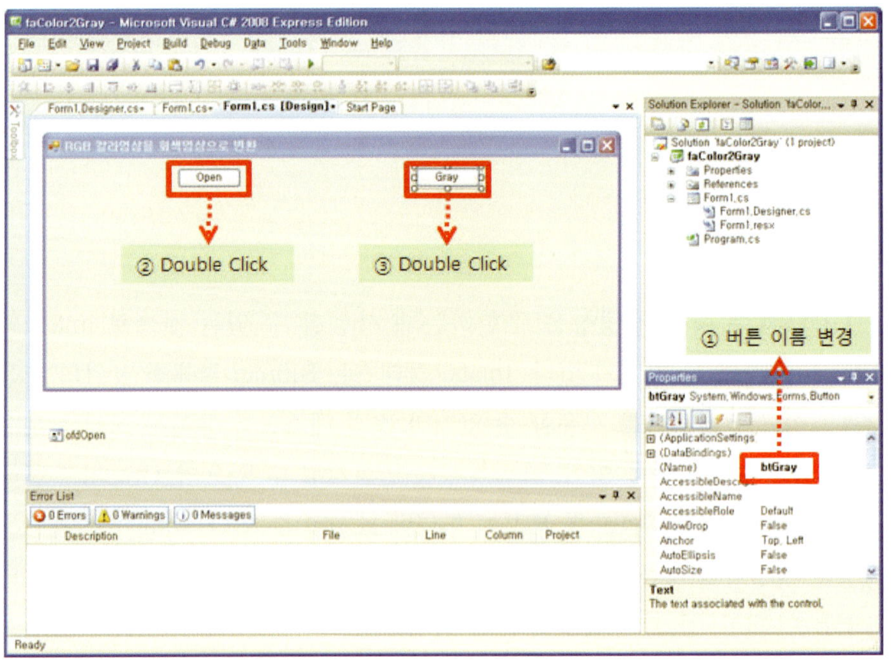

그림 2-10 컬러영상을 음영영상으로 변환하기 위한 화면 설계

로 변경시킨다. 이러한 사항은 [프로그램 목록 2-4(b)]의 InitializeComponent() 메소드 속에 자동으로 들어간다.

[프로그램 목록 2-4(a)]에서 'Open'과 'Gray' 버튼을 클릭(click)할 때 수행되는 이벤트 핸들러 btOpen_Click()과 btGray_Click()을 정의한다. 이것은 [그림 2-10]에서 'Open'과 'Gray' 버튼을 각각 더블 클릭하면 [프로그램 목록 2-4(b)]의 InitializeComponent() 메소드 속에 Click 이벤트와 함께 정해지는 이벤트 핸들러이며, 자동으로 명령 코드를 입력할 수 있는 상태가 된다.

btOpen_Click()은 영상파일의 영상데이터를 읽기 위해 Image 객체가 필요하고 btGray_Click()는 Image 객체를 Bitmap 객체로 옮긴 다음 Bitmap 객체의 메소드를 사용하여 음영영상으로 변환한 후 화면에 표시해야 하므로 역시 Image 객체가 필요하다. 따라서 Image 객체를 특정 메소드에 한정되지 않게 하면서 공통으로 사용할 수 있도록 두 메소드의 바깥쪽으로 빼서 Form1의 멤버변수가 되게 'Image image;'와 같이 정의한다. Bitmap 객체는 다양한 생성자를 가지며, 여기에는 Image 객체를 매개변수로 하는 생성자가 포함되어 있다. Image 객체 image를 통해 Bitmap 객체 'gBitmap'를 생성하고 그 안의 GetPixel() 메소드를 이용해서 image의 각 픽셀에 대한 컬러 정보를 얻는다. 이 컬러 정보를 명도로 바꾸는 수식을 이용해 명도값으로 변환한 다음, R, G, B값을 동일하게 하면 음영영상이 되는 점을 이용해서 변환된 명도값을 각각 R, G, B에 할당하여 Bitmap 객체의 SetPixel() 메소드를 이용해 음영영상정보를 갖는 Bitmap 객체 'gBitmap'이 되게 한다. Image 객체에는 이러한 각 픽셀을 직접 조작할 수 있는 메소드가 없으므로 부득이 Bitmap 객체로 바꾸어서 변환 작업이 이루어지게 한 것이다. 그리고 Bitmap 객체를 이용하여 폼에 표시하기 위해서 단순한 gray 정보를 가진 것이라도 Color 구조체의 FromArgb() 메소드를 이용해서 R, G, B 값을 모두 같은 값으로 정한다.

btGray_Click() 메소드 내의 Color 구조체 color, gray는 각각 R, G, B을 멤버로 가지고 있다. Color 구조체는 141개의 컬러 이름이 읽기만 가능한 정적 필드로 정의되어 있으며, 윈도우즈 폼에서 컬러는 ARGB(Alpha, Red, Green, Blue) 모델에 기반을 두고 있기 때문에 Color.FromArgb() 라는 정적 메소드를 통해 컬러 객체를 만들 수 있다. 알파(Alpha)는 불투명도를 의미하는데, 여기서는 매개변수로 알파를 생략하고 R, G, B만 사용한다.

[프로그램 목록 2-4(a): faColor2Gray의 Form1.cs]

```
using System;
using System.Collections.Generic;
using System.ComponentModel;
using System.Data;
using System.Drawing;
using System.Linq;
using System.Text;
using System.Windows.Forms;

namespace faColor2Gray
{
  public partial class Form1 : Form
  {
    Image image;
    public Form1()
    {
      InitializeComponent();
    }

    private void btOpen_Click(object sender, EventArgs e)
    {
      Graphics gr = CreateGraphics();
      string filterName = "All Files(*.*)|*.*|Bitmap File(*.bmp)|*.bmp|";
      filterName = filterName + "Gif File(*.gif)|*.gif|Jpeg File(*.jpg)|*.jpg";
      ofdOpen.Title = "RGB 컬러영상 파일 열기";
      ofdOpen.Filter = filterName;
      if (ofdOpen.ShowDialog() == DialogResult.OK)
      {
        string strFilename = ofdOpen.FileName;
        image = Image.FromFile(strFilename);
        gr.DrawImage(image, 10, 50, image.Width, image.Height);
      }
      gr.Dispose();
    }

    private void btGray_Click(object sender, EventArgs e)
    {
      int x, y, brightness;
      Color color, gray;
      Graphics gr = CreateGraphics();
      Bitmap gBitmap = new Bitmap(image);
      for (x = 0; x < image.Width; x++)
        for (y = 0; y < image.Height; y++)
        {
          color = gBitmap.GetPixel(x, y);
          brightness = (int)(0.299 * color.R + 0.587 * color.G + 0.114 * color.B);
          gray = Color.FromArgb(brightness, brightness, brightness);
          gBitmap.SetPixel(x, y, gray);
        }
      gr.DrawImage(gBitmap, 20 + gBitmap.Width, 50, gBitmap.Width, gBitmap.Height);
      gr.Dispose();
    }
  }
}
```

[프로그램 목록 2-4(b): faColor2Gray의 Form1.Designer.cs]

```
namespace faColor2Gray
{
  partial class Form1
  {
    private System.ComponentModel.IContainer components = null
    protected override void Dispose(bool disposing)
    {
      if (disposing && (components != null))
      {
        components.Dispose();
      }
      base.Dispose(disposing);
    }

    #region Windows Form Designer generated code
    private void InitializeComponent()
    {
      this.btOpen = new System.Windows.Forms.Button();
      this.btGray = new System.Windows.Forms.Button();
      this.ofdOpen = new System.Windows.Forms.OpenFileDialog();
      this.SuspendLayout();
      this.btOpen.Location = new System.Drawing.Point(156, 12);
      this.btOpen.Name = "btOpen"
      this.btOpen.Size = new System.Drawing.Size(75, 23);
      this.btOpen.TabIndex = 0;
      this.btOpen.Text = "Open";
      this.btOpen.UseVisualStyleBackColor = true
      this.btOpen.Click += new System.EventHandler(this.btOpen_Click);
      this.btGray.Location = new System.Drawing.Point(436, 12);
      this.btGray.Name = "btGray"
      this.btGray.Size = new System.Drawing.Size(75, 23);
      this.btGray.TabIndex = 1;
      this.btGray.Text = "Gray";
      this.btGray.UseVisualStyleBackColor = true
      this.btGray.Click += new System.EventHandler(this.btGray_Click);
      this.AutoScaleDimensions = new System.Drawing.SizeF(7F, 12F);
      this.AutoScaleMode = System.Windows.Forms.AutoScaleMode.Font;
      this.ClientSize = new System.Drawing.Size(672, 266);
      this.Controls.Add(this.btGray);
      this.Controls.Add(this.btOpen);
      this.Name = "Form1";
      this.Text = "RGB 컬러영상을 음영영상으로 변환";
      this.ResumeLayout(false);
    }
    #endregion

    private System.Windows.Forms.Button btOpen;
    private System.Windows.Forms.Button btGray;
    private System.Windows.Forms.OpenFileDialog ofdOpen;
  }
}
```

그림 2-11 컬러영상을 음영영상으로 변환시킨 예

[그림 2-11]은 [프로그램 목록 2-4]를 실행한 다음, 'Open' 버튼을 클릭하여 컬러영상을 읽어 표시하고, 'Gray' 버튼을 클릭하여 변환된 음영영상을 표시한 결과를 나타낸다. 여기서는 Paint 이벤트를 통해 그래픽 객체를 생성하지 않고, 버튼 컨트롤의 이벤트 핸들러 속에서 CreateGraphics()를 이용하여 그래픽 객체를 생성하였으므로 프로그램 종료 전에 그 객체를 반드시 Dispose시켜 주어야 한다.

(2) RGB 컬러영상을 밝게 변환

[프로그램 목록 2-5]는 RGB 컬러영상을 읽어서 밝게 변환시킨 후 화면에 표시하는 프로그램으로 [프로그램 목록 2-4]와 중복되는 부분을 생략한 코드를 나타낸 것이다. 'btOpen', 'btBright' 버튼과 'ofdOpen' OpenFileDialog 컨트롤을 폼에 추가하고 이들의 속성을 변경시키거나 이벤트를 추가할 때마다 화면 설계 사항이 디자인 파일의 InitializeComponent() 메소드 속에 들어간다. (이 후의 프로그램에 대해서는 가급적 디자인 파일(Form1.Designer.cs)의 원시코드는 가급적 생략하고, 폼(대부분 Form1) 클래스에 추가되는 멤버 변수와 멤버 함수(메소드), 이벤트 핸들러에 대한 것을 입력하는 폼 클래스 정의 파일(Form1.cs)에 대한 원시코드 위주로 제시한다.)

'btOpen' 버튼은 RGB 컬러영상파일을 읽어 들이는 기능을 수행하고, 'btBright' 버튼은 RGB 영상정보의 밝기값을 증가시켜 영상의 밝기를 향상시

[프로그램 목록 5: faColorBright의 Form1.cs]

```
private void btBright_Click(object sender, EventArgs e)
{
    int x, y;
    int r, g, b;
    const int ADD_VALUE = 50;
    Color color;
    Graphics gr = CreateGraphics();
    Bitmap gBitmap = new Bitmap(image);
    for (y = 0; y < image.Height; y++)
        for (x = 0; x < image.Width; x++)
        {
            color = gBitmap.GetPixel(x, y);
            r = color.R + ADD_VALUE; if (r > 255) r = 255;
            g = color.G + ADD_VALUE; if (g > 255) g = 255;
            b = color.B + ADD_VALUE; if (b > 255) b = 255;
            color = Color.FromArgb(r, g, b);
            gBitmap.SetPixel(x, y, color);
        }
    gr.DrawImage(gBitmap, 20 + gBitmap.Width, 50, gBitmap.Width, gBitmap.Height);
    gr.Dispose();
}
```

키는 기능을 수행한다. RGB 컬러영상을 밝게 하기 위해서는 R, G, B 각각에 해당되는 값을 증가시켜 주면 된다. 이를 위한 간단한 방법은 영상정보를 가진 그래픽 객체의 모든 픽셀에 대한 R ,G, B 값을 Color 구조체(structure)의 객체로 읽어서 이를 직접 주어진 값만큼 증가시킨 다음, 필요에 따라 0~255값 사이의 값이 되도록 클램핑(clamping)하여 그래픽 객체의 원래값을 새로운 값으로 대치하여 윈도우즈 클라이언트에 표시하는 것이다. ADD_VALUE는 수명기간 동안 그 값이 변할 수 없는 상수로서 밝기 증가값에 해당된다.

[그림 2-12]는 [프로그램 목록 2-5]를 실행한 예를 나타낸 것이다.

3) 배열의 이용

(1) 2차원 배열을 이용한 음영영상의 표현

영상을 밝게 하기 위해서는 음영영상의 경우에는 명도값을 증가시켜 주면 되고 RGB 컬러영상의 경우, R, G, B 각각에 해당되는 값을 증가시켜 주면 된다.배열을 이용하여 처리할 경우, 음영영상은 2차원 배열로, 컬러영상의 경우 3

그림 2-12 컬러영상을 밝게 만든 예

차원 배열로 표현할 수 있으므로 배열을 이용하여 각종 영상처리를 할 수 있다.

C#의 Image 객체를 통해 읽은 영상 파일 정보는 음영영상이든, 컬러영상이든 일단은 모두 R, G, B Color 정보를 가진다. 음영영상과 컬러영상의 차이점은 단지 음영영상은 R, G, B 값이 모두 똑같은 값을 가졌고, 컬러영상은 그렇지 않다는 것이다.

[프로그램 목록 2-6]은 음영영상이든 컬러영상이든 모두 brightness = 0.299R + 0.587G + 0.114B 식에 의해 명도 정보만 가지도록 하고 이를 2차원 배열에 표현한 다음, 2차원 배열 요소 각각에 대해 밝기 증가값을 가산하여 명도값을 증가시키고 이를 다시 그래픽 객체의 각 픽셀의 R, G, B값을 가산된 명도값으로 똑같이 설정함으로써 명도가 향상된 음영영상으로 표시하는 프로그램이다. 그래픽 객체의 (x, y) 좌표와 2차원 배열의 각 요소의 인덱스 $[y, x]$가 반대라는 것에 유의해야 한다. 음영영상정보를 2차원 배열에 나타냄으로써 이해하기 쉽고 프로그래밍 기법을 적용하기 쉬워서 여러 가지 다른 영상처리에 효율적으로 응용할 수 있다. [그림 2-13]은 [프로그램 목록 2-6]을 실행한 결과를 보인 것이다.

[프로그램 목록 2-7]은 마우스의 왼쪽 버튼을 클릭하면 명도값의 수직 단계가, 오른쪽 버튼을 클릭하면 명도값의 수평 단계가 나오도록 작성된 프로그램이다. MouseDown 이벤트의 처리 루틴으로 지정된 Form1_MouseDown() 이벤트 핸들러는 Form1에서 마우스가 눌러질 때 발생하는 이벤트를 처리하는

[프로그램 목록 2-6: faColor2GrayByArray의 Form1.cs]

```
private void btGrayBright_Click(object sender, System.EventArgs e)
{
   int x, y;
   int brightness;
   const int ADD_VALUE = 50;
   Color color;
   int [,] grayArray = new int[image.Height, image.Width];
   Graphics gr = CreateGraphics();
   Bitmap gBitmap = new Bitmap(image);
   for(y=0; y<image.Height; y++)
      for(x=0; x<image.Width; x++)
      {
         color = gBitmap.GetPixel(x,y);
         brightness = (int) (0.299*color.R + 0.587*color.G + 0.114*color.B);
         grayArray[y,x] = brightness;
      }
   for(y=0; y<image.Height; y++)
      for(x=0; x<image.Width; x++)
      {
         grayArray[y,x] += ADD_VALUE;
         if(grayArray[y,x] > 255) grayArray[y,x] = 255;
      }
   for(y=0; y<image.Height; y++)
      for(x=0; x<image.Width; x++)
      {
         color = Color.FromArgb(grayArray[y,x], grayArray[y,x], grayArray[y,x]);
         gBitmap.SetPixel(x, y, color);
      }
   gr.DrawImage(gBitmap, 20+gBitmap.Width, 50, gBitmap.Width, gBitmap.Height);
   gr.Dispose();
}
```

그림 2-13 컬러영상을 음영영상으로 변환하여 밝게 만든 예

[프로그램 목록 2-7: faGrayLevel의 Form1.cs]

```
private void Form1_MouseDown(object sender, System.Windows.Forms.MouseEventArgs e)
{
   int x, y, band;
   double rate;
   Color color;
   int [,] grayArray = new int[ClientSize.Height, ClientSize.Width];

   Graphics gr = CreateGraphics();
   Bitmap gBitmap = new Bitmap(ClientSize.Width, ClientSize.Height);
   if(e.Button == MouseButtons.Left)
   {
      rate = 256.0 / ClientSize.Width;
      band = ClientSize.Width / 8;
      for(y=0; y<ClientSize.Height; y++)
          for(x=0; x<ClientSize.Width; x++)
               grayArray[y,x] = (int)((x/band)*band*rate);
   }
   else
   {
      rate = 256.0 / ClientSize.Height;
      band = ClientSize.Height / 8;
      for(x=0; x<ClientSize.Width; x++)
          for(y=0; y<ClientSize.Height; y++)
          grayArray[y,x] = (int)((y/band)*band*rate);
   }
   for(y=0; y<ClientSize.Height; y++)
      for(x=0; x<ClientSize.Width; x++)
      {
          color = Color.FromArgb(grayArray[y,x], grayArray[y,x], grayArray[y,x]);
          gBitmap.SetPixel(x, y, color);
      }
   gr.DrawImage(gBitmap, 0,0, gBitmap.Width, gBitmap.Height);
   gr.Dispose();
}
```

부분이다. 이것은 폼의 이벤트창에서 MouseDown 이벤트 입력란에서 더블 클릭할 때 InitializeComponent() 메소드 내에 추가되는 코드인 this.MouseDown += new System.Windows.Forms.MouseEventHandler(this.Form1_MouseDown);과 연관되어 만들어지는 이벤트 핸들러이다. 이벤트 핸들러에 해당되는 메소드의 매개변수 MouseEventArgs형의 e의 속성 e.Button은 눌러진 버튼을, MouseButtons.Left와 MouseButtons.Right는 각각 왼쪽 버튼과 오른쪽 버튼을 의미한다. ClientSize는 프로그램을 실행할 때 윈도우즈 폼에 내용이 표시될 수 있는 폭과 높이의 크기를 말한다. ClientSize에 따라 배열의 크기를 맞

그림 2-14 음영 단계 표시

추고 수직 단계를 표시하는 부분에서 rate = 256.0/ClientSize.Width;로 정한 것은 실행 중에 폼의 폭이 변하여도 배열의 값이 0~255 사이의 값을 갖도록 하기 위한 것이고, band = ClientSize.Width / 8; 과 같이 한 것은 실행 중에 폼의 폭이 변하여도 각 단계의 폭이 항상 8단계가 되도록 하기 위한 것이다. grayArray[y,x] = (int)((x / band) * band * rate); 에 의해 범위와 단계에 맞게 배열의 값이 정해진다. 여기서 정수형 연산의 결과는 소수점 이하가 무시되는 정수가 되고 실수형이나 실수형이 포함된 혼합형 연산의 경우 결과가 실수형이 된다는 것과 자료형이 같은 값이 해당 변수의 값으로 들어가야 한다는 것에 유의해야 한다.

[그림 2-14]는 2차원 배열에 추상적인 음영영상정보를 설정하고, 이를 통해 그래픽 객체를 생성하여 음영영상을 표시하는 예를 보인 것이다. 음영영상의 0~255까지의 명도값을 8단계로 수평과 수직 형태로 표시한 것이다.

(2) 3차원 배열을 이용한 컬러영상의 표현

RGB 컬러영상은 2차원 배열의 인덱스를 좌표로 보고 명도값이 아닌 R, G, B 값을 가질 수 있는 것을 1차원 추가하여 3차원 배열로 표현할 수 있다. [프로그램 목록 2-8]은 컬러영상을 읽어 3차원 배열로 표현하고, 각 RGB 값을 증가시켜 밝은 영상으로 만들고, 테두리를 음영으로 추가한 프로그램을 작성한 것이다. [그림 2-15]는 [프로그램 목록 2-8]을 실행한 결과를 나타낸 것이다.

[프로그램 목록 2-8: faColorBrightBy3Array의 Form1.cs]

```
private void btColorBright3_Click(object sender, System.EventArgs e)
{
   int x, y, z;
   const int ADD_VALUE = 50;
   Color color;
   int [,,] colorArray = new int[3, image.Height, image.Width];

   Graphics gr = CreateGraphics();
   Bitmap gBitmap = new Bitmap(image);
   for(y=0; y<image.Height; y++)
     for(x=0; x<image.Width; x++)
     {
          color = gBitmap.GetPixel(x,y);
          colorArray[0,y,x] = color.R;
          colorArray[1,y,x] = color.G;
          colorArray[2,y,x] = color.B;
     }
   for(z=0; z<3; z++)
     for(y=0; y<image.Height; y++)
       for(x=0; x<image.Width; x++)
       {
            colorArray[z,y,x] += ADD_VALUE;
            if(colorArray[z,y,x] > 255) colorArray[z,y,x] = 255;
       }
   for(z=0; z<3; z++)
     for(y=0; y<10; y++)
       for(x=0; x<image.Width; x++)
       {
            colorArray[z,y,x] = 127;
            colorArray[z,image.Height-1-y,x] = 127;
       }
   for(x=0; x<10; x++)
     for(y=0; y<image.Height; y++)
       for(z=0; z<3; z++)
       {
            colorArray[z,y,x] = 127;
            colorArray[z,y,image.Width-1-x] = 127;
       }
   for(y=0; y<image.Height; y++)
     for(x=0; x<image.Width; x++)
     {
          color = Color.FromArgb(colorArray[0,y,x], colorArray[1,y,x], colorArray[2,y,x]);
          gBitmap.SetPixel(x, y, color);
     }
   gr.DrawImage(gBitmap, 20+gBitmap.Width, 50, gBitmap.Width, gBitmap.Height);
   gr.Dispose();
}
```

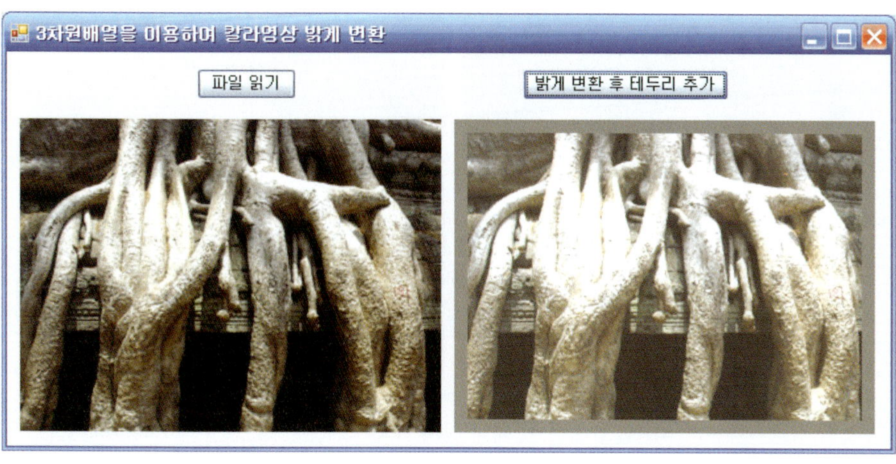

그림 2-15 컬러영상 밝게 변환 후 테두리 추가한 예

4) 새도우 비트맵과 영상정보 저장

일반적으로 영상을 표시하고자 할 때, 그래픽 객체를 만들어 영상정보를 가진 Image 객체나 Bitmap 객체를 그래픽 객체의 DrawImage() 메소드를 이용해서 윈도우즈 폼에 표시할 수 있다. 그런데 이렇게 표시된 영상은 일시적으로만 표시되기 때문에 다른 응용프로그램이 겹치거나 윈도우가 최소화되었다가 다시 환원될 때 지워져 버린다. 이는 그래픽 객체의 특성상 필요에 따라 다른 그림 요소를 추가적으로 그리거나, 색깔 바꾸는 일을 자유롭게 해야 하기 때문에 그림 요소를 일일이 기억하지 않고 일시적으로만 표시하게 하였기 때문이다.

따라서 이를 방지하기 위해서는 그래픽 객체에 그려지는 모든 그림 요소를 기억해두었다가 필요에 따라 다시 되살리는 방법이 필요하다. 배열을 이용하는 것도 하나의 방법이지만 일반적으로 새도우 비트맵(shadow bitmap)을 이용하여 그림 요소가 보존되게 하는 방법을 많이 사용한다. 새도우 비트맵은 비트맵을 그래픽 객체와 연결시켜 놓고, 이 그래픽 객체의 메소드를 통해 그림을 그리면 비트맵에 결과가 남게 만든 것을 말한다. 새도우 비트맵이 윈도우즈 폼 객체의 Paint 이벤트를 처리하는 메소드에서 표시되게 하는 명령문을 정의해 놓으면 새도우 비트맵에 연결된 그래픽 객체에 그려지는 모든 것이 화면에 표

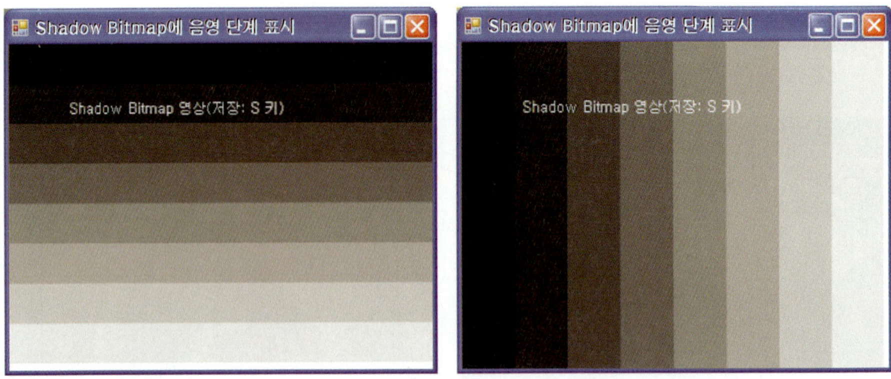

그림 2-16 새도우 비트맵을 사용한 음영 단계 표시

시되게 할 수 있고, 새도우 비트맵의 Save 메소드를 이용하여 그 내용을 파일로 저장할 수도 있다.

[그림 2-16]은 새도우 비트맵을 이용하여 마우스 조작에 의해 수평과 수직의 음영 단계를 표시하고 필요에 따라 이 영상정보를 저장하는 [프로그램 목록 2-9]를 실행한 결과를 나타낸 것이다. [프로그램 목록 2-9(a)]에서 [프로그램 목록 2-9(e)]는 Form1 클래스에 대한 멤버 변수와 멤버 함수를 정의하고 있으며 이들은 모두 Form1.cs 속에 들어있다.

[프로그램 목록 2-9(a)]는 새도우 비트맵을 설정하는 것과 관련하여 필요한 비트맵 객체 'grBm'과 그래픽 객체 'bitmap'에 대해 Form1 클래스 내의 모든 메소드에서 인용 가능하도록 멤버변수로 정의한 부분, 그리고 생성자를 나타낸 것이다. 생성자에서 폼과 그 컨트롤들을 초기화하는 InitializeComponent() 메소드 및 새도우 비트맵을 설정하는 setShadowBitmap() 메소드를 수행할 것을 정의하고 있다. InitializeComponent() 메소드는 폼을 디자인할 때 설정한 폼과 그 구성요소인 각 컨트롤에 대한 속성과 이벤트에 대한 정의 사항이 자동으로 입력된 코드로 구성된다. 여기서는 Form1에 영상파일 저장을 위해 필요한 SaveFileDialog 컨트롤이 추가되었고, 그래픽 객체를 생성하여 표시하기 위한 Paint 이벤트, 왼쪽 또는 오른쪽 마우스가 눌러지는 것에 따라 다른 처리를 하기 위해 필요한 MouseDown 이벤트, 'S' 키를 누르면 폼의 영상정보를 저장할 수 있도록 하기 위해 필요한 KeyDown 이벤트가 추가되었으며, 이것은 'Form1.Designer.cs' 파일 내용을 참조하면 확인할 수 있다.

[프로그램 목록 2-9(a): faShadowBitmap의 Form1.cs]

```
Graphics grBm;
Bitmap   bitmap;

public Form1()
{
   InitializeComponent();
   setShadowBitmap();
}
```

[프로그램 목록 2-9(b): faShadowBitmap의 Form1.cs]

```
void setShadowBitmap()
{
   bitmap    = new Bitmap(ClientSize.Width, ClientSize.Height);
   grBm      = Graphics.FromImage(bitmap);
   grBm.Clear(BackColor);
}
```

[프로그램 목록 2-9(b)]는 새도우 비트맵을 설정하는 메소드를 나타낸 것이다. setShadowBitmap()은 bitmap이라는 비트맵 객체를 만들어 grBm이라는 그래픽 객체의 새도우 비트맵으로 정의한 다음, 이를 폼의 배경색으로 Clear한 것을 나타낸 것이다. grBm = Graphics.FromImage(bitmap);에 의해 grBm과 bitmap이 서로 연결되었으므로 이후로 grBm 객체의 메소드를 이용해서 그림을 그리는 것은 모두 새도우 비트맵인 bitmap에 저장된다.

[프로그램 목록 2-9(c): faShadowBitmape의 Form1.cs]

```
private void Form1_Paint(object sender, System.Windows.Forms.PaintEventArgs e)
{
   Graphics gr = e.Graphics;
   gr.DrawImage(bitmap, 0,0);
}
```

[프로그램 목록 2-9(c)]는 Form의 Paint 이벤트를 처리하는 메소드를 나타낸 것이다. Form1의 Paint 이벤트 핸들러인 Form1_Paint() 메소드는 Form1의

객체의 변화가 생길 때 폼의 변화 사항을 다시 그려주는 역할을 한다. 따라서 이 메소드가 실행되면 Form1의 객체의 크기가 변하거나 이동될 때 Paint 이벤트가 발생하므로 여기서 생성되는 그래픽 객체 gr을 통해 bitmap이 자동으로 다시 표시된다.

[프로그램 목록 2-9(d): faShadowBitmap의 Form1.cs]

```
private void Form1_MouseDown(object sender, System.Windows.Forms.MouseEventArgs e)
{
   int x, y, band;
   double rate;
   Color color;
   int [,] grayArray = new int[ClientSize.Height, ClientSize.Width];
   Bitmap gBitmap = new Bitmap(ClientSize.Width, ClientSize.Height);
   if(e.Button == MouseButtons.Left)
   {
      rate = 256.0 / ClientSize.Width;
      band = ClientSize.Width / 8;
      for(y=0; y<ClientSize.Height; y++)
          for(x=0; x<ClientSize.Width; x++)
             grayArray[y,x] = (int)((x/band)*band*rate);
   }
   else
   {
      rate = 256.0 / ClientSize.Height;
      band = ClientSize.Height / 8;
      for(x=0; x<ClientSize.Width; x++)
          for(y=0; y<ClientSize.Height; y++)
             grayArray[y,x] = (int)((y/band)*band*rate);
   }
   for(y=0; y<ClientSize.Height; y++)
      for(x=0; x<ClientSize.Width; x++)
      {
          color = Color.FromArgb(grayArray[y,x], grayArray[y,x], grayArray[y,x]);
          gBitmap.SetPixel(x, y, color);
      }
   grBm.DrawImage(gBitmap, 0,0, gBitmap.Width, gBitmap.Height);
   grBm.DrawString("Shadow Bitmap 영상(저장: S 키)",Font,Brushes.White,50,50);
   Invalidate();
}
```

bitmap은 grBm 객체의 새도우 비트맵이므로 grBm 객체의 메소드에 의해 그려지는 것을 모두 보관하게 된다. 따라서 grBm 객체의 메소드에 의해 그려지는 것은 grBm 새도우 비트맵인 bitmap을 거쳐 Form1의 Paint 이벤트가 발생할 때 gr 객체를 통해 윈도우즈 폼에 표시된다. 그런데, 대부분 grBm 객체는 Paint 이벤트가 아닌 다른 이벤트가 발생할 때 사용될 때도 있으므로 그 결과가 즉각 폼에 반영되지 않을 수 있다. 이런 경우에는 Paint 이벤트가 아닌 다른 이벤트에서 Paint 이벤트가 발생되게 하는 Control 클래스의 Invalidate() 메소드를 사용하면 된다. [프로그램 목록 2-9(d)]의 끝 부분에 Invalidate() 메소드가 있는 것은 폼 위에서 마우스 버튼이 눌러지면 이에 따른 처리를 하고 그 결과가 즉각 반영되어 폼 위에 표시되게 하기 위한 것이다.[프로그램 목록 2-9(d)]는 마우스 왼쪽 버튼을 누르면 음영영상의 수직 단계를, 오른쪽 버튼을 누르면 수평 단계를 표시하는 메소드를 정의하고 있다. 이것은 [프로그램 목록 2-7]과 유사한데 다만 일시적으로 표시되는 그래픽 객체를 사용하지 않고 새도우 비트맵과 연결된 그래픽 객체를 사용한다는 점이 다르다. 새도우 비트맵과 연결된 그래픽 객체인 grBm의 메소드를 사용하여 그림을 그리므로 폼에 표시되는 그림이 항상 새도우 비트맵인 bitmap에 보관되므로 언제든지 다시 표시할 수 있고, 저장도 가능하다.

[프로그램 목록 2-9(e)]는 키보드에서 'S' 키를 누르면 현재 폼에 표시된 그림이 저장되도록 하는 메소드를 정의하고 있다. 파일 저장 대화상자인 SaveFileDialog 컨트롤(Control)이 실행되면 저장 위치와 파일명, 그리고 파일의 종류를 정할 수 있다. 따라서 폼에 표시된 그림을 저장하고자 할 때, 폼의 모든 내용이 새도우 비트맵인 bitmap에 기억되어 있으므로 파일 저장 대화상자가

[프로그램 목록 2-9(e): faShadowBitmap의 Form1.cs]

```
private void Form1_KeyDown(object sender, System.Windows.Forms.KeyEventArgs e)
{
   if(e.KeyCode == Keys.S)
   {
      sfdSave.Title = "Save Image as ...";
      sfdSave.OverwritePrompt = true;
      sfdSave.Filter = "Bitmap File(*.bmp)|*.bmp|GIF File(*.gif)|*.gif|JPEG File(*.jpg)|*.jpg";
      if(sfdSave.ShowDialog() == DialogResult.OK)
      {
         string strFilename = sfdSave.FileName;
         string strLowFilename = strFilename.ToLower();
         bitmap.Save(strLowFilename);
      }
   }
}
```

표시될 때, 저장 폴더와 파일명, 그리고 파일 확장자를 지정하여 Bitmap 클래스의 Save() 메소드를 이용하여 bitmap을 저장하면 된다. Save() 메소드는 확장자에 따라 다른 파일형식으로 변환시켜 저장하는 역할도 병행한다. 따라서, 다른 형식의 영상 파일로 저장하려고 할 때, 파일 저장 대화상자에서 해당 파일 형식을 지정하기만 하면 자동으로 변환이 이루어진다.

5) C# 메뉴 만들기 및 영상 파일 변환

(1) 메뉴 만들기

C#에서 풀다운(pull-down) 메뉴를 만들기 위해서는 MenuStrip 컨트롤을 폼에 추가시킨 다음, 'Type Here(여기에 입력하십시오)' 라는 메시지가 있는 부분을 클릭하여 [그림 2-17]과 같이 메뉴를 만들어 나가면 된다. 'Type Here' 옆과 아래에 표시되는데, 원하는 프로그램 메뉴의 형태에 맞게 메뉴이름을 추가해 나가면 된다.

최상위 메뉴에는 메소드를 추가하지 못하므로 하위 메뉴에 특정 기능을 수행하는 메소드와 연결시켜야 한다. 속성창에서 메뉴 이름을 의미 있게 정한 다음, 더블 클릭을 통해 해당 메뉴에 해당되는 메소드를 만드는 것이 좋은 방법

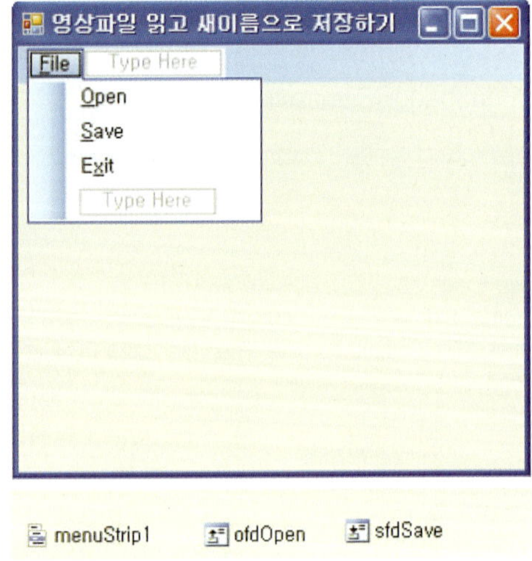

그림 2-17 풀다운 메뉴 포함된 화면 설계

이다. 아래 그림은 최상위 메뉴인 'File' 메뉴의 하위 메뉴가 각각 ' Open' , 'Save' , 'Exit' 인 메뉴를 만든 것이다. 단축키의 문자를 상징하는 밑줄 표시된 문자의 경우 메뉴 문자를 입력할 때 그 문자 앞에 '&' 을 추가하면 된다. 이들의 메뉴 이름은 각각 openItem, saveItem, exitItem 으로 명명하였다.

[프로그램 목록 2-10(a): faReadSaveImage의 Form1.Designer.cs]

```
private void InitializeComponent()
{
    this.menuStrip1 = new System.Windows.Forms.MenuStrip();
    this.fileToolStripMenuItem = new System.Windows.Forms.ToolStripMenuItem();
    this.openItem = new System.Windows.Forms.ToolStripMenuItem();
    this.saveItem = new System.Windows.Forms.ToolStripMenuItem();
    this.exitItem = new System.Windows.Forms.ToolStripMenuItem();
    this.ofdOpen = new System.Windows.Forms.OpenFileDialog();
    this.sfdSave = new System.Windows.Forms.SaveFileDialog();
    this.menuStrip1.SuspendLayout();
    this.SuspendLayout();
    this.menuStrip1.Items.AddRange(new System.Windows.Forms.ToolStripItem[]
        {this.fileToolStripMenuItem});
    this.menuStrip1.Location = new System.Drawing.Point(0, 0);
    this.menuStrip1.Name = "menuStrip1";
    this.menuStrip1.Size = new System.Drawing.Size(292, 24);
    this.menuStrip1.TabIndex = 0;
    this.menuStrip1.Text = "menuStrip1";
    this.fileToolStripMenuItem.DropDownItems.AddRange(new System.Windows.Forms.ToolStripItem[]
        {this.openItem, this.saveItem, this.exitItem});
    this.fileToolStripMenuItem.Name = "fileToolStripMenuItem";
    this.fileToolStripMenuItem.Size = new System.Drawing.Size(37, 20);
    this.fileToolStripMenuItem.Text = "&File";
    this.openItem.Name = "openItem";
    this.openItem.Size = new System.Drawing.Size(152, 22);
    this.openItem.Text = "&Open";
    this.openItem.Click += new System.EventHandler(this.openItem_Click);
    this.saveItem.Name = "saveItem";
    this.saveItem.Size = new System.Drawing.Size(152, 22);
    this.saveItem.Text = "&Save";
    this.saveItem.Click += new System.EventHandler(this.saveItem_Click);
    this.exitItem.Name = "exitItem";
    this.exitItem.Size = new System.Drawing.Size(152, 22);
    this.exitItem.Text = "E&xit"
    this.exitItem.Click += new System.EventHandler(this.exitItem_Click);
    this.AutoScaleDimensions = new System.Drawing.SizeF(7F, 12F);
    this.AutoScaleMode = System.Windows.Forms.AutoScaleMode.Font;
    this.ClientSize = new System.Drawing.Size(292, 266);
    this.Controls.Add(this.menuStrip1);
    this.MainMenuStrip = this.menuStrip1;
    this.Name = "Form1";
```

```
    this.Text = "영상파일 읽고 새이름으로 저장하기?";
    this.Paint += new System.Windows.Forms.PaintEventHandler(this.Form1_Paint);
    this.menuStrip1.ResumeLayout(false);
    this.menuStrip1.PerformLayout();
    this.ResumeLayout(false);
    this.PerformLayout();
}
private System.Windows.Forms.MenuStrip menuStrip1;
private System.Windows.Forms.ToolStripMenuItem fileToolStripMenuItem;
private System.Windows.Forms.ToolStripMenuItem openItem;
private System.Windows.Forms.ToolStripMenuItem saveItem;
private System.Windows.Forms.ToolStripMenuItem exitItem;
private System.Windows.Forms.OpenFileDialog ofdOpen;
private System.Windows.Forms.SaveFileDialog sfdSave;
```

[프로그램 목록 2-10(a)]에서 [프로그램 목록 2-10(e)]는 메뉴를 이용하여 영상 파일을 읽어 표시하고, 이를 필요에 따라 다른 유형의 영상 파일 형식으로 저장하는 루틴들을 나타낸 것이다. [프로그램 목록 2-10(a)]는 [그림 2-17]와 같은 메뉴를 설정했을 때, 자동 입력되는 메뉴 관련 코드와 폼 구성요소인 다른 컨트롤들의 초기 설정 사항을 나타낸 것이다. 각 메뉴에 대한 이벤트 정의 사항도 포함되어 있다.

[프로그램 목록 2-10(b): faReadSaveImage의 Form1.cs]

```
Graphics grBm;
Bitmap bitmap;
Image image;

public Form1()
{
    InitializeComponent();
    setShadowBitmap();
}
```

[프로그램 목록 2-10(b)]는 [프로그램 목록 2-9(a)]에 영상 파일을 읽기 위한 Image 객체인 image를 Form1 클래스의 다른 메소드에서도 사용할 수 있게 멤버 변수로 선언한 것을 추가한 것이다. 여기에 기술된 setShadowBitmap()과 Form1_Paint() 메소드는 각각 [프로그램 목록 2-9(b)], [프로그램 목록 2-9(c)]와 같다.

(2) 영상 파일 읽기

[프로그램 목록 2-10(c)]는 영상 파일을 새도우 비트맵으로 읽어들이는 메소드를 정의하고 있다. OpenFileDialog 컨트롤인 ofdOpen을 통하여 파일 열기 대화상자를 나오게 하여 여기서 원하는 영상 파일을 선택하여 '열기' 버튼을 클릭하면, 해당 영상 파일을 Image 객체인 image에 읽어두고 이 image의 폭과 높이와 같게 폼 클라이언트의 크기를 설정한 다음, 새도우 비트맵인 bitmap의 크기를 설정하고 image를 새도우 비트맵과 연결된 그래픽 객체 grBm의 DrawImage() 메소드를 통해 출력함으로써 bitmap에 보관되게 한다. 그리고 Invalidate()를 통해 Paint 이벤트 핸들러인 Form1_Paint()가 실행되게 하여 bitmap이 화면에 표시되게 한다. ofdOpen의 Filter 속성을 통해서 표시되는 파일형식(확장자)을 선택할 수 있는데, 여기서는 기본적으로는 모든 파일이 열기 대상으로 표시되지만 필요에 따라 Bitmap, GIF(Graphics Interchange, Format), JPEG(Joint Photographic Experts Group), PNG(Portable Network Graphics), TIFF(Tag Image File Format) 등의 파일이 선택적으로 표시될 수 있다.

[그림 2-18]은 File-Open 메뉴를 선택하여 파일 열기 대화상자가 나오게 하여 원하는 영상 파일을 선택하는 것을 보여주는 것이다.

[프로그램 목록 2-10(c): faReadSaveImage의 Form1.cs]

```
private void openItem_Click(object sender, System.EventArgs e)
{
  string filterName = "All Files(*.*)|*.*|Bitmap File(*.bmp)|*.bmp|Gif File(*.gif)|*.gif|";
  filterName = filterName + "JPEG(*.jpg)|*.jpg|PNG(*.png)|*.png|TIFF(*.tif)|*.tif";
  ofdOpen.Title = "Open image";
  ofdOpen.Filter = filterName;
  if(ofdOpen.ShowDialog() == DialogResult.OK)
  {
    string strFilename = ofdOpen.FileName;
    image = Image.FromFile(strFilename);
    this.ClientSize = new System.Drawing.Size(image.Width, image.Height);
    setShadowBitmap();
    grBm.DrawImage(image, 0,0, image.Width, image.Height);
  }
  Invalidate();
}
```

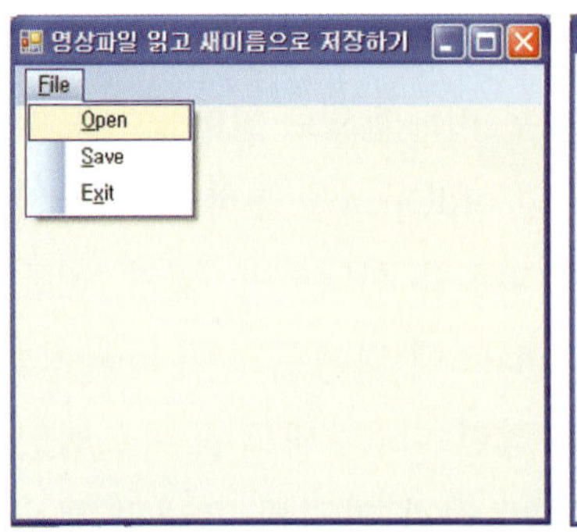
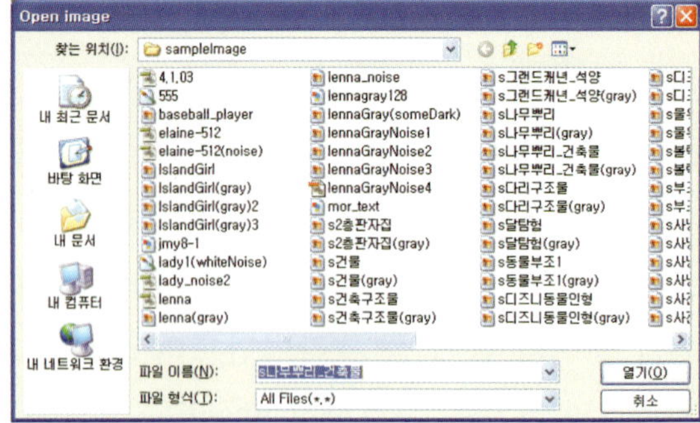

그림 2-18 파일 열기 메뉴와 열기 대화상자

(3) 영상 파일 변환 및 저장

[프로그램 목록 2-10(d)]는 화면에 표시된 그림 정보를 가지고 있는 새도우 비트맵인 bitmap이 Save() 메소드를 통해 파일로 저장되게 하는 메소드이다. C#에서 영상 파일 저장은 다른 이름으로 저장하는 의미를 가지고 있으며, 다른 파일 형식으로의 변환 의미까지도 포함하고 있으므로, 필요에 따라 다른 파일 이름, 다른 파일 확장자를 갖는 다른 영상 파일로 변환하여 저장할 수 있다.

[프로그램 목록 2-10(d): faReadSaveImage의 Form1.cs]

```
private void saveItem_Click(object sender, System.EventArgs e)
{
   string filterName = "All Files(*.*)|*.*|Bitmap File(*.bmp)|*.bmp|Gif File(*.gif)|*.gif|";
   filterName = filterName + "JPEG(*.jpg)|*.jpg|PNG(*.png)|*.png|TIFF(*.tif)|*.tif";
   sfdSave.Title = "Save Image as ...";
   sfdSave.OverwritePrompt = true;
   sfdSave.Filter = filterName;
   if(sfdSave.ShowDialog() == DialogResult.OK)
   {
     string strFilename = sfdSave.FileName;
     string strLowFilename = strFilename.ToLower();
     bitmap.Save(strLowFilename);
   }
}
```

SaveFileDialog 컨트롤인 sfdSave를 통하여 파일 저장 대화상자가 나오게 하여 파일명과 파일 확장자를 지정하여 '저장' 버튼을 누르면 지정된 대로 영상 파일이 저장된다. 만약 기존의 확장자와 다른 확장자가 선택되면 파일 변환

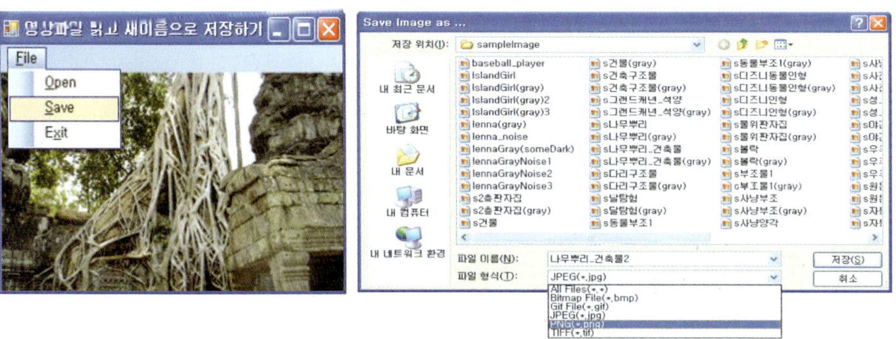

그림 2-19 파일 저장 메뉴와 저장 대화상자

이 이루어진다. [그림 2-19]는 File-Save 메뉴를 선택하여 파일 저장 대화상자가 나오게 하여 화면에 표시된 그림을, 필요에 따라 다른 파일 이름과 파일 확장자를 갖는 것으로 변환하여 저장하는 것을 나타낸 것이다. 여기서는 기본적으로는 Bitmap 파일 형식의 저장으로 표시되지만 필요에 따라 GIF(Graphics Interchange, Format), JPEG(Joint Photographic Experts Group), PNG(Portable Network Graphics), TIFF(Tag Image File Format) 등의 파일 형식을 선택하여 저장할 수 있다.

(4) 메뉴 컨트롤

비주얼 C#이 업그레이드(upgrade)되면서 폼 위에 있는 메뉴 컨트롤도 폼의 컨트롤 중의 하나로 취급하기 때문에 그래픽의 원점(0,0)의 좌표가 메뉴 컨트롤 속에 숨어 있게 된다. [그림 2-20]은 메뉴이 컨트롤이 나왔을 때와 그렇지 않았을 때를 비교해 볼 수 있도록 한 것이다. 이것은 폼의 KeyDown 이벤트를 이용하여 'm'이나 'M'이 한 번 눌러지면 사라지고 다시 누르면 나타나도록 한 것을 이용한 것이다. [프로그램 2-10(e)]은 Form1_KeyDown() 이벤트 핸들러로서 여기에 메뉴스트립(menuStrip1)의 'Visible' 속성을 이용해서 구현했다.

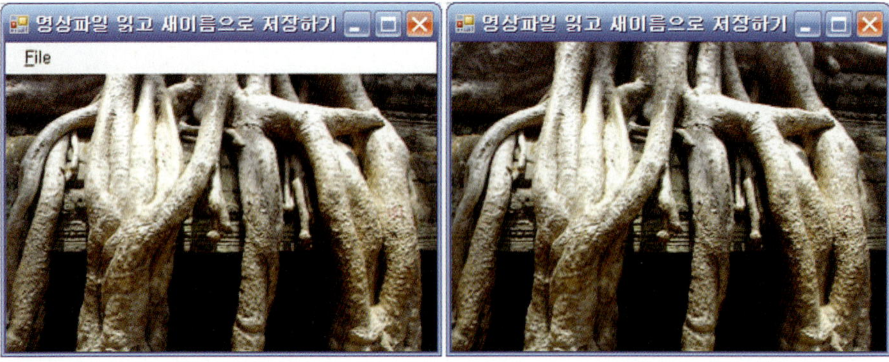

그림 2-20 메뉴 컨트롤의 숨기기

[프로그램 목록 2-10(e): faReadSaveImage의 Form1.cs]

```
private void Form1_KeyDown(object sender, KeyEventArgs e)
{
   if (e.KeyCode == Keys.M)
   {
      if (menuStrip1.Visible)
         menuStrip1.Visible = false
      else
         menuStrip1.Visible = true
   }
}
```

(5) 프로그램 종료

[프로그램 2-10(f)]는 실행중인 프로그램의 윈도우즈 폼을 닫고 종료하는 메소드를 나타낸 것이다.

[프로그램 목록 2-10(f): faReadSaveImage의 Form1.cs]

```
private void closeItem_Click(object sender, System.EventArgs e)
{
   this.Close();
}
```

2.3 EmguCV를 이용한 C# 영상처리 프로그래밍

1) EmguCV의 개요

EmguCV는 인텔(Intel)의 고속 영상처리 라이브러리인 OpenCV를 닷넷(.Net) 기술에 의해 서로 다른 운영체제나 서로 다른 프로그래밍 언어에서 사용할 수 있도록 한 객체 지향 영상처리 라이브러리이다. C#에 의해 쓰였기 때문에 C#과 호환성이 좋다. 특히 EmguCV의 Image 클래스는 색깔(color)과 깊이(depth) 매개변수의 자료형이 변할 수 있는 일반적 매개변수(generic parameter)와 피연산자와 연산 결과의 자료형이 변할 수 있는 일반적 연산(generic operation)과 연산자 오버로드(operators overload)를 지원하며 픽셀의 값을 읽거나 지정하는 것, 그래픽 작업 등을 쉽게 할 수 있게 해준다. 그리고 자동으로 쓰레기 수집을 할 수 있으므로 메모리를 효율적으로 활용할 수 있으며, XML 직렬 영상과 XML 문서화 기능까지 지원하므로 유연성이 뛰어나다.

EmguCV 구조는 [그림 2-21]과 같이 2개의 층으로 이루어져 있다. 첫 번째 층은 OpenCV에 있는 함수, 구조체, 열거형을 직접 반영하는 매핑을 포함하고 있다. 두 번째 층은 닷넷(.NET)에서 영상처리에 유용한 것을 섞어 만든 클래스들을 포함하고 있다. 따라서 OpenCV의 모든 함수를 활용할 수 있으며, C#의 객체 지향을 기반으로 하는 닷넷 기술을 활용하므로 강력하고 빠른 영상처리를 할 수 있다.

[프로그램 목록 2-11]은 EmguCV가 OpenCV의 래퍼(Wrapper)[1]로서 OpenCV와의 연관관계를 확인할 수 있도록 OpenCV 함수를 호출하여 OpenCV 형태의 화면으로 EmguCV의 Image 클래스를 이용하여 만든 간단한 그래픽 이미지를 [그림 2-22]와 같이 출력하는 프로그램을 나타낸 것이다. EmguCV를 이용한 C# 윈도우즈 폼 응용 프로그램 환경에 대해서는 부록 B를 참고하라.

---

1) wrapper의 원뜻은 물건을 싸는 포장지를 의미. 프로그래밍에서 래퍼한 이미 만들어진 데이터나 소스코드를 형태로 바꾸고 조직화하여 다른 환경에서도 동작이 가능하게 만든 소프트웨어 형식을 말함.

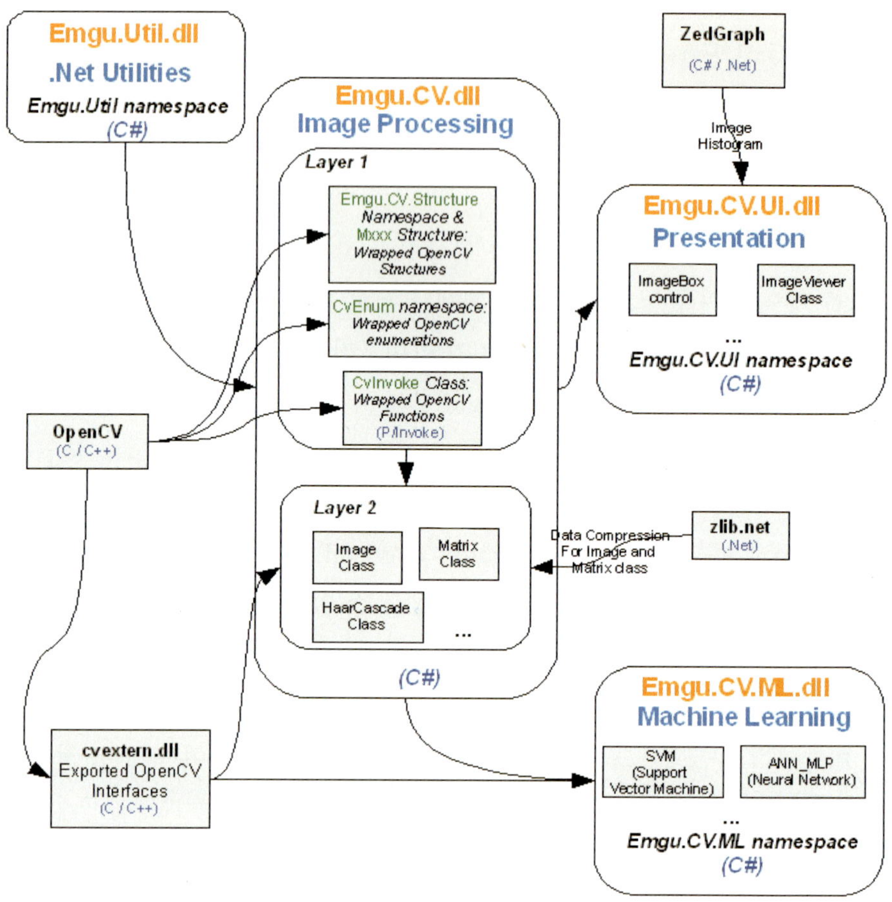

그림 2-21 EmguCV의 구조(EmguCV 사용자 매뉴얼로부터 인용하였음)

[프로그램 목록 2-11: Emgu201HelloOpenCV의 Form1.cs]

```
using System;
using System.Collections.Generic;
using System.ComponentModel;
using System.Data;
using System.Drawing;
using System.Linq;
using System.Text;
using System.Windows.Forms;
using Emgu.CV;              // Image
using Emgu.CV.Structure;    // Bgr,  MCvFont
using Emgu.CV.CvEnum;       // FONT
using Emgu.CV.UI;           // ImageViewer
using Emgu.Util;            // (using)
```

```
namespace Emgu201Hello
{
   public partial class Form1 : Form
   {
      public Form1()
      {
         InitializeComponent();
      }
      private void btHello_Click(object sender, EventArgs e)
      {
         string winName = "EmguCV2.0.1.0 Testing...";
         string msg = "Hello, EmguCV!!!";
         Bgr bgColor = new Bgr(255, 255, 255); // white
         Bgr fwColor = new Bgr(255, 0, 0); // blue
         Point stPoint = new Point(20, 100);
         CvInvoke.cvNamedWindow(winName);
         using (Image<Bgr,Byte> img = new Image<Bgr,Byte>(400, 200, bgColor))
         {
            MCvFont f = new MCvFont(FONT.CV_FONT_HERSHFY_TRIPLEX, 1.2, 1.2);
            img.Draw(msg, ref f, stPoint, fwColor);
            CvInvoke.cvShowImage(winName, img.Ptr);
            CvInvoke.cvWaitKey(0);
         }
         CvInvoke.cvDestroyWindow(winName);
      }
   }
}
```

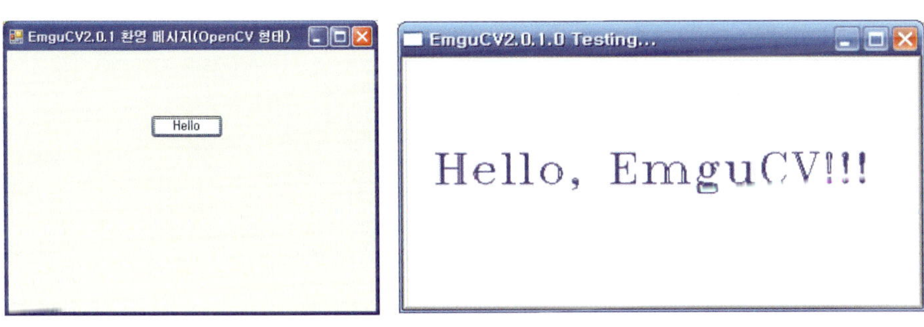

그림 2-22 EmguCV를 이용한 환영 메시시

EmguCV는 OpenCV의 래퍼(wrapper)로서 OpenCV의 함수, 구조체, 열거형 등의 세 가지를 래핑(wrapping)한다. 함수의 경우, OpenCV 함수에 접두어로서 'Emgu.CV.CvInvoke.' 을 추가하면 된다. CvIvoke 클래스는 직접

OpenCV 함수를 부르는 방법을 제공한다. 이것은 Emgu.CV 네임스페이스에 정의되어 있다. [프로그램 목록 2-11]에서 CvInvoke.cvNamedWindow(winName);는 OpenCV에서 cvNamedWindow(winName);과 같다. [프로그램 목록 2-11]에서 총 4번의 CvInvoke를 사용했다. 구조체의 경우 [표 B-1]과 같이 OpenCV 구조체의 접두어로 'Emgu.CV.Structure.M.'을 추가하면 된다.

표 B-1 EmguCV와 OpenCV의 구조체 관계

Emgu CV Structure	OpenCV structure
Emgu.CV.Structure.MIplImage	IplImage
Emgu.CV.Structure.MCvMat	CvMat
...	...
Emgu.CV.Structure.Mxxxx	xxxx

(접두어 M은 관리 가능한 코드(Managed Code)임을 뜻함

EmguCV는 OpenCV의 구조체를 표현하기 위해 [표 B-2]와 같이 닷넷(.NET) 구조체를 빌려와서 대신하기도 한다.

표 B-1 EmguCV와 OpenCV의 구조체 관계

.Net Structure	OpenCV structure
System.Drawing.Point	CvPoint
System.Drawing.PointF	CvPoint2D32f
System.Drawing.Size	CvSize
System.Drawing.Rectangle	CvRect

열거형의 경우 OpenCV의 열거형을 표현하기 위해 CvEnum 네임스페이스를 제공한다. 예를 들어 'CvEnum.IPL_DEPTH.IPL_DEPTH_8U'은 OpenCV의 'IPL_DEPTH_8U'과 같다. [프로그램 목록 2-11]에 나오는 'FONT'는 Emgu.CV.CvEnum 네임스페이스에 속한다.

2) EmguCV의 Image 클래스

EmguCV에서 영상을 표현하기 위해서 고유의 Image<TColor, TDepth> 클래스를 사용한다. 이것은 제네릭(generic) 클래스이므로 GDI+의 Image 클래스나 OpenCV의 IplImage 보다도 훨씬 강력하고 유연성이 뛰어나다. 일반적 매개변수(generic parameter)에 해당하는 TColor에 컬러(color)를, TDepth에 해당하는 픽셀의 깊이를 정해주어 표현하고자 하는 영상의 성격을 간단히 정해줄 수 있고, 다양한 생성자 오버로드를 가지고 있으므로 크기를 여러 형태로 정의할 수 있을 뿐 아니라 연산자 오버로드, 일반적 메소드(generic method)까지 사용하여 영상변환도 쉽게 할 수 있다. 예를 들어 8비트 음영영상을 생성하려면 Image<Gray, Byte> grayImage = new Image<Gray, Byte>(width, height);와 같이 정의하면 되고, 각각 8비트인 RGB 컬러영상을 생성하려면 Image<Bgr, Byte> colorImage = new Image<Bgr, Byte>(width, height);와 같이 정의하면 된다. 이렇게 생긴 영상 객체들은 관리 가능한 코드(managed code)로 만들어지므로 나중에 쓰레기 수집기에 의해 메모리를 자동으로 반환할 수 있다. [프로그램 목록 2-11]에서 C#의 'using' 구를 사용한 것은 Image<TColor, TDepth> 객체의 사용 범위를 제한하여 범위를 벗어나면 쓰레기 수집기에 의해 메모리가 반환되도록 하기 위한 것이다.

TColor로 사용할 수 있는 자료형은 Gray, Bgr (Blue Green Red), Bgra (Blue Green Red Alpha), Hsv (Hue Saturation Value), Hls (Hue Lightness Saturation), Lab (CIE L*a*b*), Luv (CIE L*u*v*), Xyz (CIE XYZ.Rec 709 with D65 white point), Ycc (YCrCb JPEG) 등이 있고, TDepth로 사용할 수 있는 자료형으로는 Byte, SByte, Single (float), Double, UInt16, Int16, Int32 (int) 등이 있다.

400×300 영상 해상도를 갖는 RGB 컬러영상이 각각 8비트 픽셀 해상도(픽셀의 깊이)를 갖는다면 Image<Bgr, Byte> cimg1 = new Image<Bgr, Byte>(400, 330);과 같이 정의한다. 또한 여기에 녹색 배경색을 추가한다면 Image<Bgr, Byte> cimg2 = new Image<Bgr, Byte>(400, 300, new Bgr(0, 255, 0));과 같이 정의한다. 또한 'sample.jpg' 라는 컬러영상을 읽어서 Image<TColor, TDepth> 객체를 만든다면, Image<Bgr, Byte> cimg3 = new

Image<Bgr, Byte>("sample.jpg");와 같이 정의하고, 비트맵 객체 bmp로부터 Image<TColor, TDepth> 객체를 만든다면, Image<Bgr, Byte> img = new Image<Bgr, Byte>(bmp);와 같이 정의한다.

연산자 오버로드를 이용하여 음영영상의 종류와 크기가 같은 gimg1과 gimg2의 각 대응되는 픽셀을 더하여 3를 빼고 이 결과에 0.5를 곱하여 새로운 gimg3 음영영상을 생성한다면 Image<Gray, Byte> gimg3 = (gimg1 + gimg2 − 3.0) * 0.5;와 같이 정의한다. 다른 색깔과 다른 픽셀 깊이를 갖는 Image<TColor, TDepth> 객체를 변환하는 것도 간단하다. 만약 cimg1이 Image<Bgr, Byte>와 같은 컬러영상인데 음영영상으로 변환하려면 Image<Gray, Single> gimg2 = cimg1.Convert<Gray, Single>();와 같이 하면 된다.

Image<Bgr, Byte> 객체의 각 픽셀 값을 읽으려면 Bgr color = img[*y*, *x*];와 같이 하고 각 픽셀의 값을 설정하려면 img[*y*, *x*] = color;와 같이 간단히 할 수 있다.

Image<TColor, TDepth> 클래스는 그림을 그리는 Draw() 메소드를 가지고 있으므로 Image<TColor, TDepth> 객체에 그래픽 글자, 선, 원, 직사각형, 타원 등을 그려 넣을 수 있다. [프로그램 목록 2-11] 속의 img.Draw(msg, ref f, stPoint, fwColor);는 msg 속에 들어있는 글자를 f라는 폰트로 글자의 좌상 위치가 stPoint 좌표인 곳에 fwColor로 표시하라는 뜻이다.

3) EmguCV의 ImageBox

EmguCV 환경에서는 영상을 화면에 표시하려면 ImageBox 컨트롤을 사용하는 것이 가장 좋다. 그 이유는 영상을 표시하는 최고성능의 컨트롤인데다가 영상 객체를 공유메모리를 사용하여 표시하므로 메모리 복사가 없으므로 속도가 빠르기 때문이다. ImageBox 컨트롤은 Project 메뉴의 맨아래 해당 프로젝트명의 properties의 Reference Path 탭에서 EmguCV가 설치된 경로(C:\Program Files\Emgu\Emgu CV\bin\)를 정해주고 솔루션 익스플로러 창의 References 에 Emgu.CV.UI를 추가시키면 폼의 도구상자(Toolbox)의 맨아래 General 탭에 나타난다. 그런데, 프로젝트를 다른 곳으로 옮겨 재정의할 경우 보이지 않는 경우가 생기는데 이럴 때는 [부록 C]와 같은 요령으로 도구상자에 추가시키면 된다. [그림 2-23]과 같이 폼에 ImageBox 컨트롤이 있게 만들려면 폼을 선택한 상태에서 도구상자의 ImageBox 컨트롤을 더블 클릭하여 폼에 넣고 속성창에서 Duck 속성을 'Fill'로 정해준다. ImageBox 컨트롤이 폼을 꽉 채우게 된다.

ImageBox 컨트롤은 윈도우즈 폼의 PictureBox 컨트롤 유사한 사용자 컨트롤이다. PictureBox는 비트맵(Bitmap) 표시하지만, ImageBox는 Image<TColor, TDepth> 형태로 객체를 표시하며 영상을 관리하는 추가 기능을 제공한다.

ImageBox는 영상이 표시되는 방법을 정할 수 있는 FunctionalMode 속성을 가지고 있는데, Minimum은 PictureBox 기능과 유사하며 추가 기능은 제공하지 않는 것이고, PanAndZoom은 마우스 가운데 버튼을 사용하여 영상 객체를 크게 보이게 하거나 작게 보이게 하는 것이며 RightClickMenu는 우측 마우스 버튼을 클릭하여 팝업 메뉴가 나오게 하는 것이고, Everything은 PanAndZoom 기능에 RightClickMenu 기능이 제공되며 디폴트(default)로 정해져 있다.

[프로그램 목록 2-12]는 ImageBox 컨트롤을 추가시킨 윈도우즈 폼 응용 프로그램을 나타낸 것이다. 먼저 도구상자의 'General' 메뉴에서 ImageBox을 다블 클릭하여 폼 위에 ImageBox 컨트롤을 넣는다. ImageBox 컨트롤의 '(Name)' 속성 값을 'ibCanvas'로, 'Duck' 속성을 'Fill'로 하여 ImageBox 컨

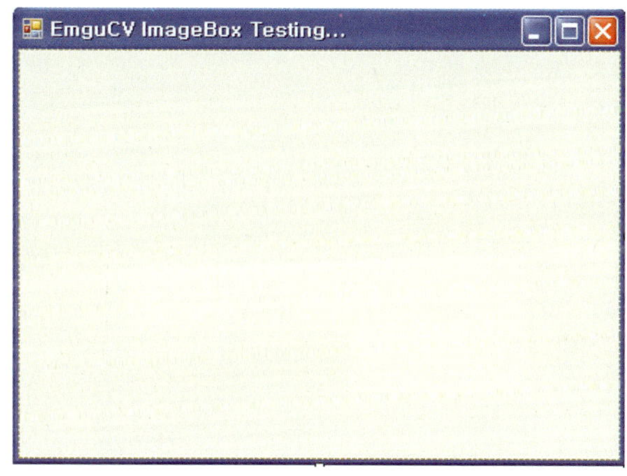

그림 2-23 윈도우 폼 위의 ImageBox 컨트롤

트롤이 폼에 꽉 차도록 만든다. 폼의 제목 부분을 더블 클릭하여 Form1_Load 이벤트가 추가되게 하여 나타나는 이벤트 핸들러 Form1_Load()의 블록 안에 [프로그램 목록 2-12]의 코드들을 입력한다. [프로그램 목록 2-12]를 실행한 다음 폼 위에서 마우스 우측 버튼을 클릭하면 [그림 2-24]과 같은 폼 위의 메뉴가 나온다.

[프로그램 목록 2-12: Emgu201ImageBox의 Form1.cs]

```
private void Form1_Load(object sender, EventArgs e)
{
   string msg = "Click a right mouse button.";
   Bgr fwColor = new Bgr(0, 255, 255);      // Yellow
   Point stPoint = new Point(20, 100);

   using (Image<Bgr, Byte> imageObj = new Image<Bgr, Byte>(this.ClientSize))
   {
      MCvFont f = new MCvFont(FONT.CV_FONT_HERSHEY_COMPLEX_SMALL, 1.0, 1.0);
      imageObj.Draw(msg, ref f, stPoint, fwColor);
      ibCanvas.Image = imageObj;
   }
}
```

여기서 새로운 영상 파일을 로드(load)하여 Fileters 메뉴 속의 [그림 2-25]와 같은 다양한 영상처리 기능을 수행하고 필요에 따라 다른 이름으로 저장시킬 수 있다. ImageBox에 표시된 영상은 Zoom 메뉴나 마우스 가운데 버튼을

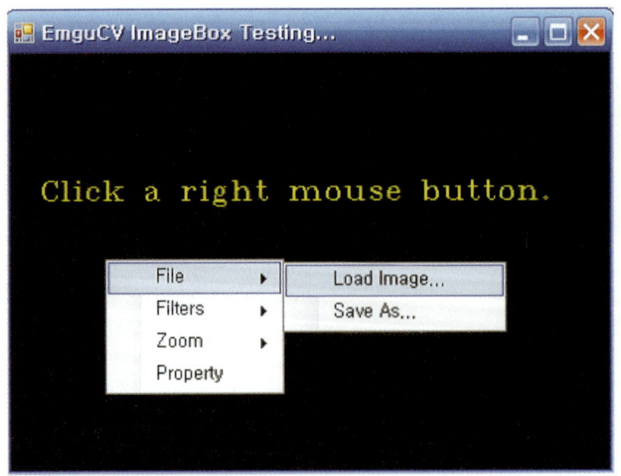

그림 2-24 ImageBox 컨트롤의 File 메뉴

굴려서 확대 및 축소시킬 수 있으며 Property 메뉴를 선택하면 나오는 [그림 2-26]과 같은 property 창을 통해 [그림 2-27]과 같이 RGB 히스토그램을 확인하거나 Fileter 메뉴를 통해 방금 전에 수행한 영상처리를 취소시킬 수도 있다.

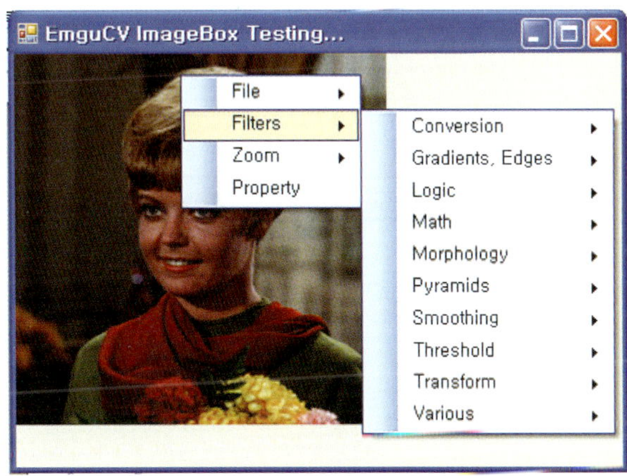

그림 2-25 ImageBox 컨트롤의 Filter 메뉴

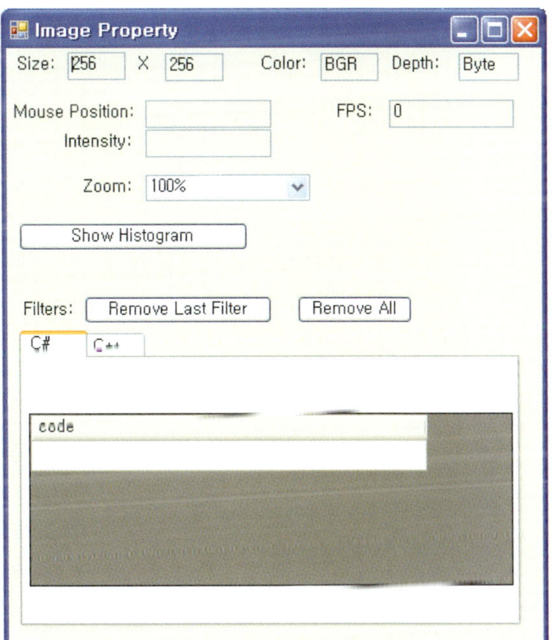

그림 2-26 ImageBox 컨트롤의 Property 메뉴 실행

그림 2-27 ImageBox 컨트롤의 Property 창의 히스토그램

연/습/문/제

[기초문제]

※ 다음 글을 읽고 빈 칸에 가장 알맞은 말을 넣으시오.

1. C#에서는 객체의 공통적인 ( )과 ( )를 클래스로 정의하고 이를 통해 객체를 생성하여 데이터와 데이터를 조작하는 ( )를 하나로 표현하여 효율적인 정보 처리를 할 수 있도록 한다. 따라서 C#에서는 반드시 ( ) 이상의 클래스가 정의되어야 한다.

2. 윈도우즈 폼을 활용한 C# 영상처리 프로그램을 작성하고자 새 프로젝트를 만들고자 할 때, 새 프로젝트의 이름(Name)을 정해준 다음, 템플릿(Templates)을 ( )으로 지정하며, 프로젝트를 저장할 때 ( )를 정해주면 된다.

3. C# 클래스의 멤버로는 데이터를 의미하는 객체들의 공통적인 성질이나 속성에 해당되는 멤버 ( ), 데이터를 조작하는 명령코드를 의미하는 객체들의 공통적인 행동이나 함수에 해당되는 ( )가 있으며, 이들은 클래스를 정의할 때 기술된다. 그리고 클래스 중에는 그 안에 ( )이라는 특수한 메소드가 정의된 것이 반드시 하나 포함되어야 한다. 이 메소드가 C# 프로그램의 시작 지점에 해당된다.

4. C#에 이벤트를 발생시키는 명령이 포함되어 이벤트와 이벤트 핸들러와의 연결 관계를 설정할 수 있다. ( )란 객체에 어떤 동작이나 사건이 발생했음을 알려주는 신호이며, ( )는 이를 처리하는 루틴(routine)에 해당된다.

5. C# 윈도우즈 폼 클래스는 닷넷 프레임워크에 미리 정의되어 있는 클래스 중 ( )클래스를 상속받은 것이므로 이 클래스의 모든 멤버변수와 메소드도 함께 정의된 것이나 다름없이 그대로 재사용할 수 있다. 클래스와 이름이 같은 특별한 메소드를 ( )라 하는데 이것은 클래스로부터 ( )를 생성할 때, 처음 수행되는 부분이다.

6. Application 클래스의 ( ) 메소드는 표준 응용프로그램의 메시지 루프(loop)를 실행하는 것으로서 Form 객체를 인수로 넘기면, 그 Form이 자동으로 화면에 표시되게 하고, 그 Form을 닫으면 제어권을 ( )에게 넘기고 프로그램이 올바르게 종료하는 역할을 한다.

7. RGB 컬러값을 명도값으로 바꾸는 가장 간단한 방법은 세가지 색의 평균값을 명도로 삼는 것으로, ( )와 같은 수식을 이용하는 방법이다. 이보다 더 널리 이용하는 방법은 ( )표준으로 사용되는 brightness = 0.299R + 0.587G + 0.114B를 이용하는 것이다.

8. C#에서 섀도우 비트맵(shadow bitmap)은 비트맵을 그래픽 객체와 연결시켜 놓고, 이 그래픽 객체의 ( )를 통해 그림을 그리면 비트맵에 결과가 남게 만든 것을 말한다. 섀도우 비트맵이 윈도우즈 폼 객체의 ( ) 이벤트를 처리하는 메소드에서 표시되게 하는 명령문을 정의해 놓으면 섀도우 비트맵에 연결된 그래픽 객체에 그려지는 모든 것이 화면에 표시되게 할 수 있다.

9. C#에서 풀다운(pull-down) 메뉴를 만들기 위해서는 ( ) 컨트롤을 폼에 추가시킨 다음, 'Type Here(여기에 입력하십시오)' 라는 메시지가 있는 부분을 클릭하여 메뉴를 만들어 나가면 된다.

10. EmguCV는 인텔(Intel)의 고속 영상처리 라이브러리인 ( )를 닷넷(.Net) 기술에 의해 서로 다른 운영체제나 서로 다른 프로그래밍 언어에서 사용할 수 있도록 한 객체 지향 영상처리 라이브러리이다. ( )에 의해 쓰였기 때문에 이 언어와 호환성이 좋다.

11. EmguCV의 ( ) 클래스는 색깔(color)과 깊이(depth) 매개변수의 자료형이 변할 수 있는 일반적 매개변수(generic parameter)와 피연산자와 연산의 결과의 자료형이 변할 수 있는 일반적 연산(generic operation)과 연산자 오버로드(operators overload)를 지원하며 픽셀의 값을 읽거나 지정하는 것, 그래픽 작업을 하는 것 등을 쉽게 할 수 있게 해준다.

12. EmguCV는 OpenCV의 (   )로서 OpenCV 함수를 호출하므로 실행속도가 빠르다. (   ) 클래스는 직접 OpenCV 함수를 부르는 방법을 제공한다.

13. EmguCV에서 영상을 표현하기 위해서 고유의 Image<TColor, TDepth> 클래스를 사용한다. 이것은 (   ) 클래스이므로 GDI+의 Image 클래스나 OpenCV의 IplImage 보다도 훨씬 강력하고 유연성이 뛰어나다.

14. EmguCV 환경에서는 영상을 화면에 표시하려면 (   ) 컨트롤을 사용하는 것이 가장 좋다. 그 이유는 영상을 표시하는 최고성능의 컨트롤인데다가 영상 객체를 공유메모리를 사용하여 표시하므로 메모리 복사가 없으므로 속도가 빠르기 때문이다

[심화문제]

1. C#과 관련된 다음 용어를 간략히 설명하시오.

   1) 네임 스페이스(Name Space)

   2) 이벤트 핸들러(event handler)

   3) GDI+

2. Image 클래스와 Bitmap 클래스의 특징을 비교 설명하시오.

3. C#에서 영상 파일을 읽거나 저장할 때 자주 사용하는 다음 윈도우즈 폼의 컨트롤들의 중요 속성과 메소드를 간략히 설명하시오.

1) OpenFileDialog

2) SaveFileDialog

4. C#에서 [그림 2-17]과 같은 풀다운(Pull-Down) 메뉴를 만드는 과정을 간략히 설명하시오.

5. C#에서 Graphics 객체를 생성하는 방법에 대해 간략히 설명하시오.

   1) this 폼의 Paint 이벤트를 정의할 때 생성

   2) Paint 이벤트 이외의 이벤트가 발생할 때 생성

6. C#으로 영상처리 프로그램을 작성할 때, 윈도우즈 폼에 표시되는 영상을 어떠한 변화가 이루어지더라도 그 상태를 보존하고 있다가 필요에 따라 다시 표시하거나, 저장하기 위해 섀도우 비트맵을 사용한다. 이 섀도우 비트맵을 정의하고 활용하는 예를 Graphics 객체, Bitmap 객체, 폼의 Paint 이벤트를 연관하여 설명하시오.

7. 2차원 배열의 각 요소를 하나의 픽셀로 보고 각 픽셀의 R, G, B 값을 Color 구조체로 표현한 컬러영상을 int 형의 3차원배열로 표현하는 변환 알고리즘을 기술하시오.

8. [그림 2-21]을 참조하여 2개의 층으로 이루어진 EmguCV 구조에서 각 층에 대해 간략히 설명하시오.

1) 첫 번째 층

2) 두 번째 층

9. EmguCV의 Image 제네릭 클래스를 사용하여 영상 객체를 생성하는 표현을 나타낸 것이다. 이들의 의미를 간략히 설명하시오.

1) Image<Gray, Byte> grayImage = new Image<Gray, Byte>(width, height);

2) Image<Bgr, Byte> colorImage = new Image<Bgr, Byte>(width, height);

3) Image<Bgr, Byte> cimg1 = new Image<Bgr, Byte>(400, 330);

4) Image<Bgr,Byte> cimg2 = new Image<Bgr,Byte>(400,300,new Bgr(0,255,0));

5) Image<Bgr, Byte> cimg3 = new Image<Bgr, Byte>("sample.jpg");

6) Image<Gray, Byte> gimg3 = (gimg1 + gimg2 − 3.0) * 0.5;

7)Image<Gray, Single> gimg2 = cimg1.Convert<Gray, Single>();

픽셀 중심 영상처리

3.1 점과 픽셀

디지털 영상을 구성하는 기본 단위인 점(point)은 디지털 영상을 배열에 표현할 때 배열의 각 요소에 해당되는 것이다. 픽셀(pixel)은 화면을 구성하는 기본 단위로서 화면 위의 한 점이며 그래픽 카드의 비디오 메모리의 요소에 해당되고 상대적 크기 개념을 가지고 있다. 일반적으로 디지털 영상의 한 점(Point)를 화면에 표시할 경우 하나의 픽셀에 대응되므로 픽셀을 디지털 영상의 기본 단위로도 혼용해서 사용한다. C#에서 Image, Bitmap 객체의 각 요소가 점이라면, Graphics 객체의 각 요소는 픽셀이고, 새도우 비트맵(Shadow Bitmap)의 각 요소는 점과 픽셀을 같은 의미로 사용하는 것이라 할 수 있다.

가산 혼합 원리를 적용하는 영상의 픽셀 값이 증가하면 영상이 밝아지고, 감소하면 어두워진다. 그리고 일정한 값(1보다 큰 수) 곱하면 대비가 증가하고, 나누면 대비가 감소한다. 즉 픽셀 값을 가감승제하여 명도와 대비를 조정할 수 있고 이를 통해 음영영상의 상태를 조정할 수 있다. 그런데 영상 해상도가 큰 영상에 대해서 일일이 각 구성요소인 픽셀의 값을 가감승제하여 변화시키고자 하면 부하가 많이 걸리고 연산속도가 떨어지기 때문에 이를 룩업 테이블(Look-up Table)을 이용하여 연산 속도를 개선시킬 수 있다. 그리고 픽셀에 대해 가감승제를 할 때 픽셀 해상도의 한계를 넘어서는 경우는 오히려 영상의 품질이 떨어질 수 있으므로 영상의 상태를 히스토그램(histogram)통해 파악하고, 히스토그램의 분포를 조정하여 영상의 품질을 향상시킬 수 있다. 본 장의 픽셀 중심 처리는 음영영상을 대상으로 하므로 컬러영상은 음영영상으로 변환하고 2차원 배열을 활용하여 처리한다.

3.2 명도와 대비를 위한 산술 연산

영상의 기본 요소인 픽셀의 값에 특정 값을 가감승제, 또는 XOR(eXclusive OR) 등의 연산을 수행하여 영상의 명도와 대비를 조절하기 위해서는 기본적으로 처리하고자 하는 영상의 모든 픽셀에 대해 직접 산술 연산을 해야 한다. 만약 음영영상의 픽셀의 정보가 2차원 배열에 표현되어 있고 addValue만큼 명도를 증가시켜야 한다면 다음과 같은 2중 루프(loop)를 사용하므로 영상의 폭(Width)×높이(Height) 만큼의 덧셈 연산을 수행한다.

```
for(int y=0; y<Height; y++)
  for(int x=0; x<Width; x++)
  {
      :
      grayArray[y][x] = grayArray[y][x] + addValue;
      :
  }
```

[프로그램 목록 3-1(a)]에서 [프로그램 목록 3-1(d)]는 영상의 각 픽셀의 값을 가감승제하여 명도와 대비를 가감하는 프로그램을 나타낸 것이다. 이 프로그램은 산단한 알고리즘을 사용하기 때문에 비교적 이해와 구현이 용이하나 영상의 크기가 클수록 계산 시간이 많이 걸리는 단점이 있다. [그림 3-1]과 같이 크게 File부분과 Adjustments부분으로 구성되는데 File 부분은 [프로그램 목록 2-10]의 프로그램들과 거의 유사하지만 openItem_Click()에 copyBitmap2Array() 메소드를 호출한 부분이 추가되었다. copyBitmap2Array() 메

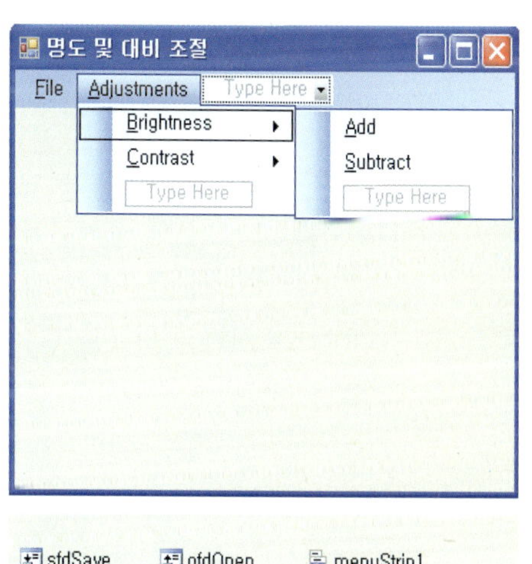

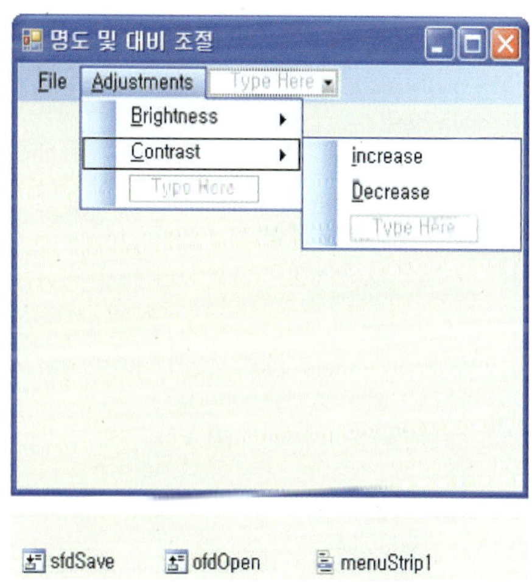

그림 3-1 산술 연산에 의한 명도와 대비 조절을 위한 프로그램 폼 설계

소드는 새도우 비트맵의 음영영상정보를 2차원 배열을 사용하여 표현하는 부분이다. Adjustments 부분은 명도의 가감, 대비의 가감에 대한 부분이 포함되어 새롭게 만들어져 추가된 부분이다.

[프로그램 목록 3-1(a): faBrightnessContrast의 Form1.cs]

```
Graphics grBm;
Bitmap bitmap;
Image image;
int [,] grayArray;

void setShadowBitmap()
{
   bitmap    = new Bitmap(ClientSize.Width, ClientSize.Height);
   grBm      = Graphics.FromImage(bitmap);
   grBm.Clear(BackColor);
}

private void openItem_Click(object sender, System.EventArgs e)
{
   string filterName = "All Files(*.*)|*.*|Bitmap File(*.bmp)|*.bmp|Gif File(*.gif)|*.gif|";
   filterName = filterName + "JPEG(*.jpg)|*.jpg|PNG(*.png)|*.png|TIFF(*.tif)|*.tif";
   ofdOpen.Title = "Open image";
   ofdOpen.Filter = filterName;
   if(ofdOpen.ShowDialog() == DialogResult.OK)
   {
       string strFilename = ofdOpen.FileName;
       image = Image.FromFile(strFilename);
       this.ClientSize = new System.Drawing.Size(image.Width, image.Height);
       setShadowBitmap();
       grBm.DrawImage(image, 0,0, image.Width, image.Height);
       copyBitmap2Array();
   }
   Invalidate();
}

void copyBitmap2Array()
{
   int x,y,brightness;
   Color color;
   grayArray = new int[bitmap.Height, bitmap.Width];
   for(y=0; y<bitmap.Height; y++)
      for(x=0; x<bitmap.Width; x++)
      {
          color = bitmap.GetPixel(x,y);
          brightness = color.R;
          grayArray[y,x] = brightness;
      }
}
```

[프로그램 목록 13-1(a)]는 grayArray라는 2차원 배열 멤버변수를 추가하여, openItem_Click()이라는 파일 열기에 대한 이벤트 핸들러 부분에서 새롭게 읽은 영상 파일의 정보를 새도우 비트맵에 보관시키고, copyBitmap2Array()라는 메소드를 통해 새도우 비트맵 bitmap을 grayArray에 복사하도록 하는 부분을 추가시킨 것이다. grayArray의 경우 멤버변수로 선언되어 있지만 크기가 정해지지 않았으므로 copyBitmap2Array() 메소드에서 그 크기를 정의한다. 이렇게 하는 이유는 클래스내에 있는 다른 메소드에서도 공통으로 grayArray를 사용할 수 있도록 하기 위해서이다. 그리고 음영영상의 경우 bitmap에 들어있는 각 픽셀의 R, G, B 값이 모두 같으므로 R 값만 grayArray 배열에 들어가도록 brightness= color.R;과 같이 기술했다. 따라서 여기서는 컬러영상의 경우도 R값만 가지고 와서 음영영상 취급을 하게 된다.

[프로그램 목록 3-1(b)]는 폭이 Width이고 높이가 Height인 음영영상정보를 가지고 있는 2차원 배열 grayA의 내용을 좌상 좌표 (leftTopX, leftTopY)에 출력하는 루틴(routine)을 나타낸 것이다. 이 메소드는 독립성이 높고 배열에 보관된 음영영상정보를 폼 위의 원하는 위치에 쉽게 출력시키므로 여러 곳에서 재사용할 수 있다.

[프로그램 목록 3-1(b): faBrightnessContrast의 Form1.cs]

```
void displayGrayArray(int leftTopX, int leftTopY, int[,] grayA, int Width, int Height)
{
    int x,y;
    Color color;
    Bitmap gBitmap = new Bitmap(Width, Height);

    for(y=0; y<Height; y++)
        for(x=0; x<Width; x++)
        {
            color = Color.FromArgb(grayA[y,x], grayA[y,x], grayA[y,x]);
            gBitmap.SetPixel(x, y, color);
        }

    grBm.DrawImage(gBitmap, leftTopX, leftTopY, gBitmap.Width, gBitmap.Height);
    Invalidate();
}
```

1) 명도의 가감

명도를 높이기 위해서는 픽셀 값에 일정한 값을 더하고, 명도를 낮추기 위해서는 픽셀 값에서 일정한 값을 빼면 된다. [프로그램 목록 3-1(c)]는 grayArray의 값들을 특정한 값만큼 가감하는 루틴을 나타낸 것이다. 실행 결과는 [그림 3-2]와 같다. [그림 3-2]는 [프로그램 목록 3-1(c)]를 실행한 결과, 특정

[프로그램 목록 3-1(c): faBrightnessContrast의 Form1.cs]

```
private void addItem_Click(object sender, System.EventArgs e)
{
   adjustBright(35);
   displayGrayArray(0, 0, grayArray, bitmap.Width, bitmap.Height);
}
void adjustBright(int brightValue)
{
   int x,y;
   for(y=0; y<bitmap.Height; y++)
      for(x=0; x<bitmap.Width; x++)
      {
         grayArray[y,x] = grayArray[y,x] + brightValue;
         if(grayArray[y,x] > 255) grayArray[y,x] = 255;
         if(grayArray[y,x] < 0)    grayArray[y,x] = 0;
      }
}
private void subtractItem_Click(object sender, System.EventArgs e)
{
   adjustBright(-35);
   displayGrayArray(0, 0, grayArray, bitmap.Width, bitmap.Height);
}
```

그림 3-2 산술 연산에 의한 명도 가감 예

영상의 명도가 가감된 것을 나타내고 있다. addItem_Click()과 subtractItem_Click() 메소드는 해당 메뉴를 클릭했을 때 수행되는 이벤트 핸들러이며, 실제로 명도를 가감하는 메소드는 adjustBright()이다.

2) 대비의 가감

대비를 높이기 위해서는 픽셀에 일정한 값을 곱하고, 대비를 낮추기 위해서는 픽셀을 일정한 값으로 나누면 된다. [프로그램 목록 3-1(d)]는 grayArray의 값들을 특정한 값으로 곱하고 나누는 루틴을 나타낸 것이다. increaseItem_Click()과 decreaseItem_Click() 메소드는 해당 메뉴를 클릭할 때 수행되는 이벤트 핸들러이며, 실제로 대비를 조절하는 메소드는 adjustContrast()이다.

[그림 3-3]은 [프로그램 목록 13-4]를 실행한 결과 특정 영상의 대비가 가감된 것을 나타내고 있다.

[프로그램 목록 3-1(d): faBrightnessContrast의 Form1.cs]

```
private void increaseItem_Click(object sender, System.EventArgs e)
{
    adjustContrast(1.4);
    displayGrayArray(0, 0, grayArray, bitmap.Width, bitmap.Height);
}
void adjustContrast(double contrastValue)
{
    int x,y;
    for(y=0; y<bitmap.Height; y++)
        for(x=0; x<bitmap.Width; x++)
        {
            grayArray[y,x] = (int)(grayArray[y,x] * contrastValue);
            if(grayArray[y,x] > 255) grayArray[y,x] = 255;
        }
}
private void decreaseItem_Click(object sender, System.EventArgs e)
{
    adjustContrast(1.0 / 1.4);
    displayGrayArray(0, 0, grayArray, bitmap.Width, bitmap.Height);
}
```

그림 3-3 산술 연산에 의한 대비 가감 예

3) 범위의 제약

여기서는 음영영상의 픽셀의 깊이를 8비트로 제약했으므로 각 픽셀이 가질 수 있는 값의 범위는 0~255가 된다. 따라서 이 범위 내에 있던 픽셀 값이 계산에 의해 범위를 벗어나는 경우가 생긴다면 이를 조정하여 본래의 픽셀 값의 범위 내에 있게 해야 한다. 이러한 범위의 제약을 클램핑(clamping)이라 하며, 다음은 이러한 범위 제약 알고리즘을 두 가지 형태로 나타낸 것이다.

```
newValue = g[y,x]+addValue;
if(newValue>255) newValue=255;
if(newValue<0) newValue=0;
```

```
newValue = g[y,x]+addValue;
if(newValue>255)  newValue=255;
else if(newValue<0) newValue=0;
```

3.3 룩업 테이블

영상의 명도와 대비를 조절하기 위해서는 기본적으로 처리하고자 하는 영상을 구성하는 모든 픽셀에 대해 산술 연산을 해야 하므로 (영상의 폭×영상의 높이) 만큼의 연산을 필요로 한다. 그러나 이것은 영상의 크기가 클수록 그만큼 많은 량의 계산을 해야 하므로 처리 속도의 개선을 위해 계산량을 줄일 필요가 있다. 이를 위해 가감승제의 산술 연산보다는 단순 이동의 경우가 적은

표 3-1 룩업 테이블

인덱스	0	1	2	…	254	255
연산(인덱스)	연산(0)	연산(1)	연산(2)	…	연산(254)	연산(255)

수의 기계어를 가진다는 것에 착안하여 산술 연산의 수는 줄이고 이동 연산 위주로 수행하게 하여서 전체적으로 계산량을 줄이는 방법을 사용한다. 이것을 가능하게 하는 것이 바로 룩업 테이블(Look-up Table)이다

룩업 테이블은 명도값의 범위만큼의 크기를 갖는 [표 3-1]과 같은 1차원 배열로 구현된다. 룩업 테이블 배열의 인덱스는 변경 전 픽셀값을, 룩업 테이블 배열의 값은 변경 후 픽셀값을 갖게 되므로 단순히 처리속도 개선을 위한 용도뿐 아니라 [그림 3-4]와 같이 그래픽 도구로 널리 사용되고 있는 포토샵(Photoshop)의 커브(Curves)와 유사한 역할을 하므로 명암 변환 함수를 응용하는 도구로 사용되기도 한다. 커브는 x축이 변경 전 픽셀값, y축이 변경 후 픽셀값($y=f(x)$)을 나타내어 변경 전 영상과 변경 후의 영상간의 관계를 나타낸다. 따라서 x축은 배열의 인덱스, y축은 그 배열의 값으로 해석할 수 있으므로 룩업 테이블과 같은 역할을 한다.

픽셀의 깊이가 8비트인 경우, 픽셀이 가질 수 있는 값의 범위가 0~255이므로 다음과 같이 256개의 요소를 갖는 1차원 배열로 룩업테이블을 만들 수 있

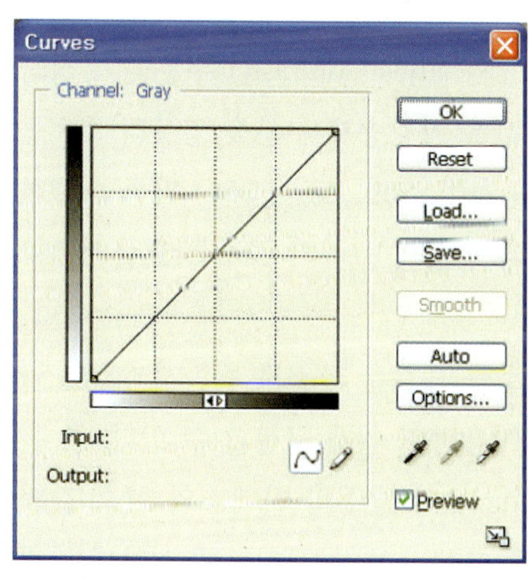

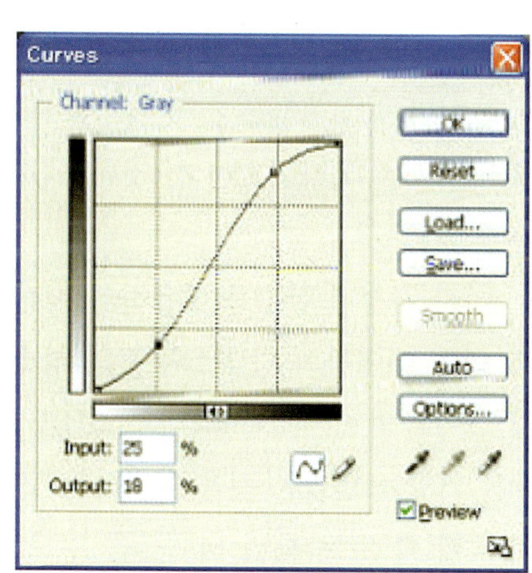

그림 3-4 포토샵의 커브

다. 배열의 인덱스가 현재 픽셀의 값을 의미하고, 배열의 값이 변환될 픽셀의 값을 의미하므로 배열의 값만 256번의 산술 연산을 통해 정해주면 변환 관계가 정해진다. 이것은 픽셀 해상도(픽셀의 깊이)와만 관계하므로 영상 해상도(영상의 폭×높이)와는 관계가 없다.

```
int[] LUT = new int[256];
for (index=0; index<256; index++)
{   newValue = index+addValue;
    if(newValue>255) newValue=255;
    if(newValue<0) newValue=0;
    LUT[index] = newValue;
}
```

그리고 이것을 이용하여 다음과 같이 모든 픽셀들은 룩업테이블을 이용하여 이동 연산만을 수행하면 되므로 계산량을 줄일 수 있다.

```
for (y=0; y<Height; y++)
   for (x=0; x<Width; x++)
      gray[y,x] = LUT[gray[y, x]];
```

따라서 룩업 테이블을 이용하면 불필요한 연산을 회피하여 계산의 복잡도를 줄여주므로 효율적인 처리를 할 수 있으며 영상의 크기가 클수록 더 효율적이라는 것을 알 수 있다.[프로그램 목록 3-2]는 [프로그램 목록 3-1]을 개선하여 효율적 계산을 하기 위해 adjustBright()와 adjustContrast() 부분을 수정하여 룩업 테이블을 추가한 것이다. 즉 픽셀값을 가감승제 부분을 영상의 폭×높이 크기만큼 수행하는 것이 아니라 픽셀의 깊이 (8bit; 28 = 256) 만큼 수행하고 나머지는 복사되도록 한 것이다. 이것은 영상의 크기가 클수록 효율적으로 수행된다.

미리 지정된 함수를 적용하여 이전 화소를 새로운 화소로 변환시키고자 할 때, 룩업 테이블의 인덱스와 값의 성질을 이용하면 쉽게 구현할 수 있다. 즉 룩업 테이블의 인덱스(index)와 값(LUT[index])이 함수의 인덱스와 함수 값과 같은 역할을 한다는 것을 이용하는 것이다. 포토샵의 커브 기능에 해당되는 것이라 할 수 있는 룩업 테이블을 명도 변환 함수로서 역할을 수행하도록 하여

[프로그램 목록 3-2: faLookupTable의 Form1.cs]

```
void adjustBright(int brightValue)
{
    int x, y, index, newValue;
    int[] LUT = new int[256];
    for (index=0; index<256; index++)
    {
        newValue = index + brightValue;
        if(newValue>255) newValue = 255;
        if(newValue<0)   newValue = 0;
        LUT[index] = newValue;
    }
    for(y=0; y<bitmap.Height; y++)
        for(x=0; x<bitmap.Width; x++)
            grayArray[y,x] = LUT[grayArray[y,x]];
}

void adjustContrast(double contrastValue)
{
    int x, y, index, newValue;
    int[] LUT = new int[256];
    for (index=0; index<256; index++)
    {
        newValue = (int)(index * contrastValue);
        if(newValue>255) newValue = 255;
        LUT[index] = newValue;
    }
    for(y=0; y<bitmap.Height; y++)
        for(x=0; x<bitmap.Width; x++)
            grayArray[y,x] = LUT[grayArray[y,x]];
}
```

다양한 명암 및 대비 변환 효과를 거둘 수 있다. [그림 3-5]는 이러한 변환 함수 적용 프로그램의 폼 디자인 부분을 나타낸 것이고, [프로그램 목록 3-3(a)]에서 [프로그램 목록 3-3(e)]까지는 이러한 변환 함수를 적용한 프로그램 코드를 나타낸다.

1) 널(null) 변환

룩업 테이블의 인덱스와 룩업테이블의 값이 같을 경우를 의미하며, 이는 [그림 3-6]처럼 아무런 명도의 변화가 이루어지지 않는다는 것을 나타낸다.

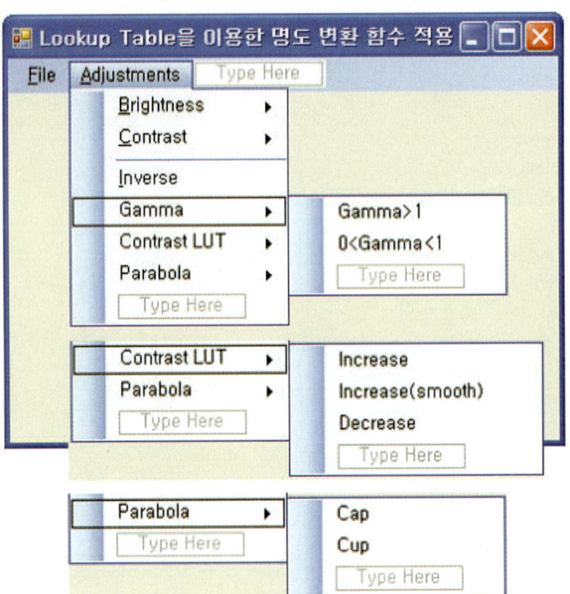

그림 3-5 룩업 테이블을 이용한 명도 변환 프로그램 메뉴

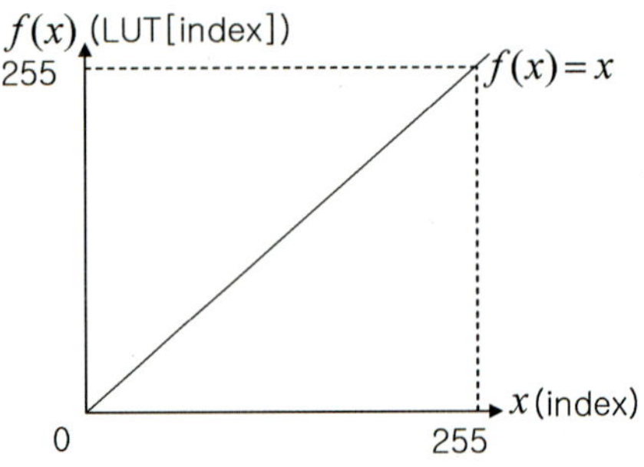

그림 3-6 널 변환 함수

2) 감마 상관 관계 변환

감마(γ) 상관 관계 함수는 $f(x) = x^{\frac{1}{\gamma}}$와 같은 지수 함수를 뜻하며 감마값에 따라 다른 형태의 지수 함수 곡선을 갖는 것이다. $\gamma > 1$이면 로그(log) 함수와 유사하게 되고, $0 > \gamma < 1$이면 일반적인 지수 함수의 특성을 갖는다. 0~255까지의 명도를 갖는 음영영상에 적용할 경우에는 [그림 3-7]과 같은 형태로 변화

되어야 한다. 입출력 명도 값의 범위가 실수 값 범위가 아니라 0~255의 정수 값 범위이므로 인덱스와 함수값 모두 같은 0~255 범위에 들어가도록 수식을 변환시켜야 한다. [그림 3-8]에서 알 수 있듯이 $\gamma > 1$인 경우는 영상을 밝게 하는 곡선으로 활용되고, $0 < \gamma > 1$인 경우에는 영상을 흐리게 하는 지수 곡선으로 활용된다. [그림 3-8]은 원영상을 $\gamma = 2.5$를 적용한 것과 $\gamma = 0.5$를 적용한 결과를 각각 보인 것이다. [프로그램 목록 3-3(a)]는 $\gamma > 1$인 경우의 처리 루틴(gamma1Item_Click)과, $0 < \gamma < 1$인 경우의 처리 루틴(gamma2Item_Click)을 나타낸 것이다. 이들은 메뉴를 클릭했을 때 동작되는 이벤트 핸들러이고, 실제로는 adjustGamma() 메소드에서 처리된다.

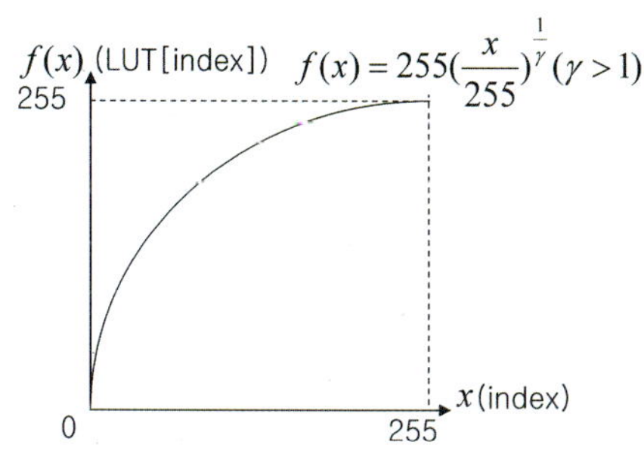

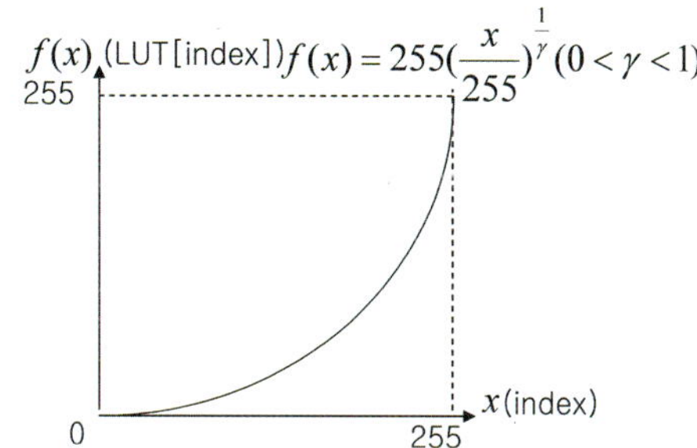

그림 3-7 감마 변환 함수

(a) 원 영상

(b) $\gamma = 2.5$ 적용 영상

(c) $\gamma = 0.5$ 적용 영상

그림 3-8 감마 변환 적용 예

[프로그램 목록 3-3(a): faTransformLUT의 Form1.cs]

```
private void gamma1Item_Click(object sender, System.EventArgs e)
{
   adjustGamma(2.5);
   displayGrayArray(0, 0, grayArray, bitmap.Width, bitmap.Height);
}
void adjustGamma(double gammaValue)
{
   int x, y, index;
   int[] LUT = new int[256];
   for (index=0; index<256; index++)
      LUT[index] = (int)(255.0*Math.Pow((double)index/255.0, 1.0/gammaValue));
   for(y=0; y<bitmap.Height; y++)
      for(x=0; x<bitmap.Width; x++)
         grayArray[y,x] = LUT[grayArray[y,x]];
}
private void gamma2Item_Click(object sender, System.EventArgs e)
{
   adjustGamma(0.5);
   displayGrayArray(0, 0, grayArray, bitmap.Width, bitmap.Height);
}
```

3) 역 변환

역 변환은 명도값을 0은 255로, 255는 0으로 바꾸어 마치 일반 영상을 필름 영상으로 바꾸는 것과 같은 효과를 거두는 것이다. 음영영상에서 $f(x) = x +$ 255와 같은 식을 적용하면 된다. [그림 3-9]는 역 변환 함수를 나타낸 것이며,

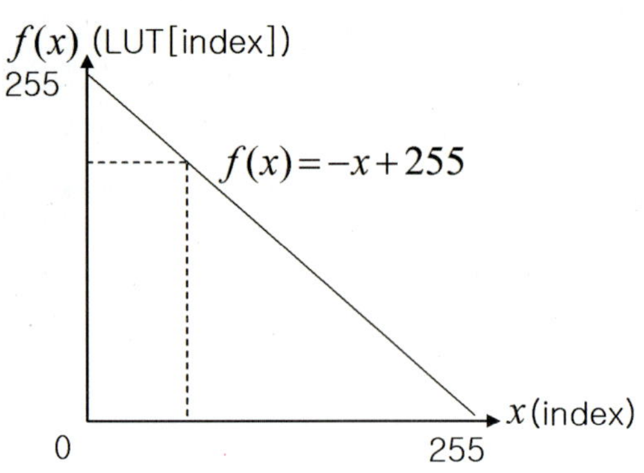

그림 3-9 역 변환 함수

[프로그램 목록 3-3(b)]는 이에 대한 프로그램 코드를 나타낸 것이다. inverseIntem_Click() 메소드는 메뉴를 클릭했을 때 동작하는 이벤트 핸들러이고 실제로는 inverseByLUT() 메소드에서 처리된다. [그림 3-10]은 역 변환 루틴을 수행한 예를 보인 것이다.

[프로그램 목록 3-3(b): faTransformLUT의 Form1.cs]

```
private void inverseItem_Click(object sender, System.EventArgs e)
{
    inverseByLUT();
    displayGrayArray(0, 0, grayArray, bitmap.Width, bitmap.Height);
}
void inverseByLUT()
{
   int x, y, index;
   int[] LUT = new int[256];
   for (index=0; index<256; index++)
         LUT[index] = 255 - index;
   for(y=0; y<bitmap.Height; y++)
      for(x=0; x<bitmap.Width; x++)
         grayArray[y,x] = LUT[grayArray[y,x]];
}
```

그림 3-10 역 변환 적용 예

4) 대비 변환

대비란 영상의 가장 큰 명도값과 가장 작은 명도값의 차이를 말한다. 대비가 높을수록 영상은 더 선명하게 보이고 대비가 낮을수록 영상은 흐리게 보인다. 대비를 높이고자 할 때는 밝은 쪽은 더 밝게, 어두운 쪽은 더 어둡게 만들면 된다. 이것을 구현하는 간단한 방법은 [그림 3-11]과 같은 함수를 이용하는 것이다.

그러나, 이 방법은 처음부터 대비가 좋았던 영상에 대해서는 2α만큼의 명도가 상실되는 부작용이 발생할 수 있으므로 [그림 3-12]와 같은 스무딩(smoothing) 함수를 이용하는 것이 더 좋다.

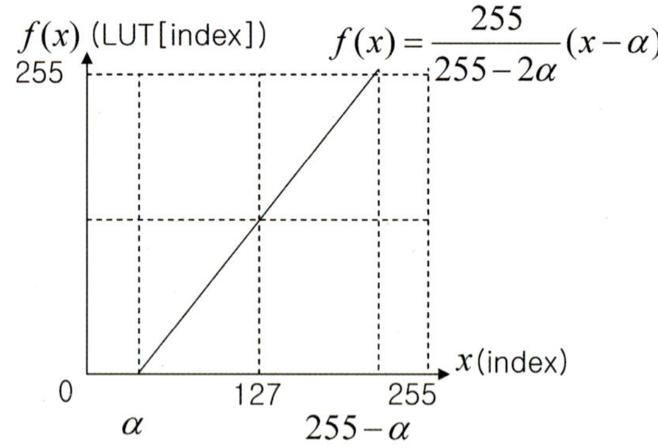

그림 3-11 대비 증가함수

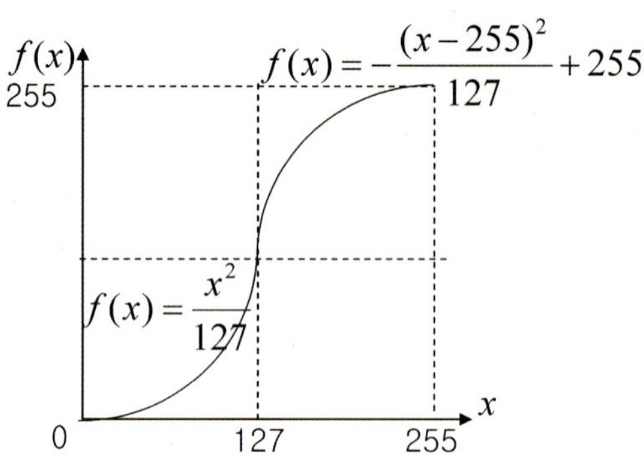

그림 3-12 개선된 대비 증가함수

(a) 원 영상 (b) 단순 대비 증가 영상 (c) 스무딩 대비 증가 영상

그림 3-13 대비 증가 예

[프로그램 목록 3-3(c)]는 대비 변환을 수행하는 프로그램 코드를 각각 나타낸 것이다. [그림 3-13]은 [프로그램 목록 3-3(c)]를 수행한 결과를 보인 것이다. [그림 3-13]에서 맨 오른 쪽 영상이 [그림 3-12] 대비 증가함수를 적용한 예이다.

[프로그램 목록 3-3(c): faTransformLUT의 Form1.cs]

```
private void increase1Item_Click(object sender, System.EventArgs e)
{
   adjustContrastAlpha(30);
   displayGrayArray(0, 0, grayArray, bitmap.Width, bitmap.Height);
}
void adjustContrastAlpha(int alphaValue)
{
   int x, y, index, newValue;
   int[] LUT = new int[256];
   for (index=0; index<256; index++)
   {
      newValue = (int)(255.0/(255.0-2.0*alphaValue)*(index-alphaValue));
      if(newValue>255) newValue=255;
      if(newValue<0)  newValue=0;
      LUT[index] = newValue;
   }
   for(y=0; y<bitmap.Height; y++)
      for(x=0; x<bitmap.Width; x++)
         grayArray[y,x] = LUT[grayArray[y,x]];
}
private void increase2Item_Click(object sender, System.EventArgs e)
{
   adjustContrastS();
   displayGrayArray(0, 0, grayArray, bitmap.Width, bitmap.Height);
```

```
}
void adjustContrastS()
{
   int x, y, index;
   double newValue;
   int[] LUT = new int[256];
   for (index=0; index<=127; index++)
      LUT[index] = (int)(index*index/127.0);
   for (index=128; index<256; index++)
   {
      newValue = index-255.0;
      newValue = newValue*newValue/127.0;
      newValue = 255.0 - newValue;
      LUT[index] = (int)newValue;
   }
   for(y=0; y<bitmap.Height; y++)
      for(x=0; x<bitmap.Width; x++)
          grayArray[y,x] = LUT[grayArray[y,x]];
}
```

즉, 명도 정보가 소실되지 않고 자연스럽게 밝은 명도는 더 밝게 어두운 명도는 더 어둡게 변환시키는 방법으로서 0~127까지의 명도 범위와 128~255까지의 명도 범위에 대해 적용시키는 함수가 다르다. 대비를 낮추고자 할 때는 [그림 3-14]와 같은 함수를 이용하면 된다. 이 함수 적용 결과로 밝은 부분은 덜 밝게, 어두운 부분은 덜 어둡게 변하여 명도의 차이가 줄어들게 됨으로써 대비가 낮아지게 된다. [그림 3-15]는 [그림 3-14] 대비 감소함수를 적용한 결과를 보인 것이며, [프로그램 목록 3-3(d)]는 이에 대한 프로그램 코드를 나타낸 것이다.

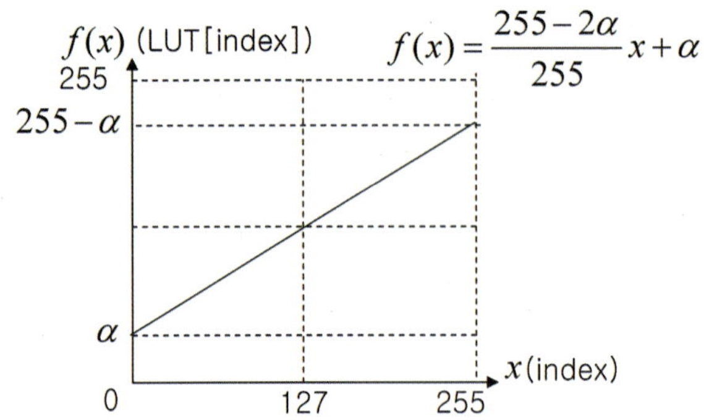

그림 3-14 대비 감소함수

그림 3-15 대비 감소 예

[프로그램 목록 3-3(d): faTransformLUT의 Form1.cs]

```
private void decrease2Item_Click(object sender, System.EventArgs e)
{
  adjustContrastDecAlpha(50);
  displayGrayArray(0, 0, grayArray, bitmap.Width, bitmap.Height);
}
void adjustContrastDecAlpha(int alphaValue)
{
  int x, y, index, newValue;
  int[] LUT = new int[256];
  for (index=0; index<256; index++)
  {
    newValue = (int)((255.0-2.0*alphaValue)/255.0*index+alphaValue);
    if(newValue>255) newValue=255;
    if(newValue<0)  newValue=0;
    LUT[index] = newValue;
  }
  for(y=0; y<bitmap.Height; y++)
    for(x=0; x<bitmap.Width; x++)
      grayArray[y,x] = LUT[grayArray[y,x]];
}
```

5) 기타 변환

적용되는 함수의 종류에 따라 다양한 명암 변환 방법이 존재한다. 포스터라이징(posterizing)은 영상에서 화소가 가질 수 있는 명암값의 범위를 축소시키는 방법이다. 등명암 윤곽화는 특정한 입력 명암값을 흰색 또는 검정색으로 지정하는 방법이다. 그리고 디지털 예술가들에 의해 사용되는 방법으로 햇빛 노출 효과를 주는 방법인 솔라라이징(solarizing)과 2차원 포물선 곡선을 이용하는 방법인 파라볼라(parabola) 등이 있다. [그림 3-16]과 [그림 3-17]은 파라볼라 변환을 수행하는 함수를 나타낸 것이다.

[프로그램 목록 3-3(e)]는 이에 대한 프로그램 코드를 각각 나타낸 것이다. 여러 단계를 거쳐 구해지는 newValue 변수 값은 [그림 3-16]과 [그림 3-17]에

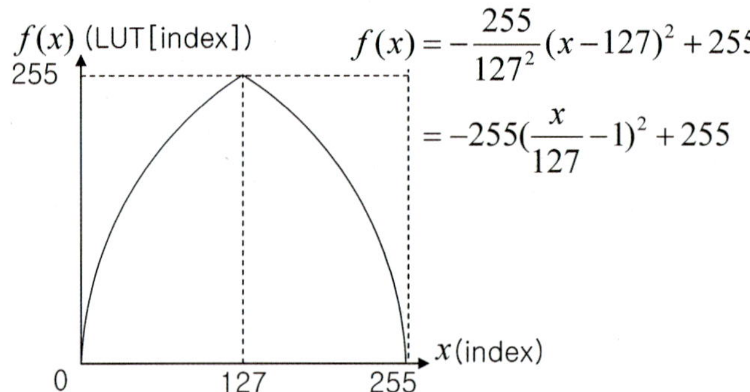

그림 3-16 볼록 파라볼라 변환 함수

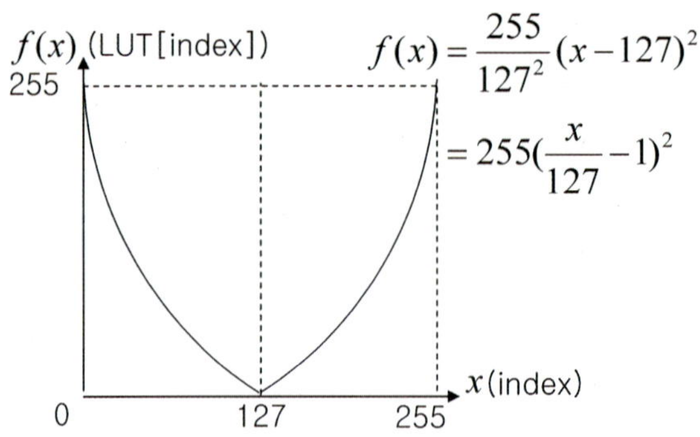

그림 3-17 오목 파라볼라 변환 함수

나오는 수식을 구현한 것이다.

[그림 3-18] 가운데 영상은 [그림 3-16] 볼록 파라볼라 함수를 적용한 것이고, 오른쪽 영상은 [그림 3-17] 오목 파라볼라 함수를 적용한 예를 보인 것이다.

(a) 원 영상 (b) 볼록 파라볼라 적용 (c) 오목 파라볼라 적용

그림 3-18 파라볼라 변환 예

[프로그램 목록 3-3(e): faTransformLUT의 Form1.cs]

```
private void capItem_Click(object sender, System.EventArgs e)
{
    int x, y, index;
    int[] LUT = new int[256];
    for (index=0; index<256; index++)
    {
        double newValue = index/127.0-1.0;
        newValue = 255.0*newValue*newValue;
        newValue = 255.0 - newValue;
        if(newValue>255.0) newValue = 255.0;
        if(newValue<0.0) newValue = 0.0;
        LUT[index] = (int)newValue;
    }
    for(y=0; y<bitmap.Height; y++)
        for(x=0; x<bitmap.Width; x++)
            grayArray[y,x] = LUT[grayArray[y,x]];
    displayGrayArray(0, 0, grayArray, bitmap.Width, bitmap.Height);
}

private void cupItem_Click(object sender, System.EventArgs e)
{
    int x, y, index;
    int[] LUT = new int[256];
    for (index=0; index<256; index++)
```

```
        {
            double newValue = index/127.0-1.0;
            newValue = 255.0*newValue*newValue;
            if(newValue>255.0) newValue = 255.0;
            if(newValue<0.0) newValue = 0.0;
            LUT[index] = (int)newValue;
        }
        for(y=0; y<bitmap.Height; y++)
            for(x=0; x<bitmap.Width; x++)
                grayArray[y,x] = LUT[grayArray[y,x]];
        displayGrayArray(0, 0, grayArray, bitmap.Width, bitmap.Height);
    }
```

3.4 히스토그램(Histogram)

히스토그램이란 원래 관측한 데이터의 도수분포를 한 눈에 볼 수 있도록 하는 막대그래프를 말한다. 영상처리 분야에서는 영상을 구성하는 각 픽셀들의 밝기의 분포를 나타내는 것으로 특정 명암값(gray-level value)을 가진 픽셀의 개수를 나타낸다. 따라서 *x*축은 명암값(계급), *y*축은 명암값(계급)별 빈도수를 표시한다. 즉, 영상의 가장 어두운 것(명암값=0)에서 가장 밝은 곳(명암값=255)까지의 분포를 나타낸다. 결국 어두운 영상은 왼쪽에 치우치며, 밝은 영상은 오른쪽에 치우치는 특징을 가지고 있다.

[그림 3-19]와 같이 포토샵(Photoshop)의 레벨(Levels)에 해당되며, 히스토그램의 명암 분포를 보고 입력 레벨과 출력 레벨을 조정하여 대비를 신장시키는 도구로 사용되기도 한다.

[그림 3-20]은 영상 파일을 읽어서 그 영상에 대한 히스토그램을 표시해주는 프로그램을 실행한 한 예를 보여주는 것이다. 양쪽 변두리에 해당되는 곳의 명암값을 갖는 픽셀이 없으므로 그만큼 대비를 개선할 필요가 있다는 것을 나타내고 있으며, 따라서 이를 개선하여 히스토그램 양쪽이 꽉 차도록 조정함으로써 보다 선명한 영상이 되게 할 필요가 있다는 것을 나타내고 있다. 그리고 어두운 쪽에 픽셀이 많이 몰려 있으므로 어두운 부분에서 세밀함이 결여되어 있음을 알 수 있다. 이는 히스토그램 평활화(equalization)나 명세화(specifica-

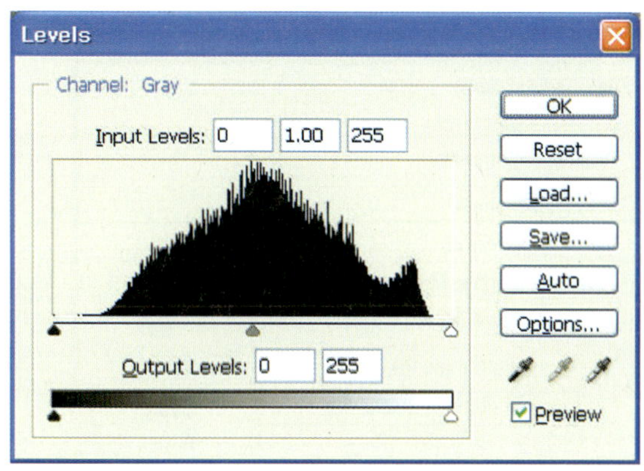

그림 3-19 포토샵의 레벨

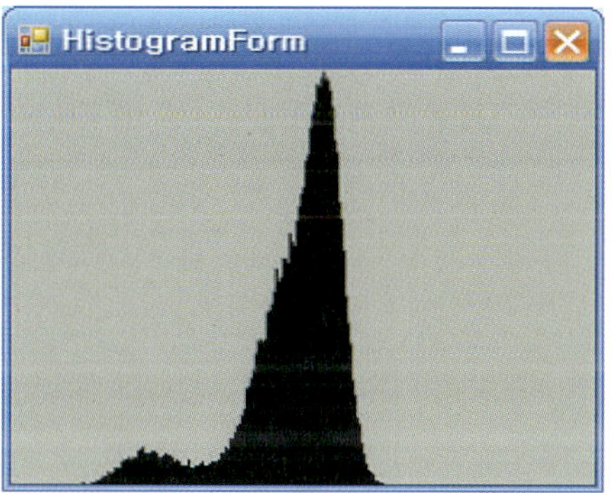

그림 3-20 영상의 히스토그램 표시

tion)를 통해 조정할 수 있다.

[프로그램 목록 3-4(a)]에서 [프로그램 목록 3-4(e)]는 특정 영상의 히스토그램을 나타내는 루틴을 기본적으로 포함하고, 히스토그램 분포의 신장과, 히스토그램 평활화를 통한 대비 향상을 수행하는 루틴들로 이루어져 있다. [그림 3-21]은 이러한 기능을 수행하는 메뉴를 나타낸 것이다.

[그림 3-22]는 히스토그램을 보여주기 위한 새로운 윈도우 폼 Histogram-Form의 화면 설계 부분과 실제로 프로그램을 실행하여 이 폼에 히스토그램을 표시한 예를 나타낸 것이다.

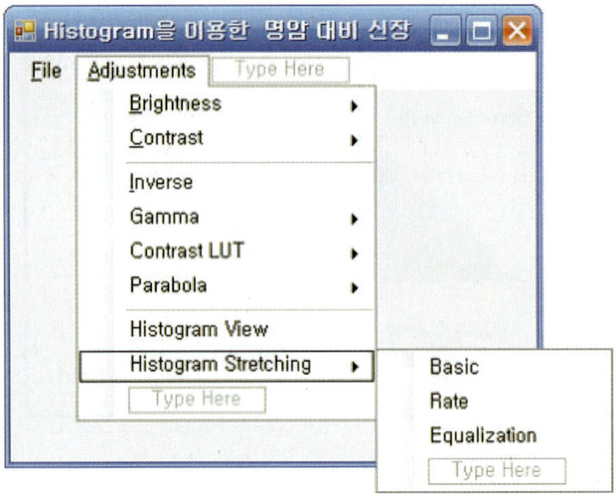

그림 3-21 히스토그램 관련 영상처리 프로그램 메뉴

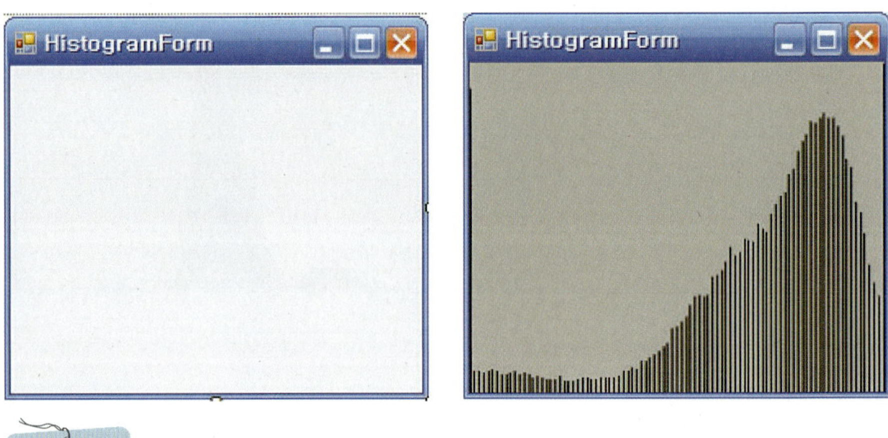

그림 3-22 히스토그램 윈도우 폼과 히스토그램 표시 예

[프로그램 목록 3-4(a)]는 [그림 3-21]의 'Histogram View' 메뉴를 수행하는 것으로서 HistogramForm 클래스의 객체를 생성하여 보여주는 것이다. 생성자 오버로드를 이용하여 현재 폼에 표시되는 음영영상정보를 가지고 있는 grayArray를 매개변수로 하여 히스토그램을 다른 폼에 나오게 한다. histoViewItem_Click() 메소드 바깥쪽으로 ' HistogramForm histoForm;' 과 같이 기술한 것은 현재 폼에 나오는 음영영상이 바뀔 때마다 'Histogram View' 메뉴를 사용하여 히스토그램을 확인할 수 있으므로 그 때마다 다른 Histogram-

Form 객체가 생성되도록 하기 위함이다. HistogramForm 클래스는 Project-Add New Item 메뉴를 선택하여 Window 템플릿(templates)을 선택하여 새롭게 정의해서 만든 것이다. 히스토그램 윈도우 폼 histoForm은 모달리스(modaless) 윈도우 폼으로 하여 열려있는 채로 주 윈도우 폼인 Form1에서 다른 작업을 할 수 있도록 Show() 메소드를 사용했다.

[프로그램 목록 3-4(a): faHistogram의 Form1.cs]

```
HistogramForm histoForm;

private void histoViewItem_Click(object sender, EventArgs e)
{
   histoForm = new HistogramForm(grayArray, bitmap.Width, bitmap.Height);
   histoForm.Show();
}
```

[프로그램 목록 3-4(b): faHistogram의 HistogramForm.cs]

```
namespace faHistogram
{
   public partial class HistogramForm : Form
   {
      Graphics grBm;
      Bitmap bitmap;
      const int HISTO_WIDTH  = 256;
      const int HISTO_HEIGHT = 200;
      public HistogramForm(int[,] grayArray, int Width, int Height)
      {
         InitializeComponent();
         this.ClientSize = new System.Drawing.Size(HISTO_WIDTH, HISTO_HEIGHT);
         setShadowBitmap();   viewHistogram(0, 0, grayArray, Width, Height);
      }
      void setShadowBitmap()
      {
         bitmap = new Bitmap(ClientSize.Width, ClientSize.Height);
         grBm = Graphics.FromImage(bitmap);
         grBm.Clear(BackColor);
      }
      private void HistogramForm_Paint(object sender, PaintEventArgs e)
      {
         Graphics gr = e.Graphics;     gr.DrawImage(bitmap, 0, 0);
      }
      void viewHistogram(int leftTopX, int leftTopY, int[,] histoArray, int Width, int Height)
      {
```

```
            int x,y;
            Color color;
            Bitmap histoBitmap = new Bitmap(HISTO_WIDTH, HISTO_HEIGHT);
            int[] histogram = new int[256];      // 히스토그램 배열 선언
            histogram.Initialize();              // 히스토그램 배열 0으로 초기화
                                                 // 각 픽셀의 종류별 count하여 히스토그램 배열의 요소값을 정함
            for (y=0; y<Height; y++)
              for (x=0; x<Width; x++)
                histogram[histoArray[y,x]]++;
            int max_cnt=0;   // 가장 많은 픽셀
            for(x=0; x<HISTO_WIDTH; x++)
                if(histogram[x]>max_cnt) max_cnt=histogram[x];
            for (x=0; x<HISTO_WIDTH; x++)
              for (y=0; y<HISTO_HEIGHT; y++)
              {
                color = Color.FromArgb(180,180,180);  histoBitmap.SetPixel(x,y,color);
              }
            for (x=0; x<HISTO_WIDTH; x++)
            {
              double dHeight = (double)histogram[x]*(HISTO_HEIGHT-1)/(double)max_cnt;
              for (y=0; y<(int)dHeight; y++)
              {
                color = Color.FromArgb(0,0,0);
                    histoBitmap.SetPixel(x,(HISTO_HEIGHT-1)-y,color);
              }
            }
            grBm.DrawImage(histoBitmap, leftTopX, leftTopY);
            Invalidate();
        }
    }
}
```

[프로그램 목록 3-4(b)]는 HistogramForm 클래스에 관한 것이다. 새도우 비트맵을 사용하고, HistogramForm의 Paint 이벤트 핸들러를 통해 그래픽 객체를 생성하여 여기에 생성자 매개변수로 들어오는 음영영상정보의 히스토그램을 viewHistogram() 메소드를 통해 나타낸다. viewHistogram() 메소드는 명암값에 따른 픽셀의 빈도수를 구하여 히스토그램 배열 요소 값을 정하고 이를 이용하여 특정 영상에 대한 히스토그램을 그려주는 루틴을 나타낸 것이다. 히스토그램의 폭은 256, 높이는 200으로 하였다. histoBitmap은 폼에 표시될 영상의 히스토그램에 해당되는 Bitmap 객체이다.

사람의 눈은 대비에 민감하게 작용하므로 대체로 대비가 높은 영상일수록 영상의 품질이 향상되어 보인다. 낮은 대비를 가진 영상을 높은 대비를 갖는

영상으로 변환시킬 때, 히스토그램을 이용한다. 히스토그램에서 명도의 분포가 넓은 범위를 가질수록 높은 대비를 가지므로, 명도의 분포가 좁은 히스토그램을 최대의 명암 분포를 갖는 히스토그램으로 펼쳐서 대비를 높일 수 있다. 이와 같이 히스토그램의 분포를 펼치는 것을 히스토그램 신장(histogram stretching)이라 한다.

1) 기본 스트레칭(stretching)

[그림 3-23]과 같이 좁은 범위 명도 분포를 갖는 히스토그램을 0~255 범위의 분포를 갖도록 하기 위해 히스토그램에 표시되는 하한(α)과 상한(β)을 구하여, 다음 식에 의해 히스토그램을 변경시키는 것이 기본적인 스트레칭 방법이다.

$$f(x) = \frac{255}{\beta - \alpha}(x - \alpha)$$

여기서 x는 이전 픽셀값에 해당되며, f(x)는 스트레칭이 적용된 새로운 픽셀값이고 x가 확장된 0~255 값을 갖게 된다. 이것은 낮은 대비를 가진 영상의 질을 향상시키는 유용한 방법이다. [프로그램 목록 3-4(c)]는 이러한 기본 스트레칭을 구현한 프로그램 코드를 나타낸 것이다.

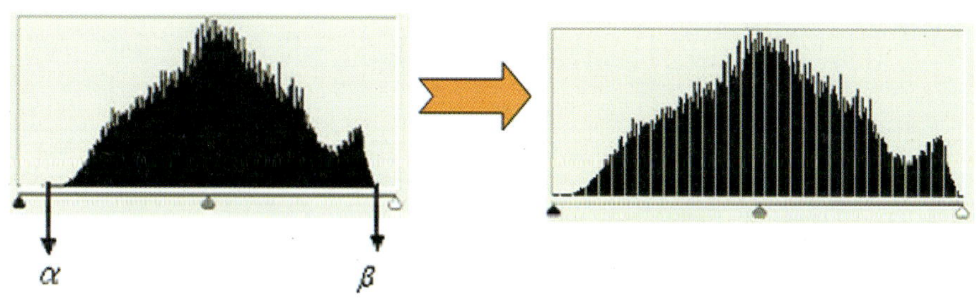

그림 3-23 기본 스트레칭에 따른 히스토그램 변화

[프로그램 목록 3-4(c): faHistogram의 Form1.cs]

```
private void basicStretchItem_Click(object sender, EventArgs e)
{
   basicStretch();
   displayGrayArray(0, 0, grayArray, bitmap.Width, bitmap.Height);
   Invalidate();
}
void basicStretch()
{
   int x,y;
   int alpha=0, beta=255;
   int[] histogram = new int[256];
   int[] LUT = new int[256];

   histogram.Initialize();
   for (y=0; y<bitmap.Height; y++)  // 각 픽셀의 종류별 count
      for (x=0; x<bitmap.Width; x++)
          histogram[grayArray[y,x]]++;
   for(x=0; x<256; x++)
      if(histogram[x] != 0)
      {
          alpha = x;
          break;
      }
   for(x=255; x>0; x--)
      if(histogram[x] != 0)
      {
          beta = x;
          break;
      }
   for(x=0; x<alpha; x++)   LUT[x]=0;
   for(x=255; x>beta; x--) LUT[x]=255;

   for(x=alpha; x<=beta; x++)
          LUT[x]=(int)((x - alpha) * 255.0 / (beta - alpha));

   /* transfer new image */
   for (y=0; y<bitmap.Height; y++)
      for (x=0; x<bitmap.Width; x++)
         grayArray[y,x]=LUT[grayArray[y,x]];
}
```

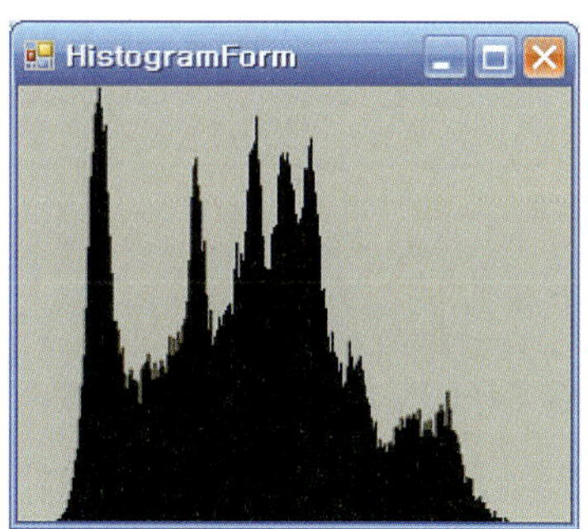

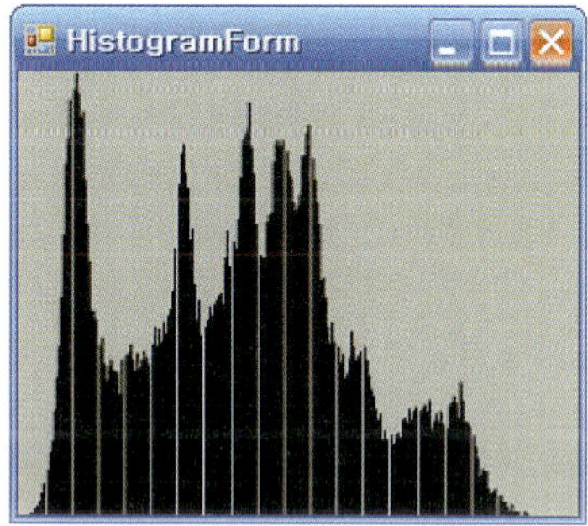

그림 3-24 기본 스트레칭 적용 예

[그림 3-24]는 기본 스트레칭을 적용하여 명암 대비를 신장시킨 예를 보인 것이다.

[프로그램 목록 3-4(d): faHistogram의 Form1.cs]

```
private void rateStretchItem_Click(object sender, EventArgs e)
{
    rateStretch(3.0, 3.0);  // %(percent)
    displayGrayArray(0, 0, grayArray, bitmap.Width, bitmap.Height);
    Invalidate();
}
void rateStretch(double alphaPercent, double betaPercent)
{
```

```
int x,y;
int alpha=0, beta=255;
int     histoSum;
int[] histogram = new int[256];
int[] LUT = new int[256];
int     numberOfPixels;
histogram.Initialize();
for (y=0; y<bitmap.Height; y++)  // 각 픽셀의 종류별 count
   for (x=0; x<bitmap.Width; x++)
        histogram[grayArray[y,x]]++;
numberOfPixels = bitmap.Width * bitmap.Height;
histoSum = 0;
for(x=0; x<256; x++)
{
        histoSum += histogram[x];
        if(histoSum*100.0/numberOfPixels >= alphaPercent)
        {
           alpha = x; break;
        }
}
histoSum = 0;
for(x=255; x>0; x--)
{
        histoSum += histogram[x];
        if(histoSum*100.0/numberOfPixels >= betaPercent)
        {
           beta = x;  break;
        }
}
for(x=0; x<alpha; x++)    LUT[x]=0;
for(x=255; x>beta; x--) LUT[x]=255;

for(x=alpha; x<=beta; x++)
        LUT[x]=(int)((x - alpha) * 255.0 / (beta - alpha));

/* transfer new image */
for (y=0; y<bitmap.Height; y++)
   for (x=0; x<bitmap.Width; x++)
      grayArray[y,x]=LUT[grayArray[y,x]];
}
```

2) 상하한 비율 스트레칭

하한(α)과 상한(β)을 직접 구하지 않고, [그림 3-25]와 같이 하한과 상한에 대한 백분율을 지정하여 이것에 해당되는 히스토그램의 좌우의 미세한 부분을 제외시키는 하한과 상한을 구하여 이 하한과 상한 범위의 분포에 대해서만 기본 스트레칭과 같은 식을 적용하여 히스토그램을 변경시키는 방법이다.

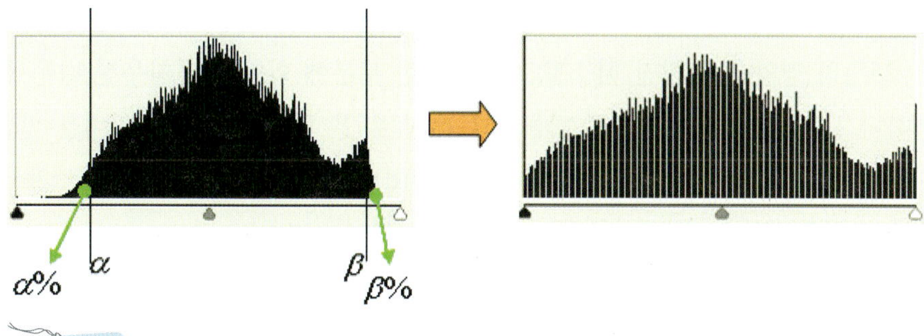

그림 3-25 상하한 비율 스트레칭 관련 히스토그램 구조

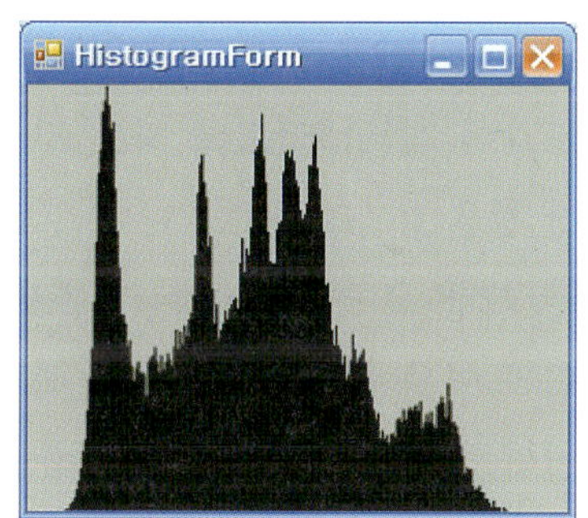

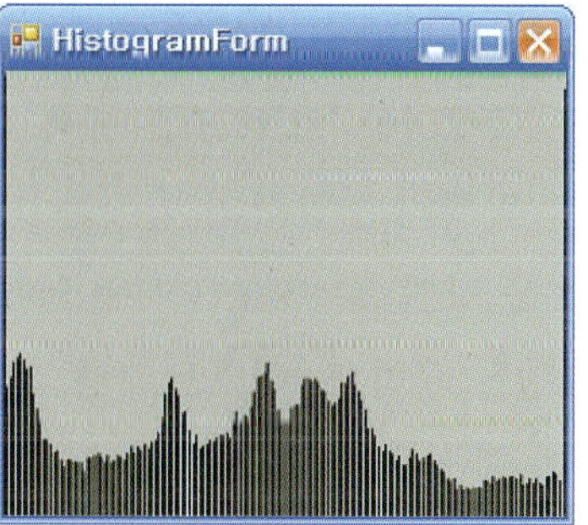

그림 3-26 상하한 스트레칭 적용 예

히스토그램의 양쪽 변두리에서 빈도수를 합산해 나가다가 전체 픽셀 수에 대한 그 합의 비율이 하한비율(α%)와 상한 비율(β%)에 이르는 지점 α와 β를 찾고 이 범위에 대해 기본 스트레칭을 적용하는 것이다. 이 방법은 모든 범위(0~255)의 명암을 갖지만 히스토그램의 특정 부분에 화소들이 치우친 경우 유용하다. [그림 3-26]은 상하한 비율 스트레칭(우)을 적용하여 명암 대비를 신장시킨 예를 보인 것이다. [프로그램 목록 3-4(d)]는 이러한 상하한 비율 스트레칭을 구현한 프로그램 코드를 나타낸 것이다.

3) 히스토그램 평활화

히스토그램 평활화(histogram equalization)란 적은 범위의 명암 분포를 가진 영상을 넓은 범위의 명암 분포를 갖도록 하여 영상의 질을 향상시키고자 할 때, 명도값을 재분배하여 일정한 분포의 히스토그램이 되도록 하는 방법이다. 히스토그램을 이용하여 구하는 누적 분포에 대한 영상의 전체 픽셀수의 비율로 명도값이 재분배되도록 하는 것으로서 특히 어두운 영역에서 세밀한 부분을 가질 경우 효과적이다.

[프로그램 목록 3-4(e)]는 히스토그램 평활화 처리 루틴을 나타낸 것이다. 일단 입력 영상에 대한 히스토그램을 구한 다음, 그 히스토그램에 0~255까지의 누적치를 구하면서 각 명암값에 대한 누적치를 '255/전체픽셀수'로 곱하여 재분배치를 구하고 이를 변환될 룩업 테이블의 값으로 삼는다. 룩업 테이블이 완성되면 이를 이용해서 영상의 모든 픽셀값을 변환시킨다. 결국 각 명암값은 전체 픽셀수에 대한 그 명암값 위치에서 누적 빈도수 비율을 상한 255에 적용한 값으로 조정되는 것이라 할 수 있다.

[그림 3-26]은 [프로그램 목록 3-4(e)]를 픽셀 수 7×7 크기의 2차원 배열 영상(각 픽셀의 명암값의 범위는 0~7)에 적용하여 히스토그램 평활화를 수행한 과정을 보여주는 예이다. 원 영상에 대해 각 명암값 종류별 개수를 세어 히스토그램을 구하고, 히스토그램 각 요소를 누적시켜 누적 히스토그램을 구한다. 누적 히스토그램 각 요소에 대해 7/49(명암값 범위의 최대수/전체픽셀수)를 곱하고 실수를 반올림하여 정수화하여 룩업테이블 역할을 하게 될 정규화값을 계산한다. 원 영상의 각 명암값을 정규화값인 룩업테이블을 참조하여 결

과 영상의 명암값으로 변환시키면 히스토그램 평활화를 완료하게 된다.

[프로그램 목록 3-4(e): faHistogram의 Form1.cs]

```
private void equalizationItem_Click(object sender, System.EventArgs e)
{
   equalization();
   displayGrayArray(0, 0, grayArray, bitmap.Width, bitmap.Height);
   Invalidate();
}
void equalization()
{
   int    x,y;
   int    sum;
   double scale;
   int[] histogram    = new int[256];
   int[] LUT = new int[256];
   int    numberOfPixels;

   histogram.Initialize();
   for (y=0; y<bitmap.Height; y++)  // 각 픽셀의 종류별 count
      for (x=0; x<bitmap.Width; x++)
         histogram[grayArray[y,x]]++;
   numberOfPixels = bitmap.Width * bitmap.Height;
   sum = 0;
   scale = 255.0/numberOfPixels;
   for(x=0; x<256; x++)
   {
         sum += histogram[x];
         LUT[x]=(int)(sum*scale+0.5);
   }
   /* transfer new image */
   for (y=0; y<bitmap.Height; y++)
      for (x=0; x<bitmap.Width; x++)
         grayArray[y,x]=LUT[grayArray[y,x]];
}
```

[그림 3-27]은 실제 영상에 대해 [프로그램 목록 3-4(e)]를 적용하여 히스토그램 평활화를 통한 대비 향상의 결과를 보인 것이다.

원영상

1	3	3	2	4	3	3
1	1	2	2	3	3	3
1	1	2	4	4	3	5
1	1	2	2	4	4	7
0	1	1	2	3	3	3
0	1	2	2	3	3	3
0	1	2	2	2	2	2

i (명암값, 인덱스)	histogram[i] (히스토그램)	sum (누적 히스토그램)	normalizedSum[i] (정규화값, LUT)
0	3	3	3*(7/49)≒0
1	11	14	14*(7/49)= 2
2	14	28	28*(7/49=4
3	14	42	42*(7/49)=6
4	5	47	47*(7/49)≒7
5	1	48	48*(7/49)≒7
6	0	48	48*(7/49)≒7
7	1	49	49*(7/49)=7

결과영상

2	6	6	4	7	6	6
2	2	4	4	6	6	6
2	2	4	7	7	6	7
2	2	4	4	7	7	7
0	2	2	4	6	6	6
0	2	4	4	6	6	6
0	2	4	4	4	4	4

그림 3-26 히스토그램 평활화 수행과정 예

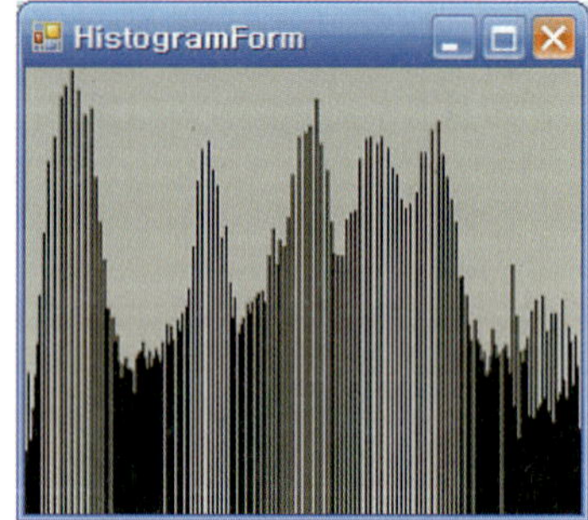

그림 3-27 히스토그램 평활화 적용 예

3.5 EmguCV에 의한 픽셀 중심 영상처리

[그림 3-28]은 EmguCV를 이용한 픽셀 중심 영상처리를 위한 윈도우즈 폼 설계를 한 것으로 [그림 3-21] 메뉴에 'Logic Operation' 부분을 추가시키고, 'Historgram Stretching' 부분을 없애는 대신 'Histogram Equalization' 으로 대치한 것이다.

먼저 [프로그램 목록 3-5(a)]는 EmguCV를 이용한 픽셀 중심 영상처리를 위한 프로그램의 한 부분으로 Form1 클래스의 중요 멤버변수와 'Open' 과 'Save' 메뉴를 위한 이벤트 핸들러를 나타낸 것이다. [프로그램 목록 3-1(a)]과 비교했을 때 우선 bitmap, grBm 등의 멤버변수와 setShadowBimap() 메소드 등 새도우 비트맵을 위한 것이 모두 없어졌다는 것을 알 수 있다. 여기서는 윈도우즈 폼 위에 영상을 직접 표시하는 것이 아니라 EmguCV에서 제공하는 ImageBox 컨트롤 위에 영상을 표시하기 때문이다. 따라서 폼의 이벤트인 Paint, KeyDown도 필요 없다. 또한 GDI+의 Image 클래스 대신에 EmguCV의 Image 제네릭(generic) 클래스를 사용하기 때문에 영상의 종류를 변경하거나 각종 영상처리 기능을 메소드로 구현하고 있어서 유연성이 뛰어나고, 따라서 음영영상정보를 가지고 각종 처리에 이용하던 2차원 배열 grayArray[,]도

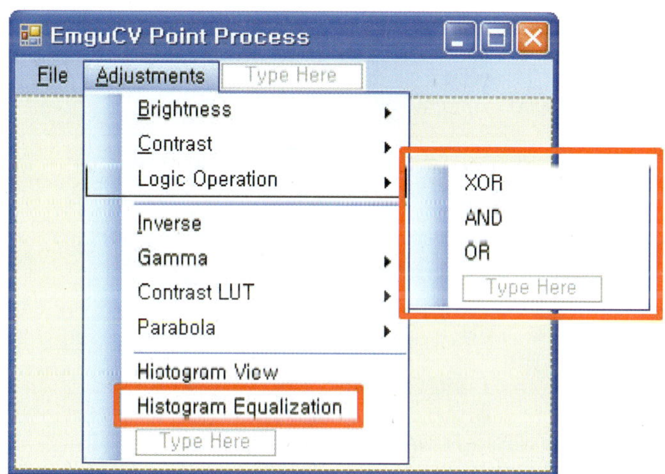

그림 3-28 EmguCV를 이용한 픽셀 중심 영상처리 프로그램 메뉴

필요 없으며 이곳으로 영상정보를 이동시키는 copyBitmap2Array() 메소드가 없어도 된다.

[프로그램 목록 3-5(a)]의 강조글자로 보이는 부분을 [프로그램 목록 3-1(a)]의 해당 코드와 비교해보면, 간단 명료한 형태로 변환되어 표현되었다는 것을 확인할 수 있다. Image 제네릭(generic) 클래스에서 생성된 객체 imageObj는 Form1 클래스의 모든 메소드에서 사용할 수 있도록 멤버변수로 선언되었으며, 'Open' 메뉴의 이벤트 핸들러인 OpenItem_Click()에서 일단 컬러영상이라고 생각하고 읽어들인 bgrImageObj를 폼 위의 ImageBox에 표시한 다음 이 컬러영상정보를 imageObj = bgrImageObj.Convert<Gray, byte>();에 의해 음영영상정보로 변환하여 음영영상정보를 보관한다.

[프로그램 목록 3-5(a): EmguCV201PointProcess의 Form1.cs]

```
Image image;
Image<Gray, byte> imageObj;

private void openItem_Click(object sender, EventArgs e)
{
   string filterName = "All Files(*.*)|*.*|Bitmap File(*.bmp)|*.bmp|Gif File(*.gif)|*.gif|";
   filterName = filterName + "JPEG(*.jpg)|*.jpg|PNG(*.png)|*.png|TIFF(*.tif)|*.tif";
   ofdOpen.Title = "Open image";
   ofdOpen.Filter = filterName;
   if (ofdOpen.ShowDialog() == DialogResult.OK)
   {
      string strFilename = ofdOpen.FileName;
      image = Image.FromFile(strFilename);
      Image<Bgr, byte> bgrImageObj = new Image<Bgr, byte>(strFilename);
      ibCanvas.Image = bgrImageObj;
      imageObj = bgrImageObj.Convert<Gray, byte>();
   }
}
private void saveItem_Click(object sender, EventArgs e)
{
   string filterName = "All Files(*.*)|*.*|Bitmap File(*.bmp)|*.bmp|Gif File(*.gif)|*.gif|";
   filterName = filterName + "JPEG(*.jpg)|*.jpg|PNG(*.png)|*.png|TIFF(*.tif)|*.tif";
   sfdSave.Title = "Save Image as ...";
   sfdSave.OverwritePrompt = true;
   sfdSave.Filter = filterName;
   if (sfdSave.ShowDialog() == DialogResult.OK)
   {
      string strFilename = sfdSave.FileName;
      imageObj.Save(strFilename);
   }
}
```

imageObj에는 다른 메소드를 통해 음영영상정보 처리를 한 결과가 항상 보관되므로 'Save' 메뉴의 이벤트 핸들러인 SaveItem_Click()에서 처리 결과를 저장하고자 할 때, 이것의 Save() 메소드를 imageObj.Save(strFilename);와 같이 사용하면 된다. [프로그램 목록 2-10(d)]에서 새도우 비트맵인 bitmap의 Save() 메소드를 사용한 것과 차이가 있다.

[프로그램 목록 3-5(b): EmguCV201PointProcess의 Form1.cs]

```
private void addItem_Click(object sender, EventArgs e)
{
   imageObj = imageObj + 30;
   ibCanvas.Image = imageObj;
}
private void subtractItem_Click(object sender, EventArgs e)
{
   imageObj = imageObj - 30;
   ibCanvas.Image = imageObj;
}
private void increaseItem_Click(object sender, EventArgs e)
{
   imageObj = imageObj * 1.4;
   ibCanvas.Image = imageObj;
}
private void decreaseItem_Click(object sender, EventArgs e)
{
   imageObj = imageObj / 1.4;
   ibCanvas.Image = imageObj;
}
private void xORItem_Click(object sender, EventArgs e)
{
   Gray gray = new Gray(106.0);
   imageObj = imageObj.Xor(gray);
   ibCanvas.Image = imageObj;
}
private void aNDItem_Click(object sender, EventArgs e)
{
   Gray gray = new Gray(106.0);
   imageObj = imageObj.And(gray);
   ibCanvas.Image = imageObj;
}
private void oRItem_Click(object sender, EventArgs e)
{
   Gray gray = new Gray(106.0);
   imageObj = imageObj.Or(gray);
   ibCanvas.Image = imageObj;
}
```

[프로그램 목록 3-5(b)]는 기존의 픽셀 중심 산술 연산 영상처리인 명도의 증감, 대비의 증감에 추가하여 논리 연산 XOR, AND, OR를 추가하고 이들을 처리하는 메소드들을 나타낸 것이다. EmguCV의 Image 제네릭 클래스는 객체 지향 언어의 중요한 특징 중의 하나인 다형성을 나타내는 연산자 오버로드(overload)를 이용하여 간단히 이들 연산을 표현할 수 있다. imageObj = imageObj + 30;는 음영영상정보를 가지고 있는 imageObj의 모든 픽셀의 값을 30만큼 더하라는 뜻이고 imageObj = imageObj.Xor(gray);는 imageObj의 모든 픽셀의 값에 대하여 gray(106.0이지만 이진수 10101010에 해당됨)과 배타적 OR(eXclusive OR) 연산을 하라는 뜻이다. 그리고 이들은 ibCanvas.Image = imageObj;에 의해 폼 위의 ImageBox에 표시된다. [그림 3-29]는 새롭게 추가시킨 XOR, AND, OR 연산을 [그림 3-2]의 맨 왼쪽 원 영상에 대해 적용시킨 결과를 나타낸 것이다.

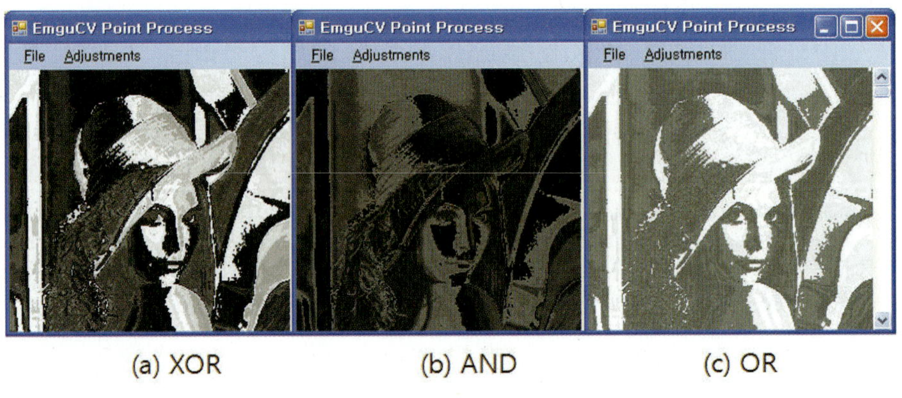

(a) XOR (b) AND (c) OR

그림 3-29 EmguCV에 의한 픽셀 중심 논리 연산 영상처리 예

[프로그램 목록 3-5(c)]는 기존의 픽셀 중심 룩업테이블을 이용한 영상처리인 역변환, 감마변환, 대비증감변환, 파라볼라 변환 등을 처리하는 메소드들을 나타낸 것이다. 역변환의 경우 Not() 메소드를, 감마변환의 경우 _GammaCorrect()라는 메소드를 이용하면 아주 간단히 표현할 수 있다. 그리고 나머지 처리들은 모두 imageObj 객체의 Convert() 메소드 속에서 위임(delegate)을 이용하여 변환식을 아주 간단히 표현하여 구현할 수 있다. [프로그램 목록 3-1(c)], [프로그램 목록 3-1(d)], [프로그램 목록 3-2], [프로그램 목록 3-3(c)]~[프로그

램 목록 3-4(d)]에서 변환식을 구현하기 위해 복잡한 과정에 걸쳐서 표현한 것과 비교해보면 그 차이를 확실히 느낄 수 있다.

[프로그램 목록 3-5(c): EmguCV201PointProcess의 Form1.cs]

```
private void inverseItem_Click(object sender, EventArgs e)
{
    imageObj = imageObj.Not();
    ibCanvas.Image = imageObj;
}
private void gamma1Item_Click(object sender, EventArgs e)
{
    imageObj._GammaCorrect(1.0/2.5);
    ibCanvas.Image = imageObj;
}
private void gamma2Item_Click(object sender, EventArgs e)
{
    imageObj._GammaCorrect(2.5);
    ibCanvas.Image = imageObj;
    //const double GAMMA = 0.5;
    //imageObj = imageObj.Convert<byte>(delegate(byte b)
    //          { return (byte)(255.0 * Math.Pow((double)b / 255.0, 1.0 / GAMMA)); });
    //ibCanvas.Image = imageObj;
}
private void increase1Item_Click(object sender, EventArgs e)
{
    const double ALPHA = 30;
    imageObj = imageObj.Convert<byte>(delegate(byte b)
                { return (byte)(255.0 / (255.0 - 2.0 * ALPHA) * (b - ALPHA)); });
    ibCanvas.Image = imageObj;
}
private void increase2Item_Click(object sender, EventArgs e)
{
    imageObj = imageObj.Convert<byte>(delegate(byte b)
          { return (b<128)?(byte)(b*b/127.0) : (byte)(255.0-(b-255.0)*(b-255.0)/127.0); });
    ibCanvas.Image = imageObj;
}
private void decrease2Item_Click(object sender, EventArgs e)
{
    const double ALPHA = 30;
    imageObj = imageObj.Convert<byte>(delegate(byte b)
        { return (byte)((255.0 - 2.0 * ALPHA) / 255.0 * b + ALPHA); });
    ibCanvas.Image = imageObj;
}
private void capItem_Click(object sender, EventArgs e)
{
    imageObj = imageObj.Convert<byte>(delegate(byte b)
            { return (byte)(255.0 - 255.0*(b/127.0-1.0)*(b/127.0-1.0)); });
    ibCanvas.Image = imageObj;
```

```
}
private void cupItem_Click(object sender, EventArgs e)
{
    imageObj = imageObj.Convert<byte>(delegate(byte b)
            { return (byte)(255.0 * (b / 127.0 - 1.0) * (b / 127.0 - 1.0)); });
    ibCanvas.Image = imageObj;
}
```

[프로그램 목록 3-5(d)]는 히스토그램을 보여주는 메소드와 히스토그램 평활화 메소드들을 나타낸 것이다. 'Histogram View' 메뉴에 대한 이벤트 핸들러인 HistoViewItem_Click() 메소드는 간단히 HistogramViewer.Show(imageObj);로만 이루어졌다. 히스토그램을 표시하기 위해 [프로그램 목록 3-4(a)]와 [프로그램 목록 3-4(b)]는 물론이고 이를 뒷받침해주는 HistogramForm 클래스를 별도로 만들기까지 했던 것과 비교하면 너무나 허망할 정도로 간단하다. EmguCV에서 Image 제네릭 객체는 HistogramViewer 클래스의 정적 메소드(static method)인 Show()에 의해 간단히 히스토그램으로 표시된다. C# 객체 지향 언어에서 정적 메소드는 객체의 이름이 아닌 클래스의 이름으로 호출된다는 것에 유의해야 한다. [그림 3-30]은 [그림 3-24]의 윗 부분에 나오는 원영상에 대한 히스토그램을 나타낸 것이다.

히스토그램 평활화는 imageObj 객체의 _EqualizeHist() 메소드에 의해 구현된다. [프로그램 목록 3-4(e)]와 비교해보면 너무나 간단히 표현된다는 것을 알 수 있다.

픽셀 중심 영상처리는 음영영상 주제로 한 것이기 때문에 Gray 형으로 바꾸어 처리하고 있지만 EmguCV의 Image 제네릭 클래스는 컬러영상에 대해서도 객체 지향 언어의 특징을 한껏 살린 연산자 오버로드 기능이 똑같이 적용된다.

EmguCV에 의해 작성된 프로그램 실행해보면 궁극적으로 OpenCV를 사용하기 때문에 속도 측면에서 GDI+ 중심의 프로그램과 비교해서 확실히 빠르다는 것을 알 수 있다.

[프로그램 목록 3-5(d): EmguCV201PointProcess의 Form1.cs]

```
private void histoViewItem_Click(object sender, EventArgs e)
{
    HistogramViewer.Show(imageObj);
}

private void equalizationItem_Click(object sender, EventArgs e)
{
    imageObj._EqualizeHist();
    ibCanvas.Image = imageObj;
}
```

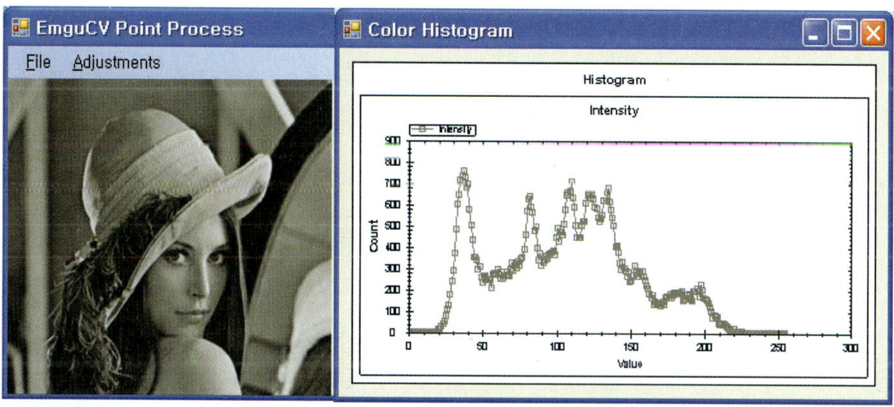

그림 3-30 EmguCV에 의한 히스토그램 표시 예

연/습/문/제

[기초문제]

※ 다음 글을 읽고 빈 칸에 가장 알맞은 말을 넣으시오.

1. 어떤 영상의 픽셀 값들을 특정 수치만큼 모두 일정하게 증가시키면 그 영상은 ( )가 증가하고, 특정 수치만큼 곱하여 그 결과를 반영시키면 그 영상은 ( )가 증가한다.

2. 룩업 테이블은 포인트 처리 알고리즘을 효율적으로 수행하기 위해 이용하는 것으로 픽셀 해상도만큼의 배열이라 할 수 있으며, 배열의 ( )를 변환 전 픽셀값, 배열 요소의 ( )을 변환 후 픽셀값으로 사용하므로, 마치 포토샵의 ( )와 같이 원 영상과 변환 영상의 명암값 변환 관계를 보여주는 그래프와 같은 의미로 활용될 수 있다.

3. 영상에 대해 감마 상관 관계에 의한 명암 변환을 수행할 경우, 감마값이 0과 1사이의 값을 가지면 영상이 ( )지고, 1을 초과한 값을 가질 경우 영상은 ( )진다. 또한 감마값이 1일 경우를 ( )변환이라 한다.

4. 디지털 예술가에 의해 자주 사용되는 명암 변환 방법으로 햇빛 노출 효과를 주는 방법인 ( ), 2차원 포물선 곡선을 이용하는 방법인 ( ) 등이 있다.

5. ( )은 어떤 영상의 명암값의 빈도분포를 보여주기 위한 막대그래프로서 이것의 분석을 통해 영상개선 및 영상인식 분야에 응용할 수 있는 자료를 획득할 수 있다.

6. 좋은 대비를 갖는 영상은 넓은 범위의 픽셀값 분포를 갖는 것에 착안하여, 좁은 분포의 히스토그램을 최대의 명암값 분포를 갖는 히스토그램으로 펼치는 것을 ( ) 이라 한다.

7. 히스토그램은 영상의 명암값의 빈도 분포를 보여주기 위한 ( )로서 ( )축은 명암값, ( )축은 빈도수를 나타낸다. 보통 어두운 영상은 히스토그램이 ( )쪽에 치우치며, 밝은 영상은 ( )쪽에 치우친다.

8. ( )는 적은 범위의 명암 분포를 가진 영상을 넓은 범위의 명암 분포를 갖도록 하여 영상의 질을 향상시키고자 명암값을 재분배하여 일정한 분포의 히스토그램을 생성하는 것을 말한다.

9. EmguCV에서 제공하는( ) 컨트롤 위에 영상을 표시하게 되면 윈도우즈 폼 위에 영상을 표시할 때와 달리 새도우 비트맵이나 폼의 이벤트인 Paint, KeyDown도 필요 없다. 또한 GDI+의 Image 클래스 대신에 EmguCV의 Image 제네릭(generic) 클래스를 사용하면 영상의 종류를 변경하거나 각종 영상처리 기능을 메소드로 구현하고 있어서 유연성이 뛰어나기 때문에 음영영상정보를 가지고 각종 처리에 이용하던 ( )도 필요 없다.

10. EmguCV의 Image 제네릭 객체를 통한 역변환의 경우 ( ) 메소드를, 감마변환의 경우 ( )라는 메소드를 이용하면 아주 간단히 표현할 수 있다. 그리고 나머지 픽셀 중심 룩업테이블을 이용한 영상처리들은 모두 imageObj 객체의 ( )메소드 속에서 위임(delegate)을 이용하여 변환식을 아주 간단한 표현하여 구현할 수 있다. ( )는 imageObj 객체의 _EqualizeHist() 메소드에 의해 구현할 수 있다.

11. Image 제네릭 객체는 HistogramViewer 클래스의 정적 메소드(static method)인 ( )에 의해 간단히 히스토그램으로 표시된다.

[심화문제]

1. 다음과 같은 샘플 디지털 영상을 보고 물음에 답하시오.(단 픽셀 수는 4×4, 각 픽셀의 명암값의 범위는 0~7)

5	4	3	3
4	4	3	3
4	1	2	3
0	1	2	3

1) 각 명암값에 대한 빈도수를 나타내는 히스토그램(histogram)을 그리시오.

2) 룩업 테이블(Look-up table)을 이용하여 위 영상을 2만큼 밝은 영상으로 만드는 C# 루틴을 작성하시오.

2. 다음과 같은 2차원 배열(grayArray)로 표현된 디지털 영상을 보고 물음에 답하시오.(단, 픽셀 수는 7×7, 각 픽셀의 명암값의 범위는 0~7)

7	3	3	2	1	3	5
1	1	2	2	3	5	3
1	1	2	2	2	3	3
1	6	2	1	1	4	3
1	3	3	1	3	3	0
2	1	2	2	3	0	3
2	1	2	4	4	2	3

1) 위의 영상을 룩업 테이블을 이용하여 명암값의 역변환 과정을 통해 새로운 역변환 영상으로 만들고자 한다.

(1) 역 변환 기능을 수행하는 메소드를 빈칸을 채워 완성시키시오.

```
int[,] inverseTransform(int[,] grrayArray, int Width, int Height)
{
```

```
int x,y;
int[] LUT = new int[                    ]; //Look-Up Table
 int[,] R = new int[Height, Width];

for (int index=0; index<8; index++)
   LUT[index] =                    ;  //룩업테이블의 역변환 규칙 성의

for(y=0; y<Height; y++)
     for(x=0; x<Width; x++)
          grayArray[y,x] = LUT[                    ]; //역변환 수행
   return R;
}
```

(2) 역변환 규칙 정의 후, 룩업테이블의 상태를 인덱스와 값으로 표시하시오.

(3) 역 변환 루틴을 수행한 후의 역 변환 결과 영상을 상징하는 2차원 배열 R의 상태를 표시하시오.

2) 앞에 제시된 영상의 히스토그램(histogram)을 그리시오.

3) 위의 영상에 대해 히스토그램 평활화를 수행하여 새롭게 개선된 영상을 만들고자 한다.

(1) 히스토그램 평활화를 수행하는 함수를 빈 칸을 채워 완성시키시오.

```
int[,] histogramEqualization(int[,] grrayArray, int Width, int Height)
{
  int histogram[                    ];
  int sum;
  int normalizedSum[8];
```

```
      ______ scale;
    int[,] R = new int[Height, Width];
    for(int i=0; i< ______ ; i++) histogram[i] = 0;
    for(int y=0; y<7; y++)
      for(int x=0; x<7; x++)
          ______ [grayArray[y,x]]++;

    sum = ______ ;
    scale = 7.0 / (7*7);
    for(int i=0; i<8; i++)
    {
      sum += ______ ;
      normalizedSum[i] = (int)(sum * scale + 0.5);
    }

    for(int y=0; y< ______ ; y++)
      for(int x=0; x< ______ ; x++)
        R[y,x] = normalizedSum[grayArray[y,x]];
     return R;
  }
```

(2) 앞에 제시된 2차원 배열 영상을 histogramEqualization()함수에 적용할 때 각 변수들의 값이 어떻게 변화하는지를 아래 빈 칸을 채워 나타내시오.

i (명암값, 인덱스)	histogram[i] (히스토그램)	sum (누적히스토그램)	normalizedSum[i] (정규화값, LUT)
0	2	2	0
1	11	14	2
2			
3			
4			
5			
6	1		
7			

(3) 히스토그램 평활화의 결과 영상을 상징하는 2차원배열 R의 상태를 표시하시오.

3. 기본 스트레칭과 상하한 스트레칭의 특징을 간략히 비교 설명하시오.

4. 히스토그램 명세화(Histogram Specification)는 원 영상에 대해 일단 히스토그램 평활화를 수행한 다음, 이 평활화된 영상에 대해 자신이 원하는 히스토그램 분포에 대한 누적 분포를 구하여 누적 분포에 대한 영상의 전체 픽셀수의 비율로 명도값이 재분배되도록 하고 이중 히스토그램 각 요소값에 가장 가까운 값을 갖는 곳으로 역 변환 되게 하는 것이다. 히스토그램 명세화 루틴을 C#으로 작성하시오.

5. 다음은 EmguCV의 Image 제네릭 객체를 위임(delegate)을 이용하여 변환식을 적용하여 각 픽셀의 값을 변경한 것을 나타낸 것이다. 이들의 의미를 간략히 설명하시오.

1)
```
imageObj = imageObj.Convert<byte>(delegate(byte b)
{ return (byte)(255.0 / (255.0 - 2.0 * ALPHA) * (b-ALPHA)); });
```

2)
```
imageObj = imageObj.Convert<byte>(delegate(byte b)
{ return (b<128)?(byte)(b*b/127.0) : (byte)(255.0-(b-255.0)*(b-
255.0)/127.0); });
```

3) imageObj = imageObj.Convert<byte>(delegate(byte b)
{ return (byte)((255.0−2.0 * ALPHA) / 255.0 * b + ALPHA); });

4) imageObj = imageObj.Convert<byte>(delegate(byte b)
{ return (byte)(255.0−255.0*(b/127.0-1.0)*(b/127.0-1.0)); });

5) imageObj = imageObj.Convert<byte>(delegate(byte b)
{ return (byte)(255.0 * (b / 127.0−1.0) * (b / 127.0−1.0)); });

영상의 영역처리

4.1 영역처리와 회선
4.2 블러링과 샤프닝
4.3 에지 검출(edge detection)
4.4 잡음 제거
4.5 EmguCV에 의한 영역처리

4.1 영역처리와 회선

영상의 영역처리란 하나의 픽셀에 대해 직접 특정 식을 적용하여 그 값을 변경시키는 픽셀 중심 처리와 달리, 특정 픽셀을 중심으로 그 주변의 값을 고려하여 그 값을 변경시킴으로써 영상의 품질을 향상시키거나, 영상 분석에 필요한 특징점 및 에지(edge)를 검출하는 영상처리 방법에 관한 것이다. 이를 위해서는 마스크(mask)를 사용하여야 하며, 마스크 크기만큼의 주변 값의 영향을 받도록 하여 마스크 중심 위치의 픽셀 값을 조정하고, 이를 영상 전체에 대해 적용하도록 하는 회선(回旋: convolution) 기법을 필요로 한다. 즉 회선은 영역처리 기본 단위를 상징하는 마스크 연산을 위치를 이동해 가면서 전체 영상에 적용하는 기법이라고 할 수 있다. 따라서 회선은 블러링(blurring:稀微化), 샤프닝(sharpening:尖銳化), 영상분할, 영상복원 및 잡음 제거 등의 영역처리와 관련된 부분에 필수적으로 활용된다.

회선에 사용되는 마스크는 가중치를 갖는 홀수 정방 행렬이라 할 수 있으며, 마스크 연산은 마스크에 대응되는 영상의 부분인 회선 윈도우에 대해 마스크의 가중치와 대응되는 회선 윈도우의 각 원시 픽셀값을 곱한 것을 마스크(mask) 크기만큼 합하여 그 결과값을 마스크 중심에 해당하는 원시 픽셀의 값으로 정하는 것을 말한다.

[그림 4-1]은 마스크 연산을 위해 마스크가 영상 배열의 모든 요소를 훑어 지나 가는 것을 상징하고 있다. 3×3 마스크의 경우, (영상폭-2)×(영상높이-2)만큼의 마스크 연산이 [그림 4-2]와 같이 수행된다. 이는 마스크의 가중치와 마스크에 대응되는 회선 윈도우의 각 원시 픽셀의 곱해진 값을 모두 더함으로써, 마스크 중심에 해당되는 원시 픽셀의 새로운 값으로 정하는 것을 상징한다. 마스크 연산은 마스크에 대응되는 영상 배열의 요소가 반드시 있어야 하고, 마스크의 중앙에 대응되는 새로운 영상 배열 요소값을 마스크 연산의 결과 값으로 정해야 하므로 새롭게 생기는 영상배열은 [그림 4-3]과 같이 마스크의 크기에 따라 정해지지 않은 부분이 생긴다. 이 부분은 가장 가까운 픽셀값을 복사하여 정하면 된다.

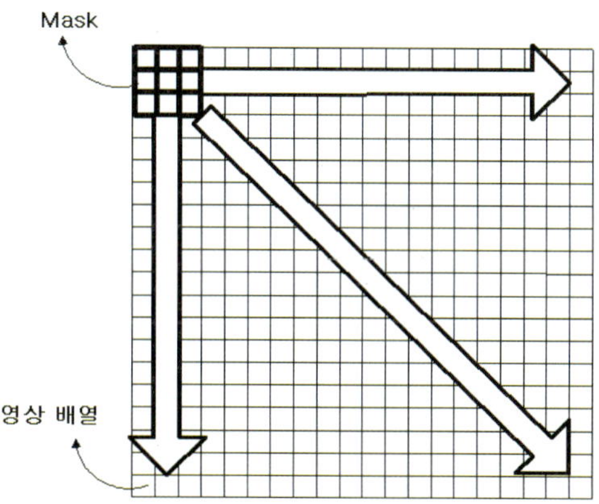

그림 4-1 마스크와 회선

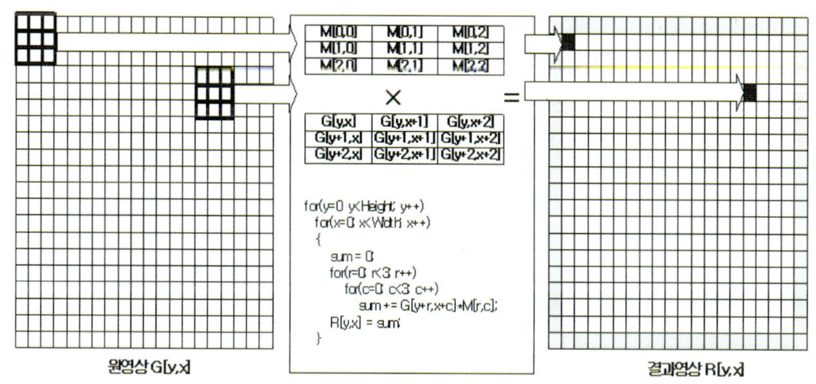

그림 4-2 마스크 연산

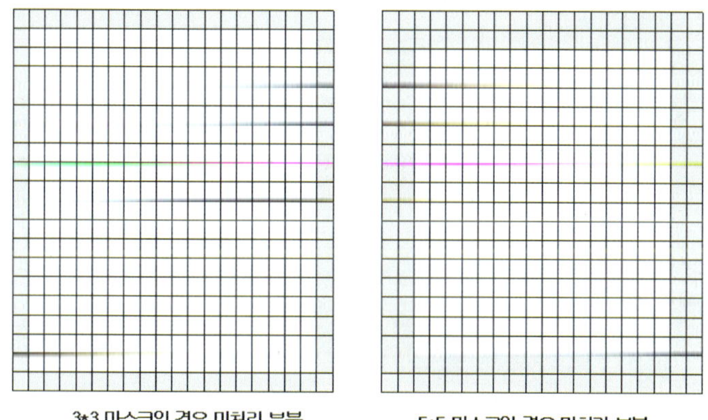

그림 4-3 마스크 연산이 이루지지 않는 부분

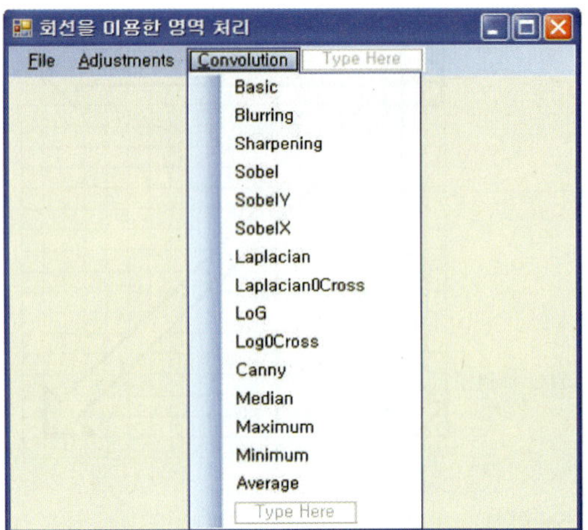

그림 4-4 회선을 이용한 영상의 영역처리 메뉴

[프로그램 목록 4-1(a)]에서 [프로그램 목록 4-1(z)]은 이러한 회선 알고리즘을 구현하고, 회선 알고리즘을 이용하여 [그림 4-1]의 메뉴에 표시된 것과 같은 마스크 가중치에 따른 다양한 영역처리를 수행한다.

[프로그램 목록 4-1(a): faConvolution의 Form1.cs]

```
int[,] convolve(int[,] G,int Width,int Height,double[,] M,int maskCol,int maskRow,int biasValue)
{
int [,] R = new int[Height, Width];
int x, y;
int r, c;
int xPad = maskCol  / 2;
int yPad = maskRow / 2;
double sum;

for(y=0; y<Height-2*yPad; y++)
    for(x=0; x<Width-2*xPad; x++)
    {
      sum = 0.0;
      for(r=0; r<maskRow; r++)
      for(c=0; c<maskCol; c++)
            sum += G[y+r, x+c] * M[r, c];
      sum += biasValue;
      if(sum>255.0) sum = 255.0;
      if(sum<0.0) sum = 0.0;
      R[y+yPad,x+xPad] = (int)sum;
    }
```

```
21: for(y=0; y<yPad; y++)
22: {
23:    for(x=xPad; x<Width-xPad; x++)
24:    {
25:       R[y, x] = R[yPad, x];
26:       R[Height-1-y, x] = R[Height-1-yPad, x];
27:    }
28: }

29: for(x=0; x<xPad; x++)
30: {
31:    for(y=0; y<Height; y++)
32:    {
33:       R[y, x] = R[y, xPad];
34:       R[y, Width-1-x] = R[y, Width-1-xPad];
35:    }
36: }
37: return R;
38: }
```

[프로그램 목록 4-1(a)]는 음영영상정보를 갖는 2차원 배열 G에 대해 마스크 배열 M을 사용하여 회선을 수행하고 그 결과를 2차원 배열로 반환하는 루틴이다. Width와 Height는 음영영상의 폭과 높이, maskCol과 maskRow는 마스크의 폭과 높이, 그리고 biasValue는 마스크 연산 결과 값에 추가되는 값이다. 이는 마스크의 가중치의 합이 1이 되게 하는 블러링, 샤프닝 등의 처리를 할 때는 사용되지 않아도 되지만, 마스크 가중치의 합이 0이 되게 하는 영상분할 등의 처리를 할 때는 특징을 상징하는 각 마스크 연산 결과 값이 작게 나오므로 특징이 지나치게 어둡게 표시되어 구분하기 힘들 수 있으므로 특징을 부각시키기 위해 사용한다. [프로그램 목록 4-1(a)]에서 xPad, yPad는 [그림 4-3]에서 처리되지 않는 테두리의 폭을 의미한다. 3×3마스크의 경우 모두 1, 5×5 마스크의 경우 모두 2가 된다. 9번~20번 줄까지가 회선의 핵심 처리 부분이며, 21번~36번 줄까지가 처리되지 않는 부분을 마무리 짓는 부분이다.

[프로그램 목록 4-1(b)]는 회선 알고리즘 적용 결과를 보기 위해 [그림 4-5]와 같은 블록 마스크를 사용하여 회선을 수행하는 루틴을 나타낸 것이다. [프로그램 목록 3-4(c)]에 나오는 기본 스트레칭 메소드 basicStretch()을 사용하여 회선을 시작하기 전에 대비를 향상시킨 전처리를 수행하게 했다.

[그림 4-6]는 [그림 4-5]의 블록 마스크를 적용한 결과를 보인 것이다.

0	−1	0
−1	0	1
0	1	0

그림 4-5 볼록 마스크

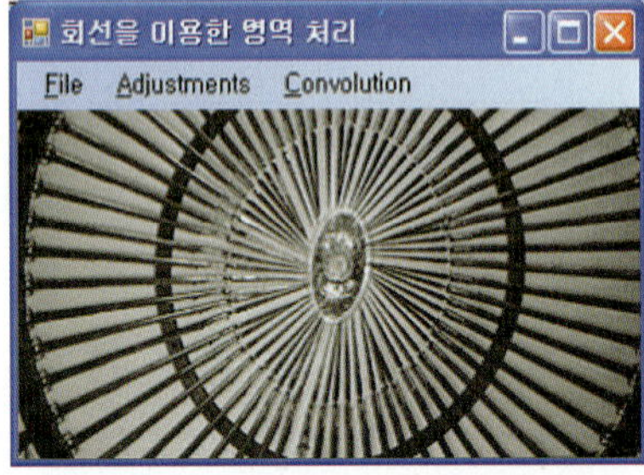

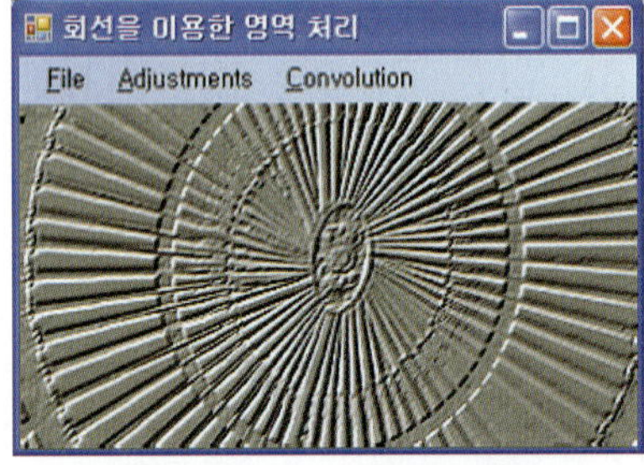

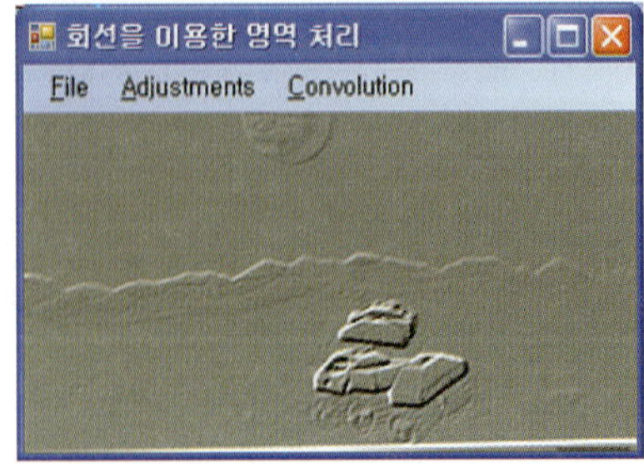

그림 4-6 볼록 마스크를 적용한 예

[프로그램 목록 4-1(b): faConvolution의 Form1.cs]

```
private void basicItem_Click(object sender, System.EventArgs e)
{
    double [,] mask = {{0.0, -1.0, 0.0}, {-1.0, 0.0, 1.0}, {0.0, 1.0, 0.0}};
    basicStretch();
    int[,] ResultArray = convolve(grayArray, image.Width, image.Height, mask, 3, 3, 128);
    displayGrayArray(0, 0, ResultArray, bitmap.Width, bitmap.Height);
}
```

4.2 블러링과 샤프닝

1) 블러링(blurring)

영상의 세세한 부분을 제거하는 효과를 갖게 하여 배경이나 초점을 흐리게 하는 영상처리를 말한다. 쉽게 생각할 수 있는 블러링(희미화) 방법은 특정 픽셀에 대한 새로운 값으로 주변 픽셀들의 평균을 취하는 것이다. 이것은 3×3마스크의 경우, 마스크 가중치의 합이 1이 되도록 마스크의 각 요소값을 모두 1/9로 정하여 회선하는 것과 같다. 5×5의 경우 1/25을 마스크의 요소값으로 정한다. [그림 4-7]은 블러링을 위한 마스크로 사용할 수 있는 가중치의 예를 나타낸 것이다.

이러한 마스크는 영상에서 특별히 톡 튀어나오는 높은 값을 갖는 픽셀들을 제거하는 효과를 거두게 되므로 고주파 차단 필터로서의 역할을 한다. 따라서 일반적으로 블러링은 대비를 감소시키는 경향이 있다. [프로그램 목록 4-1(c)]는 블러링 마스크를 이용하여 회선하는 프로그램 코드를 나타낸 것이다.

1/9	1/9	1/9
1/9	1/9	1/9
1/9	1/9	1/9

1/25	1/25	1/25	1/25	1/25
1/25	1/25	1/25	1/25	1/25
1/25	1/25	1/25	1/25	1/25
1/25	1/25	1/25	1/25	1/25
1/25	1/25	1/25	1/25	1/25

1/16	1/8	1/16
1/8	1/4	1/8
1/16	1/8	1/16

그림 4-7 블러링 마스크

[프로그램 목록 4-1(c): faConvolution의 Form1.cs]

```
private void blurringItem_Click(object sender, System.EventArgs e)
{
    double mVal = 1.0/25.0;
    double [,] mask = {{mVal,mVal,mVal,mVal,mVal},{mVal,mVal,mVal,mVal,mVal},
                       {mVal,mVal,mVal,mVal,mVal},{mVal,mVal,mVal,mVal,mVal},
                       {mVal,mVal,mVal,mVal,mVal}};
    int[,] ResultArray = convolve(grayArray, image.Width, image.Height, mask, 5, 5, 0);
    displayGrayArray(0, 0, ResultArray, bitmap.Width, bitmap.Height);
}
```

그림 4-8 5×5 평균 필터를 적용한 블러링의 예

[그림 4-8]은 [그림 4-7]의 5×5 블러링 마스크를 적용한 [프로그램 목록 4-1(c)] 루틴을 수행한 후 블러링이 적용된 결과를 보인 것이다.

2) 샤프닝(sharpening)

영상의 세세한 부분을 더욱 강조하는 효과를 갖게 하여 초점을 또렷하게 하고 상세한 부분을 더욱 강조하게 하는 블러링의 반대되는 영상처리를 말한다. 간단히 생각할 수 있는 샤프닝(첨예화) 방법은 마스크의 중심값을 크게 하고 주변은 작은 값이 되게 하는 것이다. [그림 4-9]는 샤프닝을 위한 마스크로 사용할 수 있는 가중치의 예를 나타낸 것이다. 이러한 마스크는 영상에서 특별히 톡 튀어나오는 높은 값을 갖는 픽셀들을 더욱 돋보이게 하는 효과를 거두게 되므로 고주파 강화 필터로서의 역할을 한다. 따라서 일반적으로 샤프닝은 대비를 증가시키는 경향이 있다.

−1	−1	−1
−1	−9	−1
−1	−1	−1

0	−1	0
−1	5	−1
0	−1	0

1	−2	1
−2	5	−2
1	−2	1

그림 4-9 샤프닝 마스크

[프로그램 목록 4-1(d): faConvolution의 Form1.cs]

```
private void sharpeningItem_Click(object sender, System.EventArgs e)
{
    double [,] mask = {{0.0, -1.0, 0.0}, {-1.0, 5.0, -1.0}, {0.0, -1.0, 0.0}};

    int[,] ResultArray = convolve(grayArray, image.Width, image.Height, mask, 3, 3, 0);
    displayGrayArray(0, 0, ResultArray, bitmap.Width, bitmap.Height);
}
```

그림 4-10 샤프닝의 예

[프로그램 목록 4-1(d)]는 샤프닝 마스크를 이용하여 회선한 프로그램 코드를 나타낸 것이다. [그림 4-10]은 [프로그램 목록 4-1(d)] 루틴을 수행한 후 샤프닝이 적용된 결과를 보인 것이다.

4.3 에지 검출(edge detection)

방대한 데이터를 가진 영상에 있어서 에지는 영상에 있는 물체의 위치, 크기, 모양 등과 같은 중요한 정보를 가지고 있는 곳이다. 에지 검출은 영상 분석의 한 분야라 할 수 있는 영상분할의 기초 단계에 해당된다. 포토샵의 마술봉(magic wand)과 같은 도구가 영상분할을 구현한 한 예로 볼 수 있다. 일반적으로 에지는 영상에서 [그림 4-11]에서 알 수 있듯이 명도의 변화가 심한 곳에 있으며, 이는 광원의 변화나 물체 형상의 변화로 인해 발생한다.

에지를 검출하기 위해서는 영상 내에서 명도가 급격히 변화하는 것을 어떻게 감지하느냐가 관건이라 할 수 있다. 간단한 방법으로는 특정 픽셀을 기준으로 주변의 픽셀과의 명도값의 차이가 가장 큰 것에 가산값을 더하여 새로운 픽셀값으로 정하는 것이다. 이 방법은 빠른 에지 검출을 할 수 있지만 가산값, 상하한의 임계치에 따라 검출되는 에지의 정확성이 좀 떨어질 수 있다.

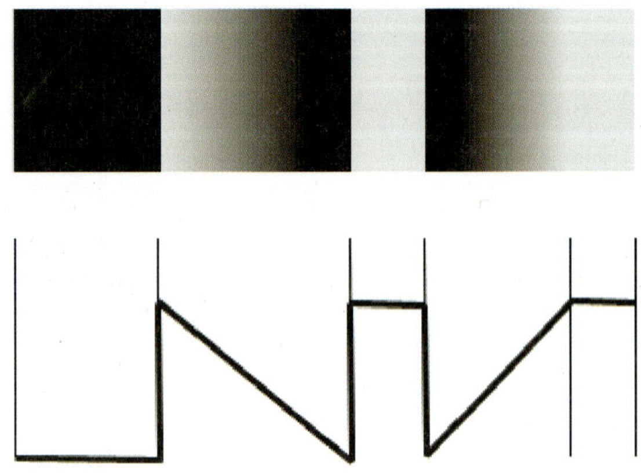

그림 4-11 명도 변화 그래프와 에지

또 다른 방법으로 명도 변화의 기울기를 미분에 의해 구할 수 있으므로 미분값을 이용하는 방법이 많이 사용된다. 이 방법은 속도는 약간 떨어지지만 정확성이 높다.

[프로그램 목록 4-1(e): faConvolution의 Form1.cs]

```
int[,] convolveEdge(int[,] G,int Width,int Height,double[,] M,int maskCol,int maskRow)
{
 int [,] R = new int[Height,Width];
 int x, y;
 int r, c;
 int xPad = maskCol / 2;
 int yPad = maskRow / 2;
 double sum;
 for(y=0; y<Height-2*yPad; y++)
    for(x=0; x<Width-2*xPad; x++)
    {
       sum = 0.0;
       for(r=0; r<maskRow; r++)
          for(c=0; c<maskCol; c++)
             sum += G[y+r, x+c] * M[r, c];
       sum = Math.Abs(sum);
       if(sum>255.0) sum = 255.0;
       if(sum<0.0) sum = 0.0;
       R[y+yPad,x+xPad] = (int)sum;
    }

 for(y=0; y<yPad; y++)
 {
    for(x=xPad; x<Width-xPad; x++)
    {
       R[y, x] = R[yPad, x];
       R[Height-1-y,x] = R[Height-1-yPad, x];
    }
 }
 for(x=0; x<xPad; x++)
 {
    for(y=0; y<Height; y++)
    {
       R[y, x] = R[y, xPad];
       R[y, Width-1-x] = R[y, Width-1-xPad];
    }
 }
 return R;
}
```

미분 마스크를 이용하는 경우, 미분값이 크거나 작은 곳이 명도의 변화가 심한 곳이므로 이곳을 에지로 삼게 된다. 이 경우, [프로그램 목록 4-1(a)]와는 약간 달리 [프로그램 목록 4-1(e)]와 같이 마스크 연산 결과치에 대한 절대값을 새로운 픽셀의 값으로 정하고, biasValue를 구태여 사용하지 않아도 된다. 즉, [프로그램 목록 4-1(e)]는 [프로그램 목록 4-1(a)]에 대해 1번, 16번 줄을 수정한 것이다.

1) 1차 미분 마스크

에지를 검출하는데 있어서 명도의 변화가 심한 곳은 기울기에 해당되는 1차 미분값이 아주 크거나 작다는 점을 이용할 수 있다. 그런데 영상의 경우 2차원이므로 한 방향의 미분만으로는 불충분하다. 따라서 영상의 기울기를 분석할 때 수평 방향 기울기와 수직방향 기울기를 모두 고려하는 것이 바람직하다. 영상 $f(x, y)$의 (x, y)에서의 기울기 벡터(Δf)는 다음과 같이 정의된다.

$$\Delta f = \begin{bmatrix} Gx \\ Gy \end{bmatrix} = \begin{bmatrix} \frac{\partial f}{\partial a} \\ \frac{\partial f}{\partial y} \end{bmatrix}$$

수평 방향 미분을 위한 마스크(G_x)를 적용하면 열에 해당되는 수직 에지가 잘 검출되고, 수직 방향 미분을 위한 마스크(G_y)를 적용하면 행에 해당되는 수평 에지가 더 잘 검출된다. 따라서 G_x를 열 검출기, G_y를 행 검출기라 할 수 있으며 기울기 벡터에 의해 두 가지를 동시에 적용하면 어느 한 쪽을 적용한 것보다 보다 선명한 에지를 검출할 수 있다.

[그림 4-12]은 이러한 성질을 이용하여 에지를 검출하기 위한 마스크를 나타낸 것이다. 소벨 마스크(Sobel Mask)는 에지 검출에 널리 이용되는 것으로 수평과 수직 에지보다는 대각선 에지에 더 잘 반응한다. 프리윗 마스크(Prewitt Mask)는 대각선 에지보다는 수평 및 수직 에지에 더 잘 검출해 낸다. 로버츠 마스크(Roberts Mask)는 잡음에 민감하며 돌출한 값을 평균화시키는데 좋다.

[프로그램 목록 4-1(f)]은 소벨 수평 방향 미분을 위한 마스크를 사용하여 회선을 수행하게 함으로써 에지를 검출하도록 하는 프로그램 코드이다. 회선 마스크 크기는 3×3, [프로그램 목록 4-1(e)]의 convolveEdge()를 이용한다.

[프로그램 목록 4-1(g)]는 소벨 수직방향 미분을 위한 마스크를 사용하여 회선을 수행하게 함으로써 에지를 검출하도록 하는 프로그램 코드이다. [그림 4-13]은 소벨 수평 방향 미분을 위한 마스크 적용한 [프로그램 목록 4-1(f)]를 실행한 결과를 나타낸 것이다. 비교적 수직 에지가 잘 검출되었음을 알 수 있다.

소벨(sobel)

(Gx)			(Gy)		
−1	0	1	−1	−2	−1
−2	0	2	0	0	0
−1	0	1	1	2	1

프리윗(Prewitt)

(Gx)			(Gy)		
−1	0	1	−1	−1	−1
−1	0	1	0	0	0
−1	0	1	1	1	1

로버츠(Roberts)

(Gx)			(Gy)		
0	0	0	0	0	0
0	0	−1	0	−1	0
0	1	0	0	0	1

그림 4-12 1차 미분 마스크

[프로그램 목록 4-1(f): faConvolution의 Form1.cs]

```
private void sobelXItem_Click(object sender, System.EventArgs e)
{
    double [,] mask = {{-1.0, 0.0, 1.0}, {-2.0, 0.0, 2.0}, {-1.0, 0.0, 1.0}};

    basicStretch();
    int[,] ResultArray = convolveEdge(grayArray, image.Width, image.Height, mask, 3, 3);
    displayGrayArray(0, 0, ResultArray, bitmap.Width, bitmap.Height);
}
```

[프로그램 목록 4-1(g): faConvolution의 Form1.cs]

```
private void sobelYItem_Click(object sender, System.EventArgs e)
{
    double [,] mask = {{-1.0, -2.0, -1.0}, {0.0, 0.0, 0.0}, {1.0, 2.0, 1.0}};

    basicStretch();
    int[,] ResultArray = convolveEdge(grayArray, image.Width, image.Height, mask, 3, 3);
    displayGrayArray(0, 0, ResultArray, bitmap.Width, bitmap.Height);
}
```

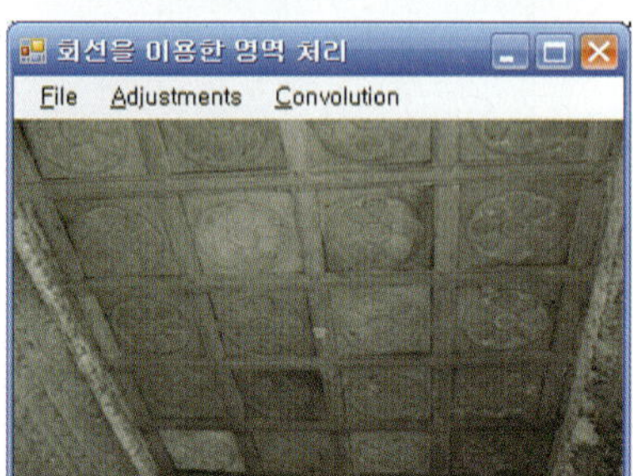

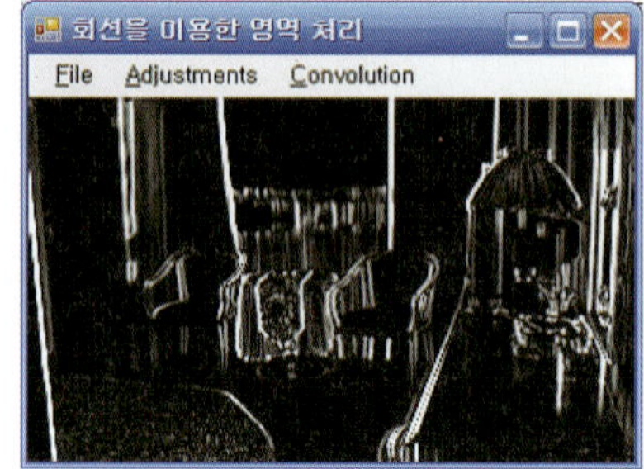

그림 4-13 소벨 수평 방향 미분 마스크(Gx)를 적용한 예

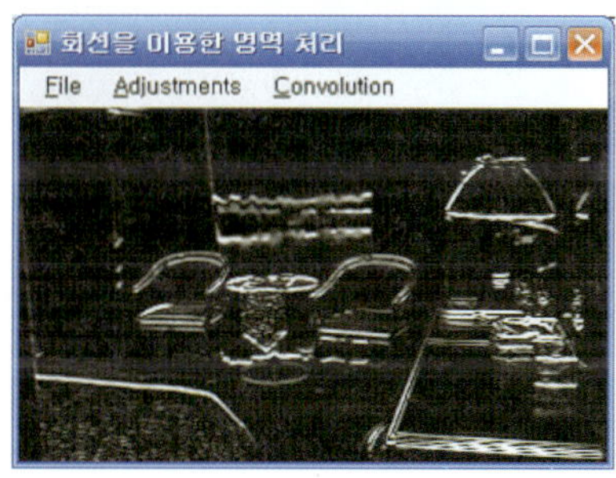

그림 4-14 소벨 수직 방향 미분 마스크(Gy)를 적용한 예

[그림 4-14]는 소벨 수직 방향 미분을 위한 마스크 적용한 [프로그램 목록 4-1(g)]을 실행한 결과를 나타낸 것이다. 대체로 수평 에지가 잘 검출되었음을 알 수 있다.

[프로그램 목록 4-1(h)]에서 사용한 두 개의 마스크를 동시에 적용한 [프로그램 목록 4-1(i)]의 convolveXY()를 사용하여 에지를 검출하는 프로그램이다. convolveXY()는 소벨 수평 방향 미분을 위한 마스크와 수직 방향 미분을 위한

마스크를 동시에 사용하여 회선을 수행하게 함으로써 결과 에지를 검출하도록 하는 프로그램 코드이다. 마스크의 크기는 3×3으로 하고, 두 마스크를 적용한 결과를 합산하므로 밝기 가중치는 주지 않았다.

[프로그램 목록 4-1(a)]의 convolve()과 [프로그램 목록 4-1(e)]의 convolveEdge()에서는 한 개의 마스크에 대한 마스크 연산 결과에 밝기 가중치를 주는 기능을 수행하는데, [프로그램 목록 4-1(i)]의 convolveXY()는 여기에 두 개의 마스크에 대한 각각 마스크 연산 결과를 더하고 대신 밝기 가중치를 주지 않는 것을 덧붙인 것이다. sum1은 수평 방향 미분 마스크인 G_x를 적용한 마스크 연산 결과이고, sum2는 수직 방향 미분 마스크인 G_y를 적용한 마스크 연산 결과이며, sum은 이들의 합한 값이며 새로운 픽셀값으로 결정된다. 회선을 수행하면서 이러한 마스크 연산이 전체 영상에 적용되면 내재된 에지들이 검출된다. [그림 4-15]는 소벨 수평 방향 미분을 위한 마스크와 수직 방향 미분을 위한 마스크를 동시에 적용하여 합성한 결과를 나타낸 것이다.

[프로그램 목록 4-1(h): faConvolution의 Form1.cs]

```
private void sobelItem_Click(object sender, System.EventArgs e)
{
    double [,] mask1 = {{-1.0, 0.0, 1.0}, {-2.0, 0.0, 2.0}, {-1.0, 0.0, 1.0}};
    double [,] mask2 = {{-1.0, -2.0, -1.0}, {0.0, 0.0, 0.0}, {1.0, 2.0, 1.0}};

    basicStretch();
    int[,] ResultArray = convolveXY(grayArray, image.Width, image.Height, mask1,mask2, 3, 3);
    displayGrayArray(0, 0, ResultArray, bitmap.Width, bitmap.Height);
}
```

그림 4-15 소벨 마스크(Gx, Gy)를 적용한 예

[프로그램 목록 4-1(i): faConvolution의 Form1.cs]

```
int[,] convolveXY(int[,] G,int Width,int Height,double[,] M1,double[,] M2,int maskCol,int maskRow)
{
    int [,] R = new int[Height,Width];
    int x, y;
    int r, c;
    int xPad = maskCol / 2;
    int yPad = maskRow / 2;
    double sum,sum1,sum2;
    for(y=0; y<Height-2*yPad; y++)
      for(x=0; x<Width-2*xPad; x++)
      {
        sum1=sum2 = 0.0;
        for(r=0; r<maskRow; r++)
          for(c=0; c<maskCol; c++)
          {
            sum1 += G[y+r, x+c] * M1[r, c];
            sum2 += G[y+r, x+c] * M2[r, c];
          }
        sum =Math.Abs(sum1)+Math.Abs(sum2);
        if(sum>255.0) sum = 255.0;
        if(sum<0.0) sum = 0.0;
        R[y+yPad,x+xPad] = (int)sum;
      }
    for(y=0; y<yPad; y++)
    {
      for(x=xPad; x<Width-xPad; x++)
      {
        R[y, x] = R[yPad, x];
        R[Height-1-y,x] = R[Height-1-yPad, x];
      }
    }
    for(x=0; x<xPad; x++)
    {
      for(y=0; y<Height; y++)
      {
        R[y, x] = R[y, xPad];
        R[y, Width-1-x] = R[y, Width-1-xPad];
      }
    }
    return R;
}
```

2) 2차 미분 마스크

2차 미분 마스크인 라플라시안 마스크의 가중치($L(x, y)$)는 각 픽셀의 명도 값이 $I(x, y)$인 영상에 대하여 다음과 같은 식으로 정의된다.

$$L(x,\ y) = \frac{\partial^2 I}{\partial x^2} + \frac{\partial^2 I}{\partial y^2}$$

[그림 4-16]은 2차 미분값을 이용하는 에지 검출기인 라플라시안 마스크(Laplacian Mask)의 가중치를 나타낸 것이다. 라플라시안 마스크는 에지의 중심을 찾는 유리하며, 에지의 윤곽선들이 폐곡선을 이루기 때문에 영상분할에 응용하기가 좋다.

0	−1	0
−1	−4	−1
0	−1	0

−1	−1	−1
−1	8	−1
−1	−1	1

그림 4-16 라플라시안 마스크

[프로그램 목록 4-1(j)]는 라플라시안 마스크를 1차 미분 마스크처럼 단순히 convolveEdge()에 적용한 것이며, 이것의 실행 결과는 [그림 4-17]에 나타나 있다.

라플라시안 마스크가 2차 미분값을 이용한다는 그 취지에 맞게 적용하기 위해서는 에지 부분에서 2차 미분값의 부호가 바뀐다는 것을 이용하는 것이다. 이것을 영교차(zero-crossing)라 하는데, 특정 픽셀의 2차 미분값과 왼쪽(x방향) 또는 위쪽(y방향) 픽셀의 2차 미분값의 부호가 다르면 에지로 삼는 방법을 사용하여 구현한다. 그런데, 단순히 영교차가 발생하는 곳을 에지로 판단하게 되면 라플라시안 마스크이 성질상 잡음에 민감하여 실제보다 더 많은 에지를 검출하게 된다. 따라서 실제 라플라시안 마스크를 적용하기 전에 먼저 잡음을 제거하기 위한 스무딩(smoothing)을 수행하는 것이 필요하다.

[프로그램 목록 4-1(j): faConvolution의 Form1.cs]

```
private void laplacianItem_Click(object sender, System.EventArgs e)
{
   double [,] mask = {{-1.0, -1.0, -1.0}, {-1.0, 8.0, -1.0}, {-1.0, -1.0, -1.0}};

   basicStretch();
   int[,] ResultArray = convolveEdge(grayArray, image.Width, image.Height, mask, 3, 3);
   displayGrayArray(0, 0, ResultArray, bitmap.Width, bitmap.Height);
}
```

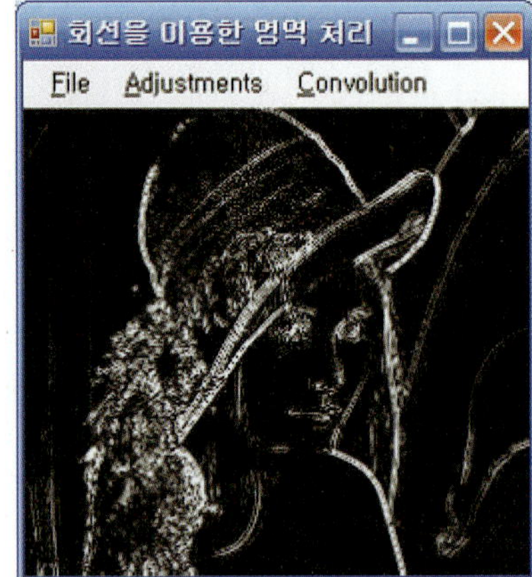

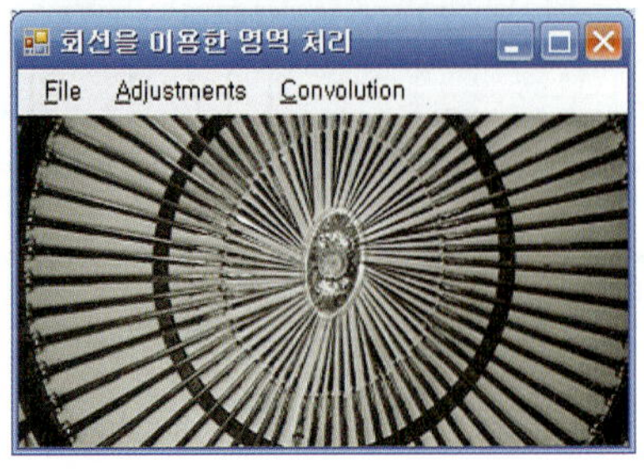

그림 4-17 라플라시안 마스크의 단순 적용 예

[프로그램 목록 4-1(k)]는 먼저 가우시언 마스크에 의해 평활작업(smoothing)을 수행한 후, 영교차 성질을 이용한 라플라시안 마스크를 적용하는 프로그램 코드를 나타낸 것이다.

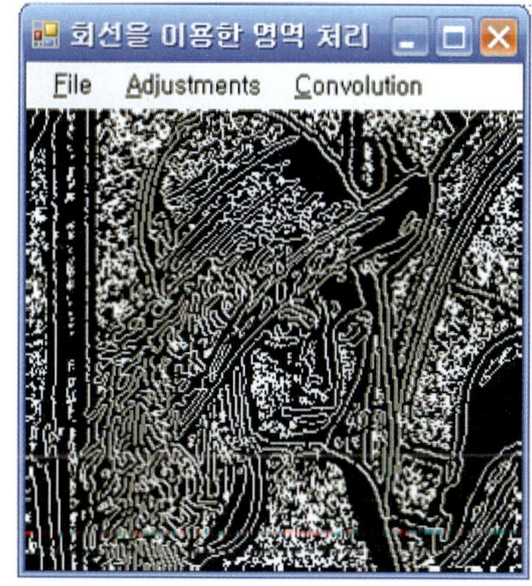

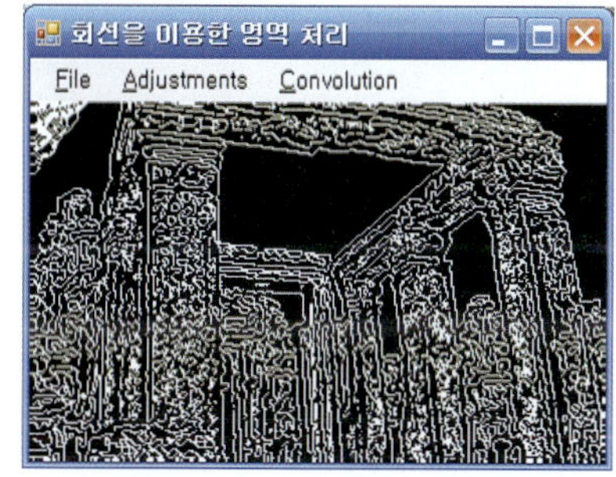

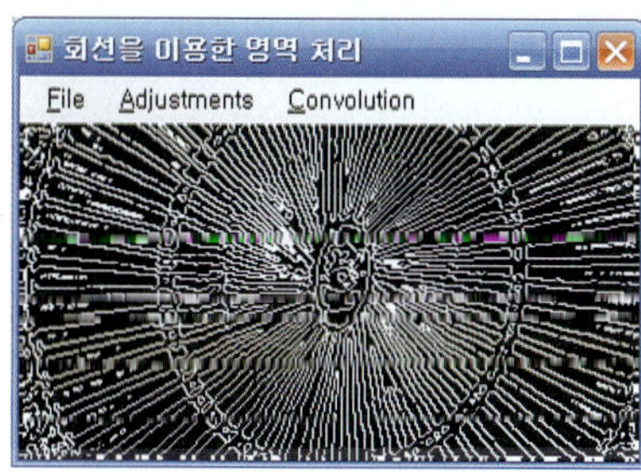

그림 4-18 영교차를 이용한 라플라시안 마스크의 적용한 예

convolveNoBias()는 마스크 연산의 결과가 부호를 그대로 가지고 있도록 convolveEdge()의 [프로그램 목록 4-1(e)]에서 16, 17, 18번 줄을 없앤 것과 같다. [프로그램 목록 4-1(k)]에서 호출하는 [프로그램 목록 4-1(l)]의 convolveLp()는 영교차 발생 성질을 이용하여 에지를 검출하기 위한 것이다. 이를 실행한 결과는 [그림 4-18]과 같다.

[프로그램 목록 4-1(k): faConvolution의 Form1.cs]

```
private void laplacian0CrossItem_Click(object sender, System.EventArgs e)
{
   double [,] mask = {{-1.0, -1.0, -1.0}, {-1.0, 8.0, -1.0}, {-1.0, -1.0, -1.0}};
   double [,] gmask = {{2.0/115.0,  4.0/115.0,  5.0/115.0,  4.0/115.0, 2.0/115.0},
                       {4.0/115.0,  9.0/115.0, 12.0/115.0,  9.0/115.0, 4.0/115.0},
                       {5.0/115.0, 12.0/115.0, 15.0/115.0, 12.0/115.0, 5.0/115.0},
                       {4.0/115.0,  9.0/115.0, 12.0/115.0,  9.0/115.0, 4.0/115.0},
                       {2.0/115.0,  4.0/115.0,  5.0/115.0,  4.0/115.0, 2.0/115.0}};
   basicStretch();
   int[,] blurArray = convolveEdge(grayArray, image.Width, image.Height, gmask, 5, 5);
   int[,] LaplacianArray = convolveNoBias(blurArray, image.Width, image.Height, mask, 3, 3);
   int[,] ResultArray =  convolveLp(LaplacianArray, image.Width, image.Height, 3, 3);
   displayGrayArray(0, 0, ResultArray, bitmap.Width, bitmap.Height);
}
```

3) 가우시안-라플라시안 마스크

라플라시안 마스크가 잡음에 민감하기 때문에 라플라시안 마스크를 적용하기 전에 가우시언 마스크로 스무딩을 수행해야 하는 불편함을 없애고 라플라시언 만의 단점을 개선하기 위하여 라플라시언 함수를 가우스 함수에 결합시킨 것이 바로 다음과 같은 가우시안-라플라시안(Laplacian of a Gaussian) 함수이다.

$$LoG(x,\ y) = -\frac{1}{\pi\sigma^4}\left[1-\frac{x^2+y^2}{2\sigma^2}\right]e^{\frac{x^2+y^2}{2\sigma^2}}$$

[그림 4-19]는 가우시안-라플라시안 함수에 의해 계산된 가중치를 갖는 9×9 가우시안-라플라시안 마스크를 나타낸 것이다.

0	0	3	2	2	2	3	0	0
0	2	3	5	5	5	3	2	0
3	3	5	3	0	3	5	3	3
2	5	3	−12	−23	−12	3	5	2
2	5	0	−23	−40	−23	0	5	2
2	5	3	−12	−23	−12	3	5	2
3	3	5	3	0	3	5	3	3
0	2	3	5	5	5	3	2	0
0	0	3	2	2	2	3	0	0

그림 4-19 가우시안-라플라시안 마스크

[프로그램 목록 4-1(l): faConvolution의 Form1.cs]

```
int[,] convolveLp(int[,] G, int Width, int Height, int maskCol,int maskRow)
{
    int [,] R = new int[Height,Width];
    int x, y;
    int r, c, index;
    int xPad = maskCol / 2;
    int yPad = maskRow / 2;
    int[] target = new int[maskRow*maskCol];

    for(y=0; y<Height-2*yPad; y++)
      for(x=0; x<Width-2*xPad; x++)
      {
                index = 0;
        for(r=0; r<maskRow; r++)
          for(c=0; c<maskCol; c++)
            target[index++]= G[y+r, x+c];
        R[y+yPad,x+xPad] = zeroCrossing(target, index);
      }

    for(y=0; y<yPad; y++)
    {
      for(x=xPad; x<Width-xPad; x++)
      {
        R[y, x] = R[yPad, x];
        R[Height-1-y,x] = R[Height-1-yPad, x];
      }
    }

    for(x=0; x<xPad; x++)
```

```
        {
            for(y=0; y<Height; y++)
            {
                R[y, x] = R[y, xPad];
                R[y, Width-1-x] = R[y, Width-1-xPad];
            }
        }
        return R;
}

int zeroCrossing(int[] target, int tsize)
{
    int mid = tsize / 2;
    if(target[mid]*target[1]<0 || target[mid]*target[mid-1]<0) // x,y 방향에서 부호변화가 생기면
    {
     return 255;
    }
    return 0;
}
```

[프로그램 목록 4-1(m): faConvolution의 Form1.cs]

```
private void loGItem_Click(object sender, System.EventArgs e)
{
    double [,] mask = {   {0.0, 0.0, 3.0,   2.0,   2.0,   2.0, 3.0, 0.0, 0.0},
                          {0.0, 2.0, 3.0,   5.0,   5.0,   5.0, 3.0, 2.0, 0.0},
                          {3.0, 3.0, 5.0,   3.0,   0.0,   3.0, 5.0, 3.0, 3.0},
                          {2.0, 5.0, 3.0, -12.0, -23.0, -12.0, 3.0, 5.0, 2.0},
                          {2.0, 5.0, 0.0, -23.0, -40.0, -23.0, 0.0, 5.0, 2.0},
                          {2.0, 5.0, 3.0, -12.0, -23.0, -12.0, 3.0, 5.0, 2.0},
                          {3.0, 3.0, 5.0,   3.0,   0.0,   3.0, 5.0, 3.0, 3.0},
                          {0.0, 2.0, 3.0,   5.0,   5.0,   5.0, 3.0, 2.0, 0.0},
                          {0.0, 0.0, 3.0,   2.0,   2.0,   2.0, 3.0, 0.0, 0.0}
    };
    double scale1, scale2;

    basicStretch();
    int[,] LaplacianArray = convolveNoBias(grayArray, image.Width, image.Height, mask, 9, 9);
    int[,] tLp = new int[image.Height, image.Width];

    int x, y;
    int min = int.MaxValue;
    int max = int.MinValue;
    for(y=0; y<image.Height; y++)
      for(x=0; x<image.Width; x++)
      {
      if(LaplacianArray[y,x] < min) min=LaplacianArray[y,x];
      if(LaplacianArray[y,x] > max) max=LaplacianArray[y,x];
      }
```

```
    scale1=-127.0/min;
    scale2=127.0/max;
    for(y=0; y<image.Height; y++)
       for(x=0; x<image.Width; x++)
       {
          tLp[y,x] = LaplacianArray[y,x];
       if(tLp[y,x] < 0) tLp[y,x] = (int)(scale1*tLp[y,x])+127;
       else if (tLp[y,x] == 0) tLp[y,x] = 128;
       else tLp[y,x] = (int)(scale2*tLp[y,x])+128;
       }
    displayGrayArray(0, 0, tLp, bitmap.Width, bitmap.Height);
}
```

[프로그램 목록 4-1(m)]은 [그림 4-19]의 가우시안-라플라시안 마스크를 적용한 결과값을 화면에 표시하기 위해서 음수값은 0~127 사이의 값으로, 0 값은 128로, 양수값은 129~255 값으로 바꾸어 결과를 나타내는 프로그램 코드이다. 이것의 실행 결과는 [그림 4-20]에 나타나 있다.

그림 4-20 가우시안-라플라시안 마스크 적용값 표시 예

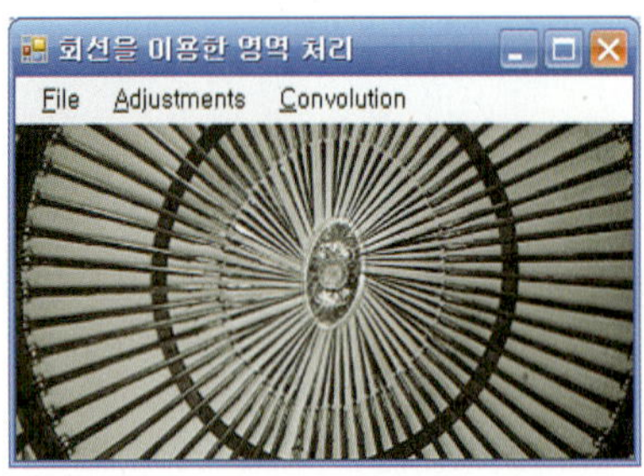

[프로그램 목록 4-(n)]는 [그림 4-19]의 가우시안-라플라시안 마스크를 적용한 후, 영교차 성질을 이용하여 에지를 추출하는 프로그램 코드를 나타낸 것이다. 그 실행 결과는 [그림 4-21]과 같다.

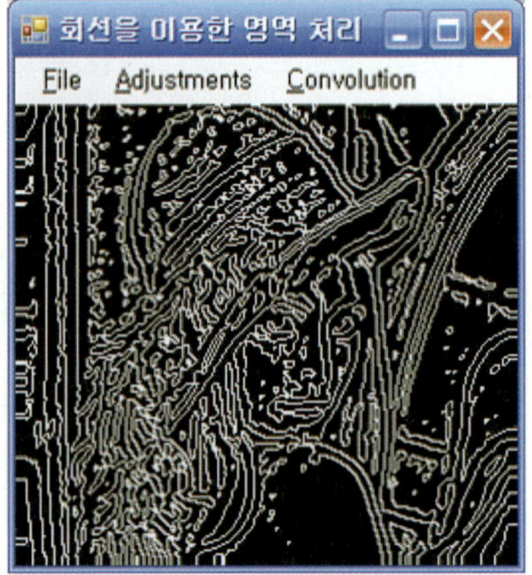

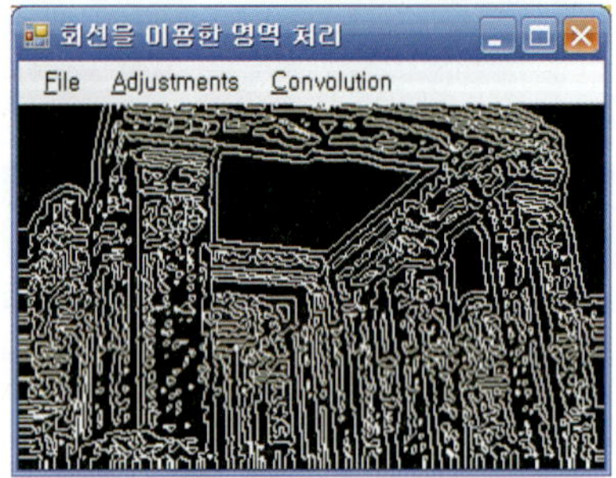

그림 4-21 영교차 이용한 가우시안-라플라시안 마스크 적용 예

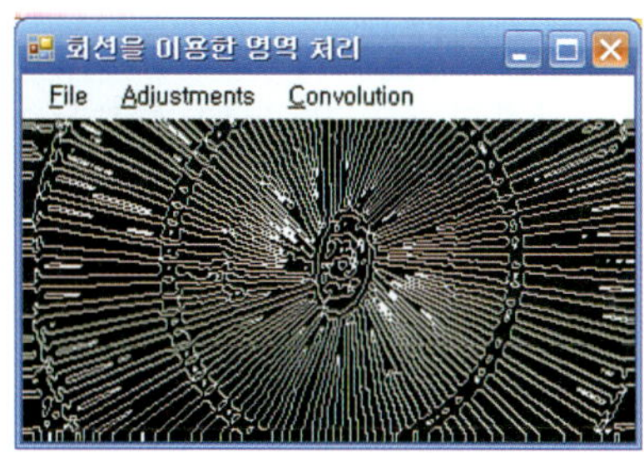

[프로그램 목록 4-1(n): faConvolution의 Form1.cs]

```
private void log0CrossItem_Click(object sender, System.EventArgs e)
{
    double [,] mask = {
                        {0.0, 0.0, 3.0,   2.0,   2.0,   2.0, 3.0, 0.0, 0.0},
                        {0.0, 2.0, 3.0,   5.0,   5.0,   5.0, 3.0, 2.0, 0.0},
                        {3.0, 3.0, 5.0,   3.0,   0.0,   3.0, 5.0, 3.0, 3.0},
                        {2.0, 5.0, 3.0, -12.0, -23.0, -12.0, 3.0, 5.0, 2.0},
                        {2.0, 5.0, 0.0, -23.0, -40.0, -23.0, 0.0, 5.0, 2.0},
                        {2.0, 5.0, 3.0, -12.0, -23.0, -12.0, 3.0, 5.0, 2.0},
                        {3.0, 3.0, 5.0,   3.0,   0.0,   3.0, 5.0, 3.0, 3.0},
                        {0.0, 2.0, 3.0,   5.0,   5.0,   5.0, 3.0, 2.0, 0.0},
                        {0.0, 0.0, 3.0,   2.0,   2.0,   2.0, 3.0, 0.0, 0.0}
    };
    basicStretch();
    int[,] LaplacianArray = convolveNoBias(grayArray, image.Width, image.Height, mask, 9, 9);
    int[,] ResultArray =  convolveLp(LaplacianArray, image.Width, image.Height, 3, 3);
    displayGrayArray(0, 0, ResultArray, bitmap.Width, bitmap.Height);
}
```

4) 캐니 오퍼레이터

캐니 오퍼레이터(Canny Operator)는 가우스 함수에 1차 미분을 추가한다는 아이디어를 실현하여 에지 추출 마스크 효과를 거두는 것으로 다음과 같은 과정에 의해 수행된다.

㉠ 가우시안 마스크를 이용한 스무딩(smoothing)을 수행한다.

㉡ 1차미분 마스크(여기서는 소벨 마스크)를 x방향과 y방향에 대해 적용하여 x방향 미분값과 y방향 미분값을 구하여 기울기 크기와 방향각을 구한다.

㉢ 기울기 크기가 방향각 방향의 주변값보다 작을 경우, 에지 대상에서 제

거시킨다.

㉣ 상한과 하한의 문턱치를 두어 상한을 초과하는 경우 무조건 에지로 삼고, 하한의 미만의 경우는 에지에서 제외시키며, 그 사이는 주변에 자신 이상인 것이 있을 때 에지로 삼는다.

[그림 4-22]은 캐니 오퍼레이터를 영상에 적용할 때, ㉠ 과정을 수행할 때 사용하는 가우시안 마스크의 한 예를 나타낸 것이다.

2/273	4/273	5/273	4/273	2/273
4/273	9/273	12/273	9/273	4/273
5/273	12/273	15/273	12/273	5/273
4/273	9/273	12/273	9/273	4/273
2/273	4/273	5/273	4/273	2/273

그림 4-22 가우시안 마스크 예

[프로그램 목록 4-1(o)]는 캐니 오퍼레이터를 적용할 때 수행해야 하는 각 과정을 포함하고 있는 프로그램 코드를 나타낸 것이다.

[프로그램 목록 4-1(o): faConvolution의 Form1.cs]

```
private void cannyItem_Click(object sender, System.EventArgs e)
{
   double [,] mask = { {1.0/273.0,  4.0/273.0,  7.0/273.0,  4.0/273.0, 1.0/273.0},
                       {4.0/273.0, 16.0/273.0, 16.0/273.0, 16.0/273.0, 4.0/273.0},
                       {7.0/273.0, 26.0/273.0, 41.0/273.0, 26.0/273.0, 7.0/273.0},
                       {4.0/273.0, 16.0/273.0, 16.0/273.0, 16.0/273.0, 4.0/273.0},
                       {1.0/273.0,  4.0/273.0,  7.0/273.0,  4.0/273.0, 1.0/273.0}};
   double [,] mask1 = {{-1.0, 0.0, 1.0}, {-2.0, 0.0, 2.0}, {-1.0, 0.0, 1.0}};
   double [,] mask2 = {{-1.0, -2.0, -1.0}, {0.0, 0.0, 0.0}, {1.0, 2.0, 1.0}};

   basicStretch();
   int[,] GaussArray = convolveEdge(grayArray, image.Width, image.Height, mask, 5, 5);
   int[,] SobelXArray = convolveNoBias(GaussArray, image.Width, image.Height, mask1, 3, 3);
   int[,] SobelYArray = convolveNoBias(GaussArray, image.Width, image.Height, mask2, 3, 3);
   int[,] tLp = new int[image.Height, image.Width];
   double[,] angleArray = new double[image.Height, image.Width];
   double[,] magnitudeArray = new double[image.Height, image.Width];
```

```
  int x, y;
  for(y=0; y<image.Height; y++)
    for(x=0; x<image.Width; x++)
    {
      angleArray[y,x] = Math.Atan2(SobelYArray[y,x],SobelXArray[y,x]);
        magnitudeArray[y,x] =
            Math.Sqrt(SobelXArray[y,x]*SobelXArray[y,x]+SobelYArray[y,x]*SobelYArray[y,x]);
      tLp[y,x] = (int)magnitudeArray[y,x];
    }
   int[,] NonMaxArray=
      convolveCannyNonMax(angleArray, magnitudeArray, image.Width, image.Height, 3, 3);
   int[,] ThresholdArray=
      convolveCannyThreshold(NonMaxArray, image.Width, image.Height, 3, 3, 30, 200);
  displayGrayArray(0, 0, ThresholdArray, bitmap.Width, bitmap.Height);
}
```

[프로그램 목록 4-1(p): faConvolution의 Form1.cs]

```
int[,] convolveCannyNonMax(double[,] A,double[,] G,int Width,int Height,int maskCol,int maskRow)
{
      int [,] R = new int[Height,Width];
    int x, y, r, c;
    int xPad = maskCol / 2;
    int yPad = maskRow / 2;
    double[] targetA = new double[maskRow*maskCol];
    double[] targetG = new double[maskRow*maskCol];
    for(y=0; y<Height-2*yPad; y++)
      for(x=0; x<Width-2*xPad; x++)
      { int index = 0;
        for(r=0; r<maskRow; r++)
          for(c=0; c<maskCol; c++)
          {       targetA[index]= A[y+r, x+c];
            targetG[index++]= G[y+r, x+c];
          }
        R[y+yPad,x+xPad] = nonMaxSup(targetA, targetG, index);
      }
    for(y=0; y<yPad; y++)
      for(x=xPad; x<Width-xPad; x++)
      {
        R[y, x] = R[yPad, x];
        R[Height-1-y,x] = R[Height-1-yPad, x];
      }
    for(x=0; x<xPad; x++)
      for(y=0; y<Height; y++)
      {
        R[y, x] = R[y, xPad];
        R[y, Width-1-x] = R[y, Width-1-xPad];
      }
    return R;
}
```

[프로그램 목록 4-1(q): faConvolution의 Form1.cs]

```
int nonMaxSup(double[] targetA, double[] targetG, int tsize)
{
   int mid = tsize / 2;
   double iAngle,iAngle2,iAngle3,iAngle4,cAngle;
   double range= Math.PI/8.0; // 오차범위: -23.5도 ~ + 23.5도
   for(int i = 0; i<mid; i++)
   {  if(targetG[mid] > targetG[i] && targetG[mid] >targetG[tsize-1-i])
      {  iAngle = Math.PI/4.0*(i+1);
         iAngle2 = Math.PI/4.0*(i+1)+Math.PI;
         iAngle3 = Math.PI/4.0*i - 3.0*Math.PI/4.0 ;
         iAngle4 = Math.PI/4.0*i - 3.0*Math.PI/4.0 -Math.PI;
         cAngle = targetA[mid];
         if((cAngle- range)<iAngle && iAngle<(cAngle+range)) return (int)targetG[mid];
         else if((cAngle- range)<iAngle2 && iAngle2<(cAngle+range)) return (int)targetG[mid];
         else if((cAngle- range)<iAngle3 && iAngle3<(cAngle+range)) return (int)targetG[mid];
         else if((cAngle- range)<iAngle4 && iAngle4<(cAngle+range)) return (int)targetG[mid];
      }
   }
   return 0;
}
```

[프로그램 목록 4-1(r): faConvolution의 Form1.cs]

```
int[,] convolveCannyThreshold(int[,] G, int Width, int Height, int maskCol, int maskRow,
                                                         int lower, int upper)
{
     int [,] R = new int[Height,Width];
     int x, y;
     int r, c;
     int xPad = maskCol / 2;
     int yPad = maskRow / 2;
     int[] target = new int[maskRow*maskCol];

     for(y=0; y<Height-2*yPad; y++)
        for(x=0; x<Width-2*xPad; x++)
        {
          int index = 0;
          for(r=0; r<maskRow; r++)
             for(c=0; c<maskCol; c++)
               target[index++]= G[y+r, x+c];
          R[y+yPad,x+xPad] = thresholdLimit(target, index, lower, upper);
        }

        for(y=0; y<yPad; y++)
        for(x=xPad; x<Width-xPad; x++)
        {
          R[y, x] = R[yPad, x];
```

```
            R[Height-1-y,x] = R[Height-1-yPad, x];
        }

    for(x=0; x<xPad; x++)
        for(y=0; y<Height; y++)
        {
            R[y, x] = R[y, xPad];
            R[y, Width-1-x] = R[y, Width-1-xPad];
        }
    return R;
}
```

[프로그램 목록 4-1(s): faConvolution의 Form1.cs]

```
int thresholdLimit(int[] target, int tsize, int lower, int upper)
{
    int mid = tsize / 2;
    if(target[mid] > upper)
        return 255;
    else if(target[mid]<lower)
        return 0;
    else
    {
        for(int i = 0; i<tsize; i++)
        {
            if(target[i] >= target[mid])
                return 255;
        }
    }
    return 0;
}
```

그림 4-23 캐니 오퍼레이터 적용 예

[프로그램 목록 4-1(p)]은 캐니 오퍼레이터를 적용할 때 ㉢ 과정을 수행하고 있는 프로그램 코드를 나타낸 것이다. [프로그램 목록 4-1(q)]는 [프로그램 목록4-1(p)]에서 호출되는 것으로서, 기울기 크기가 주변값보다 클 경우, 해당 방향이 오차의 범위에서 방향각의 방향과 일치하는가를 파악하는 루틴을 나타낸 것이다.

[프로그램 목록 4-1(r)]는 캐니 오퍼레이터를 적용할 때 ㉣ 과정을 수행하고

있는 프로그램 코드를 나타낸 것이다. [프로그램 목록 4-1(s)]는 [프로그램 목록4-1(r)]에서 호출되는 것으로서, 기울기 크기가 주변값보다 클 경우, 해당 방향이 오차의 범위에서 방향각의 방향과 일치하는지를 파악하는 루틴을 나타낸 것이다.

[그림 4-23]은 캐니 오퍼레이터를 적용한 예를 나타낸 것이다.

4.4 잡음 제거

디지털 영상은 그 생성과정이나 전송과정에서 잡음과 섞이거나 외부 요소의 영향을 받을 수 있다. 이것은 적절한 잡음 필터를 사용하여 해결할 수 있다. 여러 가지 잡음 필터들이 있으나 여기서는 산술평균 필터, 최대값/최소값 필터, 중간값 필터 등에 대해서 살펴보기로 한다.

1) 산술평균 필터

평균 필터로는 산술평균 필터, 기하 평균 필터, 조화 평균 필터 등이 있으나 여기서는 산술평균 필터에 대해서만 살펴본다.

산술평균 필터란 회선윈도우의 산술평균값을 대표값으로 출력하여 가우시언 잡음(Gaussian noise)을 제거하는데 효과적인 필터를 말한다.

[프로그램 목록 4-1(t)]는 3×3 회선 윈도우를 사용하여 산술평균 필터를 적용하는 회선을 수행하고 그 결과를 표시하는 것을 나타낸 것이다. 여기서 3×3은 각각 회선 윈도우의 폭과 높이를 뜻한다. [프로그램 목록 4-1(u)]는 산술평균 필터를 적용하는 회선 프로그램을 나타낸 것이다. 일반적인 회선 알고리즘과 비슷하나, 마스크를 사용하지 않고 회선 윈도우에 대해서 처리한다는 점이 다른 점이다. 회선 윈도우에 해당되는 각 요소를 target이라는 일차원배열에 보관한 후 average()라는 루틴을 통해 평균을 구한다. index는 taget 배열의 색인에 해당되는 변수로 사용되었다. [프로그램 목록 4-1(v)]은 회선할 때, 회선윈도우 내의 산술평균을 구하는 루틴을 나타낸 것이다.

[프로그램 목록 4-1(t): faConvolution의 Form1.cs]

```
private void averageItem_Click(object sender, System.EventArgs e)
{
   int[,] ResultArray = convolveAverage(grayArray, image.Width, image.Height, 3, 3);
   displayGrayArray(0, 0, ResultArray, bitmap.Width, bitmap.Height);
}
```

[프로그램 목록 4-1(u): faConvolution의 Form1.cs]

```
int[,] convolveAverage(int[,] G,int Width,int Height, int winCol,int winRow)
{
      int [,] R = new int[Height,Width];
      int x, y;
      int r, c, index;
      int xPad = winCol / 2;
      int yPad = winRow / 2;
         int winSize = winRow*winCol;
      int[] target = new int[winSize];
      for(y=0; y<Height-2*yPad; y++)
         for(x=0; x<Width-2*xPad; x++)
         {
            index = 0;
            for(r=0; r<winRow; r++)
               for(c=0; c<winCol; c++)
                  target[index++] = G[y+r, x+c];
            R[y+yPad,x+xPad] = average(target, winSize);
         }
      for(y=0; y<yPad; y++)
         for(x=xPad; x<Width-xPad; x++)
         {
            R[y, x] = R[yPad, x];
            R[Height-1-y,x] = R[Height-1-yPad, x];
         }
      for(x=0; x<xPad; x++)
         for(y=0; y<Height; y++)
         {
            R[y, x] = R[y, xPad];
            R[y, Width-1-x] = R[y, Width-1-xPad];
         }
      return R;
}
```

[프로그램 목록 4-1(v): faConvolution의 Form1.cs]

```
int average(int[] target, int tsize)
{
    int sum =0;
    int i;
    for(i=1; i<tsize; i++)
        sum += target[i];
    return (int)((double)sum/(double)tsize + 0.5);
}
```

그림 4-24 평균 필터 적용 예

[그림 4-24]는 가우시언 잡음을 가진 영상에 대해 평균 필터를 적용한 예이다.

[프로그램 목록 4-1(w): faConvolution의 Form1.cs]

```
private void maximumItem_Click(object sender, System.EventArgs e)
{
   int[,] ResultArray = convolveMax(grayArray, image.Width, image.Height, 3, 3);
   displayGrayArray(0, 0, ResultArray, bitmap.Width, bitmap.Height);
}
int[,] convolveMax(int[,] G,int Width,int Height, int winCol,int winRow)
{
     int [,] R = new int[Height,Width];
     int x, y;
     int r, c, index;
     int xPad = winCol / 2;
     int yPad = winRow / 2;
        int winSize = winRow*winCol;
     int[] target = new int[winSize];
     for(y=0; y<Height-2*yPad; y++)
        for(x=0; x<Width-2*xPad; x++)
        {
          index = 0;
          for(r=0; r<winRow; r++)
             for(c=0; c<winCol; c++)
               target[index++] = G[y+r, x+c];
          R[y+yPad,x+xPad] = maximum(target, winSize);
        }
     for(y=0; y<yPad; y++)
     {
        for(x=xPad; x<Width-xPad; x++)
        {
          R[y, x] = R[yPad, x];
          R[Height-1-y,x] = R[Height-1-yPad, x];
        }
     }
     for(x=0; x<xPad; x++)
     {
        for(y=0; y<Height; y++)
        {
          R[y, x] = R[y, xPad];
          R[y, Width-1-x] = R[y, Width-1-xPad];
        }
        }
     return R;
}
int maximum(int[] target, int tsize)
{
     int max = target[0];
```

```
        int i;
        for(i=1; i<tsize; i++)
            if(target[i]>max) max=target[i];
        return max;
}
```

2) 최대값 필터

회선 윈도우의 최대값을 대표값으로 출력하여 극단적으로 작은 임펄스 값을 제거하는데 유용한 필터를 말한다. 영상에 최대값 필터를 적용하면 어두운 스파크(spark)를 제거하며 [그림 4-25]처럼 전체적으로 밝아지는 효과를 거둘 수 있다.

그림 4-25 최대값 필터 적용 예

[프로그램 목록 4-1(w)]는 3×3 회선윈도우를 사용하여 최대값 필터를 적용하는 회선을 수행하고 그 결과를 표시하는 것을 나타낸 것이다. convolveMax()는 최대값 필터를 적용하는 회선 메소드를 나타낸 것이다. maximum()은 회선할 때 회선 윈도우 내의 최대값을 구하는 메소드를 나타낸 것이다.

그림 4-26 최소값 필터 적용 예

[프로그램 목록 4-1(x): faConvolution의 Form1.cs]

```
private void minimumItem_Click(object sender, System.EventArgs e)
{
   int[,] ResultArray = convolveMin(grayArray, image.Width, image.Height, 3, 3);
   displayGrayArray(0, 0, ResultArray, bitmap.Width, bitmap.Height);
}
int[,] convolveMin(int[,] G,int Width,int Height, int winCol,int winRow)
{
     int [,] R = new int[Height,Width];
     int x, y;
     int r, c, index;
     int xPad = winCol / 2;
     int yPad = winRow / 2;
       int winSize = winRow*winCol;
     int[] target = new int[winSize];
     for(y=0; y<Height-2*yPad; y++)
       for(x=0; x<Width-2*xPad; x++)
       {
         index = 0;
         for(r=0; r<winRow; r++)
           for(c=0; c<winCol; c++)
             target[index++] = G[y+r, x+c];
         R[y+yPad,x+xPad] = minimum(target, winSize);
       }
     for(y=0; y<yPad; y++)
       for(x=xPad; x<Width-xPad; x++)
       {
         R[y, x] = R[yPad, x];
         R[Height-1-y,x] = R[Height-1-yPad, x];
       }
     for(x=0; x<xPad; x++)
       for(y=0; y<Height; y++)
       {
         R[y, x] = R[y, xPad];
         R[y, Width-1-x] = R[y, Width-1-xPad];
       }
```

```
        return R;
}
int minimum(int[] target, int tsize)
{
        int min = target[0];
        int i;
        for(i=1; i<tsize; i++)
        {
            if(target[i]<min) min=target[i];
        }
        return min;
}
```

3) 최소값 필터

회선 윈도우의 최소값을 대표값으로 출력하여 극단적으로 큰 임펄스 값을 제거하는데 유용한 필터로서, 밝은 스파크를 제거하여 [그림 4-26]과 같이 전체적으로 약간 어두워지는 효과를 거둘 수 있다. [프로그램 목록 4-1(x)]는 3×3 회선 윈도우를 사용하여 최소값 필터를 적용하는 회선을 수행하고 그 결과를 표시하는 것을 나타낸 것이다. convolveMin() 메소드는 최소값 필터를 적용하는 회선 프로그램을 나타낸 것이다. minimum() 메소드는 회선할 때 회선 윈도우 내의 최소값을 구하는 루틴을 나타낸 것이다.

4) 중간값 필터(Median Filter)

회선 윈도우의 중간값을 대표값으로 출력하여 임펄스 잡음을 제거하기 위한 효과적인 방법으로서 강한 에지를 보존하고 기존의 에지들을 좀더 상세하게 보존할 수 있으며 어두운 스파크나 밝은 스파크를 가진 영상에 대해서도 모두 좋은 잡음제거 효과를 가진다는 특징을 가지고 있다.

그림 4-27 혼합 및 어두운 스파크를 위한 중간값 필터 적용 예

[프로그램 목록 4-1(y): faConvolution의 Form1.cs]

```
private void medianItem_Click(object sender, System.EventArgs e)
{
   int[,] ResultArray = convolveMedian(grayArray, image.Width, image.Height, 3, 3);
   displayGrayArray(0, 0, ResultArray, bitmap.Width, bitmap.Height);
}
int[,] convolveMedian(int[,] G,int Width,int Height, int winCol,int winRow)
{
     int [,] R = new int[Height,Width];
     int x, y;
     int r, c, index;
     int xPad = winCol / 2;
     int yPad = winRow / 2;
        int winSize = winRow*winCol;
     int[] target = new int[winSize];
     for(y=0; y<Height-2*yPad; y++)
        for(x=0; x<Width-2*xPad; x++)
        {
          index = 0;
          for(r=0; r<winRow; r++)
             for(c=0; c<winCol; c++)
               target[index++] = G[y+r, x+c];
```

```
            R[y+yPad,x+xPad] = median(target, winSize);
        }
    for(y=0; y<yPad; y++)
    {
        for(x=xPad; x<Width-xPad; x++)
        {
            R[y, x] = R[yPad, x];
            R[Height-1-y,x] = R[Height-1-yPad, x];
        }
    }
    for(x=0; x<xPad; x++)
    {
        for(y=0; y<Height; y++)
        {
            R[y, x] = R[y, xPad];
            R[y, Width-1-x] = R[y, Width-1-xPad];
        }
        }
    return R;
}
int median(int[] target, int tsize)
{
    int i, j, t;
    for(i=0; i<tsize-1; i++)
        for(j=i+1; j<tsize; j++)
        {
            if(target[i]>target[j])
            {
                t=target[i];
                target[i]=target[j];
                target[j]=t;
            }
        }
    return (target[tsize/2]);
}
```

[그림 4-27]은 혼합 및 어두운 스파크를 가지고 있는 영상에 대해 중간값 필터를 적용한 예를 나타낸 것이다.

[프로그램 목록 4-1(y)]는 3×3 회선 윈도우를 사용하여 중간값 필터를 적용하는 회선을 수행하고 그 결과를 표시하는 것을 나타낸 것이다. convolveMedian() 메소드는 중간값 필터를 적용하는 회선 프로그램을 나타낸 것이다. median() 메소드는 회선할 때 회선 윈도우 내의 중간값을 구하는 루틴을 나타낸 것이다. 여기서는 비교적 이해하기 쉬운 버블 소트(bubble sort) 알고리즘을 제시하였으나 실제로는 평균 연산 속도가 보다 빠른 정렬 알고리즘을 사용하

는 것이 바람직하다.

[그림 4-28]는 혼합 및 밝은 스파크를 가지고 있는 영상에 대해 중간값 필터를 적용한 예를 나타낸 것이다. 최대값/최소값 필터와 달리 모두 다 좋은 결과를 보인다는 것을 알 수 있다.

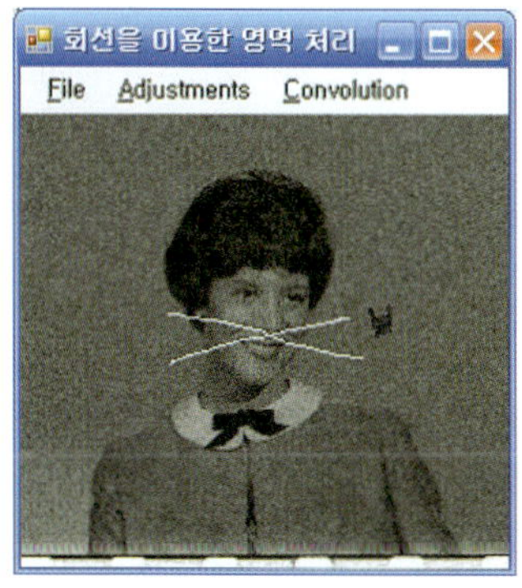

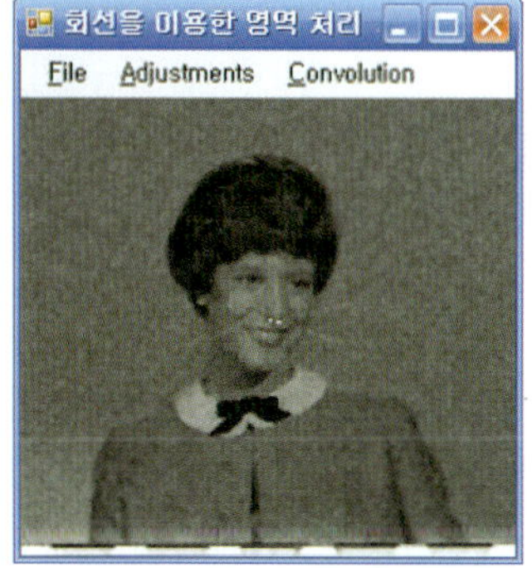

그림 4-28 밝은 스파크를 위한 중간값 필터 적용 예

4.5 EmguCV에 의한 영역처리

[그림 4-29]는 EmguCV를 이용한 영역 중심 영상처리를 위한 윈도우즈 폼 설계를 한 것으로 [그림 4-4] 메뉴에서 'Laplacian0Cross' 와 ' Log0Cross' 부분을 없앤 것이다.

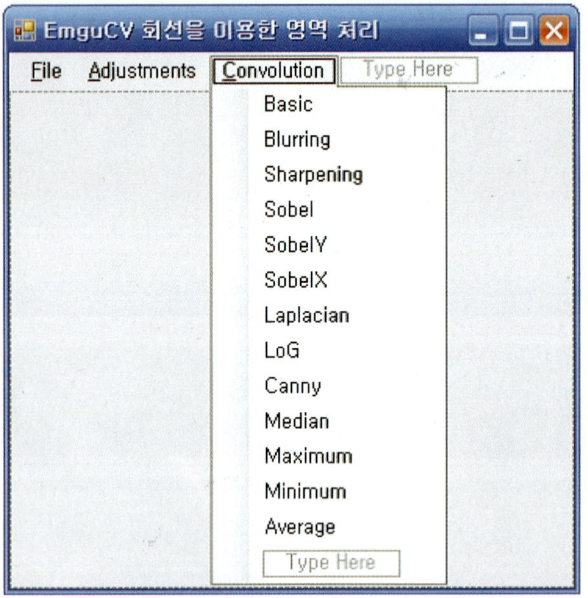

그림 4-29 EmguCV를 이용한 영역 중심 영상처리 메뉴

먼저 [프로그램 목록 4-2(a)]는 EmguCV를 이용한 영역 중심 영상처리를 위한 프로그램의 한 부분을 나타낸 것으로 basicItem_Click() 메소드는 [그림 4-5]의 볼록 마스크를 이용하여 회선하는 'basic' 메뉴에 대한 이벤트 핸들러이고, blurringItem_Click() 메소드는 EmguCV의 Image 제네릭 클래스의 메소드인 SmoothBlur() 메소드를 이용해서 회선 윈도우의 크기 5×5로 블러링을 수행하는 메소드이며, sharpeningItem_Click() 메소드는 [그림 4-9]의 가운데 사프닝 마스크를 이용하여 샤프닝을 수행하는 것이다.

[프로그램 목록 4-2(a): Emgu201Convolution의 Form1.cs]

```
private void basicItem_Click(object sender, EventArgs e)
{
    float[,] mask = { { 0.0f, -1.0f, 0.0f }, { -1.0f, 0.0f, 1.0f }, { 0.0f, 1.0f, 0.0f } };
    ConvolutionKernelF conKernel = new ConvolutionKernelF(mask);
    Image<Gray, float> imageCon = imageObj.Convert<Gray, float>();
    imageCon = imageCon.Convolution(conKernel);
    ibCanvas.Image = imageCon;
}

private void blurringItem_Click(object sender, EventArgs e)
{
    Image<Gray, float> imageCon = imageObj.Convert<Gray, float>();
    imageCon = imageCon.SmoothBlur(5, 5);
    ibCanvas.Image = imageCon;
}

private void sharpeningItem_Click(object sender, EventArgs e)
{
    float[,] mask = { { 0.0f, -1.0f, 0.0f }, { -1.0f, 5.0f, -1.0f }, { 0.0f, -1.0f, 0.0f } };
    ConvolutionKernelF conKernel = new ConvolutionKernelF(mask);
    Image<Gray, float> imageCon = imageObj.Convert<Gray, float>();
    imageCon = imageCon.Convolution(conKernel);
    ibCanvas.Image = imageCon;
}
```

basicItem_Click()과 sharpeningItem_Click() 메소드는 각각의 회선 마스크를 float 형의 2차원 배열로 만드는 ConvolutionKernelF형을 설정하고 영상 데이터는 Image<Gray, float>형으로 변환하여 Image 제네릭 클래스의 Convolution() 메소드를 이용해서 회선을 수행한다. 볼록 마스크를 적용한 결과가 [그림 4-30]과 같이 나타나는 것으로 보아 Convolution() 메소드는 엄밀히 말하면 [프로그램 목록 4-1(b)]와 [프로그램 목록 4-1(d)]에서 사용하는 [프로그램 목록 4-1(a)의 convole() 메소드가 아닌 [프로그램 목록 4-1(k)]에서 사용한 convolvcNoBias()와 같다. 즉 회선을 하면서 마스크 연산 결과에 대해 부호를 그대로 가지고 있고 바이어스 값을 부여하지 않았다는 것을 알 수 있다. 이것은 ImageBox인 ibCanvas에서 음수 범위를 갖는 것도 자연스럽게 눈에 보이게 표시해주는 기능이 있기 때문에 가능한 것이다. 이 후의 부분에서도 OpenCV 함수를 사용하는 EmguCV의 특성 때문에 GDI+를 이용해서 처리한 결과와 약간은 달라 보일 수 있다는 것을 감안해야 한다.

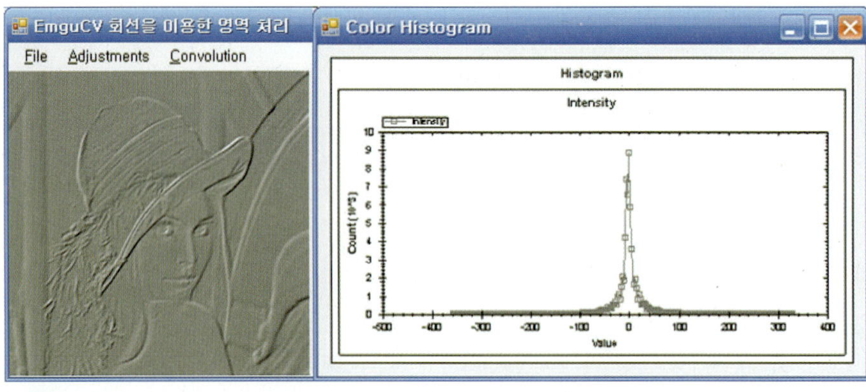

그림 4-30 EmguCV를 이용한 볼록 마스크 적용 예

[프로그램 목록 4-2(b): Emgu201Convolution의 Form1.cs]

```
private void sobelItem_Click(object sender, EventArgs e)
{
    Image<Gray, float> imageCon = imageObj.Convert<Gray, float>();
    imageCon = imageCon.Sobel(1, 1, 3);
    ibCanvas.Image = imageCon;
    HistogramViewer.Show(imageCon);
}

private void sobelYItem_Click(object sender, EventArgs e)
{
    Image<Gray, float> imageCon = imageObj.Convert<Gray, float>();
    imageCon = imageCon.Sobel(0, 1, 3);
    ibCanvas.Image = imageCon;
    HistogramViewer.Show(imageCon);
}

private void sobelXItem_Click(object sender, EventArgs e)
{
    Image<Gray, float> imageCon = imageObj.Convert<Gray, float>();
    imageCon = imageCon.Sobel(1, 0, 3);
    ibCanvas.Image = imageCon;
    HistogramViewer.Show(imageCon);
}
```

[프로그램 목록 4-2(b)]는 1차 미분 마스크의 대표적인 소벨(Sobel) 마스크를 적용한 프로그램이다. Image 제네릭 클래스의 메소드인 Sobel(xorder, yorder, aperture_size) 메소드를 적용할 때 수평 방향 미분 마스크(Gx)를 적용하려면 (xorder=1, yorder=0, aperture_size=3), 수직 방향 미분 마스크(Gy)

를 적용하려면 (xorder=0, yorder=1, aperture_size=3), 수평과 수직 방향 미분 마스크(Gx, Gy)를 적용하려면 (xorder=1, yorder=1, aperture_size=3)과 같이 인수값을 정해주면 된다.

[프로그램 목록 4-2(c): Emgu201Convolution의 Form1.cs]

```
private void laplacianItem_Click(object sender, EventArgs e)
{
    Image<Gray, float> imageCon = imageObj.Convert<Gray, float>();
    imageCon = imageCon.Laplace(3);
    ibCanvas.Image = imageCon;
    HistogramViewer.Show(imageCon);
}

private void loGItem_Click(object sender, EventArgs e)
{
    float[,] mask = { {0.0f, 0.0f, 3.0f,   2.0f,   2.0f,   2.0f,  3.0f, 0.0f, 0.0f},
                      {0.0f, 2.0f, 3.0f,   5.0f,   5.0f,   5.0f,  3.0f, 2.0f, 0.0f},
                      {3.0f, 3.0f, 5.0f,   3.0f,   0.0f,   3.0f,  5.0f, 3.0f, 3.0f},
                      {2.0f, 5.0f, 3.0f, -12.0f, -23.0f, -12.0f,  3.0f, 5.0f, 2.0f},
                      {2.0f, 5.0f, 0.0f, -23.0f, -40.0f, -23.0f,  0.0f, 5.0f, 2.0f},
                      {2.0f, 5.0f, 3.0f, -12.0f, -23.0f, -12.0f,  3.0f, 5.0f, 2.0f},
                      {3.0f, 3.0f, 5.0f,   3.0f,   0.0f,   3.0f,  5.0f, 3.0f, 3.0f},
                      {0.0f, 2.0f, 3.0f,   5.0f,   5.0f,   5.0f,  3.0f, 2.0f, 0.0f},
                      {0.0f, 0.0f, 3.0f,   2.0f,   2.0f,   2.0f,  3.0f, 0.0f, 0.0f}
    };
    ConvolutionKernelF conKernel = new ConvolutionKernelF(mask);
    Image<Gray, float> imageCon = imageObj.Convert<Gray, float>();
    imageCon = imageCon.Convolution(conKernel);
    ibCanvas.Image = imageCon;
    HistogramViewer.Show(imageCon);
}

private void cannyItem_Click(object sender, EventArgs e)
{
    Gray thresh = new Gray(30.0);
    Gray threshLinking = new Gray(200.0);
    Image<Gray, byte> imageObj2 = imageObj;
    imageObj2 = imageObj2.Canny(thresh, threshLinking);
    ibCanvas.Image = imageObj2;
}
```

[프로그램 목록 4-2(c)]의 laplacianItem_Click() 베소느는 2차 비분 마스크의 대표적인 라플라시안(Laplacian) 마스크를 적용한 것이고, loGItem_Click() 매소드는 가우시안-라플라시안 마스크를 적용한 것이며, cannyItem_Click()

메소드는 캐니 오퍼레이터를 적용한 것이다. 가우시안-라플라시안은 마스크를 정해주고 Convolution() 메소드를 적용하면 되고, 라플라시안과 캐니 오퍼레이터는 Image 제네릭 클래스의 메소드인 Laplace()와 Canny() 메소드를 사용한다. Laplace() 메소드의 인수는 마스크의 크기를 말한다. Canny() 메소드의 인수로는 하한(thresh)과 상한(threshLinking)을 필요로 한다. 컬러영상의 경우에는 Gray 대신 Bgr 형으로 B, G, R 3개의 값을 지정해준다.

[프로그램 목록 4-2(d): Emgu201Convolution의 Form1.cs]

```
private void medianItem_Click(object sender, EventArgs e)
{
    imageObj = imageObj.SmoothMedian(3);
    ibCanvas.Image = imageObj;
}

private void maximumItem_Click(object sender, EventArgs e)
{
    imageObj = imageObj.Dilate(1);
    ibCanvas.Image = imageObj;
}

private void minimumItem_Click(object sender, EventArgs e)
{
    imageObj = imageObj.Erode(1);
    ibCanvas.Image = imageObj;
}

private void averageItem_Click(object sender, EventArgs e)
{
    float[,] mask = { { 1.0f / 9.0f, 1.0f / 9.0f, 1.0f / 9.0f },
                      { 1.0f / 9.0f, 1.0f / 9.0f, 1.0f / 9.0f },
                      { 1.0f / 9.0f, 1.0f / 9.0f, 1.0f / 9.0f }
    };
    ConvolutionKernelF conKernel = new ConvolutionKernelF(mask);
    Image<Gray, float> imageCon = imageObj.Convert<Gray, float>();
    imageCon = imageCon.Convolution(conKernel);
    ibCanvas.Image = imageCon;
}
```

[프로그램 목록 4-2(d)]는 중간값 필터의 이벤트 핸들러인 medianItem_Click(), 최대값 필터의 이벤트 핸들러인 maximumItem_Click(), 최소값 필터의 이벤트 핸들러인 minimumItem_Click(), 평균값 필터의 이벤트 핸들러인 averageItem_Click() 메소드를 나타낸 것이다. Image 제네릭 클래스의 메소드

SmoothMedian()는 중간값 필터를 적용하는 메소드로서 인수는 회선 윈도우의 크기를 나타낸다. Dilate(), Erode()는 각각 모폴로지 연산의 팽창과 침식에 대한 메소드로 Dilate()는 최대값 필터로서, Erode()는 최소값 필터로서 역할을 한다. 두 메소드 모두 인수로 반복횟수를 필요로 한다. 평균값 필터를 적용하는 것은 3×3 마스크의 각 요소의 값으로 1/9로 하여 회선을 하게 되면 결국 3×3 마스크와 회선 윈도우가 서로 곱해져서 평균값을 구하는 것이 된다는 것을 이용한다.

연/습/문/제

[기초문제]

※ 빈 칸에 가장 알맞은 말을 넣으시오.

1. 영역처리는 특정 픽셀 주변의 값을 고려하여 그 값을 변경시킴으로써 영상을 (　　　)시키거나, 영상 분석에 필요한 특징점 및 (　　　)를 검출하는 것이다. 영역처리는 대부분 마스크(mask)를 사용하여야 하며, (　　　) 크기만큼의 주변 값을 반영하여 마스크 (　　　) 위치의 픽셀 값을 조정하고, 이를 영상 전체에 대해 적용하도록 하는 (　　　) 기법을 필요로 한다.

2. (　　　)은 영상의 세세한 부분을 제거하는 효과를 갖게 하여 배경이나 초점을 흐리게 하는 영상처리를 말한다. 이 방법의 예를 들면, 특정 픽셀에 대한 새로운 값으로 주변 픽셀들의 평균을 취하는 것이다. 이것은 3*3마스크의 경우, 마스크 가중치의 합이 1이 되도록 각 마스크 요소값을 모두 (　　　)로 정하여 회선하도록 하는 것과 같다.

3. (　　　)은 영상의 세세한 부분을 더욱 강조하는 효과를 갖게 하여 초점을 또렷하게 하고 상세한 부분을 더욱 강조하게 하는 영상처리를 말한다. 이를 위한 마스크의 (　　　)는 중심 부분은 크게 하고 주변은 작게 하는 것이다.

4. 에지를 검출하기 위한 간단한 방법으로는 특정 픽셀을 기준으로 주변의 픽셀과의 (　　　) 값의 차이가 가장 큰 것에 가산치를 더하여 새로운 픽셀값으로 정하는 것이다. 이 방법은 빠른 에지 검출을 할 수 있지만 가산치, 상하한의 임계치에 따라 검출되는 에지의 (　　　)이 좀 떨어질 수 있다.

5. 에지를 검출하는데 있어서 명도 변화의 (　　　)를 미분에 의해 구할 수 있으므로 미분값을 이용하는 방법이 많이 사용된다. 이 방법은 속도는 약간 떨어지지만 정확성이 높다. 미분 마스크를 이용하는 경우, 미분값이 크거나 작은 곳이 명도의 변화가 심한 곳이므로 이곳을 에지로 삼는다.

6. (　　　) 미분 마스크의 경우, 수평 방향 미분과 수직 방향 미분이 다르므

로 수평 방향 미분을 위한 마스크와 수직 방향 미분을 위한 마스크가 둘 다 필요하다. 수평 방향 미분을 위한 마스크(G_x)를 적용하면 ( )에 해당되는 ( ) 에지가 잘 검출되고, 수직 방향 미분을 위한 마스크 (G_y)를 적용하면 ( ) 에지가 더 잘 검출된다.

7. 2차 미분 마스크 ( ) 마스크가 잡음에 민감한 점을 개선하기 위하여 잡음을 개선시켜주는 ( ) 함수에 결합시킨 것이 바로 가우시안-라플라시안(Laplacian of a Gaussian) 마스크이다.

8. ( )는 가우스 함수에 1차미분을 추가한다는 아이디어를 실현하여 에지 추출 마스크 효과를 거두는 것이다. 먼저 가우스시안 마스크를 이용해 ( )을 수행하고, 1차미분 마스크인 ( ) 마스크를 x 방향과 y방향에 대해 적용하여 에지를 검출한다.

9. 산술평균 필터란 회선 윈도우의 산술평균값을 대표값으로 출력하여 ( )잡음을 제거하는데 효과적인 필터를 말한다.

10. 최대값 필터는 회선 윈도우의 최대값을 대표값으로 출력하여 극단적으로 ( ) 임펄스 값을 제거하는데 유용한 필터로서 어두운 스파크(spark)를 제거하며 전체적으로 밝아지는 효과를 거둘 수 있다.

11. 어두운 스파크나 밝은 스파크를 가진 영상에 대해서도 모두 좋은 잡음 제거 효과를 가진다는 특징을 가지고 있는 것은 ( ) 필터이다.

12. EmguCV 환경에서 회선을 수행하기 위해서는 회선 마스크를 float 형의 2차원 배열로 만드는 ( )형으로 설정하고 영상 데이터는 Image<Gray, ( )>형으로 변환하여 Image 제네릭 클래스의 ( ) 메소드를 이용하면 된다.

13. EmguCV 환경에서 1차 미분 마스크의 대표적인 ( ) 마스크를 적용하여 회선을 수행하려면 Image 제네릭 클래스의 메소드인 Sobel(xorder, yorder, aperture_size) 메소드를 적용하면 된다. 이것의 ( ) 방향 미분 마스크(Gx)를 적용하려면 (xorder=1, yorder=0, aperture_size=3), ( ) 방향 미분 마스크(Gy)를 적용하려면 (xorder=0, yorder=1, aperture_size

=3), (　　　　) 방향 미분 마스크(Gx, Gy)를 적용하려면 (xorder=1, yorder=1, aperture_size=3)과 같이 인수값을 정해주면 된다.

14. EmguCV 환경에서 (　　　　)과 (　　　　)는 Image 제네릭 클래스의 메소드인 Laplace()와 Canny() 메소드를 사용한다. Laplace() 메소드의 인수는 (　　　　)를 말한다. Canny() 메소드의 인수로는 (　　　)과 (　　　)을 필요로 한다.

15. EmguCV 환경에서 Image 제네릭 클래스의 메소드 (　　　　　　)는 중간값 필터를 적용하는 메소드로서 인수는 (　　　　)의 크기를 나타낸다.

[심화문제]

1. 회선(convolution)에 관한 다음 사항을 기술하시오.

   1) 회선 기법

   2) 회선 마스크

   3) 회선 윈도우

   4) 회선 과정

2. 유사 연산자 에지 검출기와 차 연산자 에지 검출기의 특징과 차이점을 간략히 비교 설명하시오.

   1) 유사 연산자

2) 차 연산자

3. 최대값 필터링, 최소값 필터링, 중간값 필터링의 특징과 차이점을 간략히 비교 설명하시오.

   1) 최대값

   2) 최소값

   3) 중간값

4. 다음 마스크의 역할을 보기에서 골라 그 번호를 적으시오.

   [보기]

   ① 엠보싱(embossing) ② 사프닝(sharpening) ③ 블러링(blurring)
   ④ 프리윗(Prewitt) ⑤ 소벨(Sobel) ⑥ 라플라시안(Laplacian)

1) -1 0 0
0 0 0
0 0 1

2) 1/9 1/9 1/9
1/9 1/9 1/9
1/9 1/9 1/9

3) 0 -1 0
-1 -5 -1
0 -1 0

4) 1 0 -1
1 0 -1
1 0 -1

5) 1 0 -1
2 0 -2
1 0 -1

6) -1 -1 -1
-1 8 -1
-1 -1 -1

5. 마스크에 가중치를 준 경우의 회선과 마스크에 가중치를 주지 않은 경우의 회선에 대한 차이점을 간략히 설명하고, 그 활용 예를 들어 보시오.

6. GDI+에 의한 영상의 영역처리와 EmguCV를 이용한 영상의 영역처리를 간략히 비교 설명하시오.

영상의 기하학적 변환

5.1 영상의 기하학적 변환의 개요

영상의 기하학적 변환이란 기하학적 변환 처리는 하나의 픽셀, 또는 픽셀 주변의 영역의 상태에 따라 픽셀 값을 변경시키는 픽셀 중심 처리, 영역처리와 달리 영상 전체 또는 일정 영역에 대해 일정한 규칙을 적용하여 전체 모양이나 성분들을 변환시키는 것이다. 즉, 영상에 대해 [그림 5-1]과 같이 $x-y$ 이동, 좌우-상하 교환, 확대-축소, 회전 등과 같은 기하학적 변환 규칙을 영상에 적용하여 픽셀들의 배치를 변경하는 처리를 말한다.

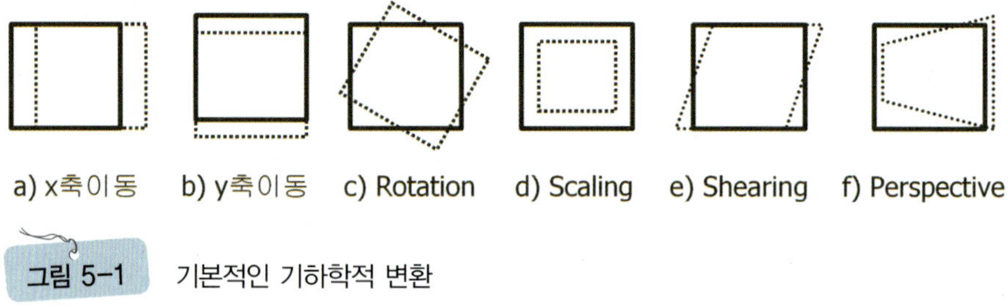

그림 5-1 기본적인 기하학적 변환

기하학적 변환 규칙은 행렬로써 표현이 가능한데 변환 행렬(M)을 원 영상의 각 픽셀에 적용하면 새 영상의 픽셀 위치를 구할 수 있다. 변환 전의 위치를 $P(x, y)$라 하고 변환 후의 위치를 $P'(x', y')$라고 하면 다음과 같이 표현된다.

$$P' = \mathbf{M}_p \Leftrightarrow \begin{bmatrix} X \\ Y \\ W \end{bmatrix} = \begin{bmatrix} m_0 & m_1 & m_2 \\ m_3 & m_4 & m_5 \\ m_6 & m_7 & m_8 \end{bmatrix} \begin{bmatrix} x \\ y \\ w \end{bmatrix}$$

$$P' = \begin{bmatrix} \frac{X}{W} \\ \frac{Y}{W} \end{bmatrix} = \begin{bmatrix} x' \\ y' \end{bmatrix}$$

여기서 w는 동차 요소 (homogeneousness factor) 또는 스케일요소(scale factor)이다.

카메라의 이동과 회전에 의한 영상변환의 경우는 [그림 5-2]와 같은 관계로부터 $\boldsymbol{M}$의 각 요소를 구할 수 있다. $\boldsymbol{M}$의 요소 m_0, m_1, m_3, m_4는 회전과 크기를 가지는 요소이고, m_2, m_5는 이동을 가지는 요소이며, m_6, m_7은 비례 변환 요소, m_8은 1을 나타낸다.

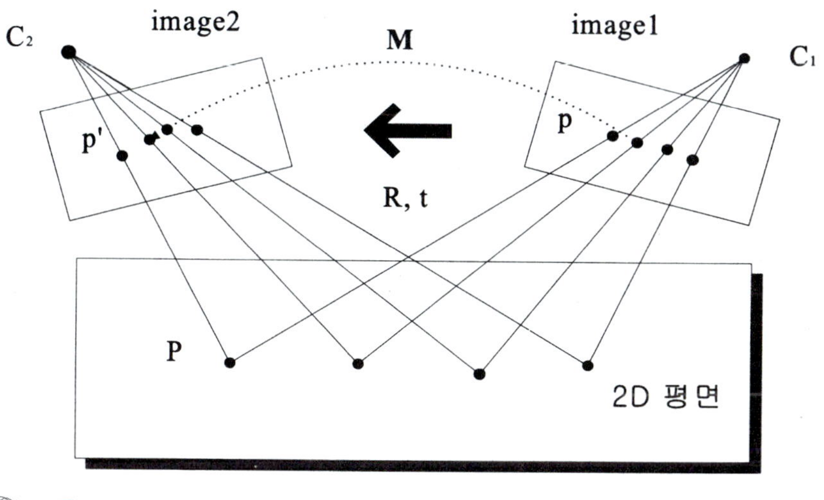

그림 5-2 투영 변환의 원리

그러나 실제로는 이러한 원 영상을 기준으로 원 영상의 각 픽셀에 대해 변환 행렬을 적용하여 새로운 위치를 결정하는 방법보다는 미리 새 영상의 크기만 이 변환에 의해 구한 다음, 역으로 새 영상을 기준으로 새 영상의 새로운 픽셀에 역행렬을 적용하여 원 영상의 위치를 구하고 여기에 보간법을 적용하여 가장 근사한 픽셀값을 구하여 이를 새로운 위치의 픽셀값으로 결정하는 방법을 사용한다.

1) x-y 이동

영상 전체를 (x, y) 만큼 이동시키는 것은 두 개 이상의 영상을 합쳐서 하나의 좌표계로 나타내고자 할 때, 특정 한 영상의 좌표계로 다른 영상의 좌표를 이동할 때 유용하게 사용된다. 그러나 하나의 영상 내에서 이동을 하는 것은 전체보다는 영상의 일부분을 영상의 다른 부분으로 이동하는 것이 의미 있는 일이므로 여기서는 부분이동에 대해 다루고자 한다. 이것은 기하학적 처리 중 비교적 간단한 방법에 속한다.

[프로그램 목록 5-1(a)]는 이동할 원시 영역의 좌상 좌표(xStart, yStart)와 폭(mWidth), 높이(mHeight)를 지정하여 moveRange()라는 이동 루틴을 호출하여 이동을 수행하고 그 결과를 표시하는 것을 나타낸다.

[프로그램 목록 5-1(a): faGeometryTransform의 Form1.cs]

```
private void moveItem_Click(object sender, System.EventArgs e)
{
   int mWidth  = image.Width/4;
   int mHeight = image.Height/4;
   int xStart   = image.Width/2 - mWidth/2;
   int yStart   = image.Height/2 - mHeight/2;
   int xEnd     = image.Width - mWidth;
   int yEnd     = image.Height - mHeight;
   int[,] ResultArray =
          moveRange(grayArray,image.Width,image.Height,xStart,yStart,xEnd,yEnd,mWidth,mHeight);
   displayGrayArray(0, 0, ResultArray, image.Width, image.Height);
}

int[,] moveRange(int[,] G ,int Width, int Height, int xStart, int yStart,
                                              int xEnd,  int yEnd, int mWidth, int mHeight)
{
     int [,] R = new int[Height,Width];
     int x, y;
     for(y=0; y<Height; y++)
        for(x=0; x<Width; x++)
          R[y,x] = G[y,x];
     for(y=0; y<mHeight; y++)
        for(x=0; x<mWidth; x++)
          R[y+yEnd, x+xEnd] = G[y+yStart, x+xStart];
     return R;
}
```

moveRange()는 지정된 좌상 좌표(xStart, yStart)에서 폭(mWidth)과 높이 (mHeight)만큼의 영역을 좌상 좌표가 (xEnd, yEnd)인 새로운 목적 영역으로 각 픽셀 값들이 복사되게 하는 명령들로 구성된다. [그림 5-3]은 이 프로그램들의 처리 결과의 예를 보인 것이다.

2) 미러링(mirroring)

영상의 중간 부분에서 y축을 기준으로 좌우 대칭되는 픽셀들을 교환하는

그림 5-3 영상 부분 영역 이동 예

수평 미러링과 x축을 기준으로 상하 대칭되는 픽셀들을 교환하는 수직 미러링이 있으며 대칭 이동을 뜻한다.

(1) 수평 미러링

영상의 폭 중간에 수직선(y축)이 있다고 가정하고 이 y축을 기준으로 좌우 대칭되는 픽셀값을 교환하는 것(대칭이동)을 말한다. [프로그램 목록 5-1(b)]는 mirrorH()라는 수평 미러링 메소드를 호출하여 수평 미러링을 수행하고 그 결과를 표시한다. 수평 미러링은 영상의 정중앙을 가로지르는 수직선을 기준으로 각 좌표를 수평 대칭 이동시키는 것으로 $(0, y)$ 기준이 아닌 $(\text{width}/2, y)$를 기준으로 대칭 이동되므로 (x, y)가 $(-x, y)$로 변환 관계를 갖는 것이 실제로는 $(\text{width}-1-x, y)$로 변환 관계를 갖는 것으로 해석되어야 한다.

[프로그램 목록 5-1(b): faGeometryTransform의 Form1.cs]

```
private void horizontalItem_Click(object sender, System.EventArgs e)
{
    int[,] ResultArray = mirrorH(grayArray, image.Width, image.Height);
    displayGrayArray(0, 0, ResultArray, image.Width, image.Height);
}

int[,] mirrorH(int[,] G, int Width, int Height)
{
```

```
    int [,] R = new int[Height,Width];
    int x, y;

    for(y=0; y<Height; y++)
       for(x=0; x<Width; x++)
          R[y,x] = G[y,Width-1-x];
    return R;
}
```

그림 5-4 수평 미러링의 예

mirrorH()는 이러한 관계를 기준으로 수평 미러링 처리를 하는 메소드이다. 새롭게 생성되는 영상 배열의 각 요소 $R[y, x]$에는 (width $-1-x$, y)좌표에 해당되는 원 영상 배열의 각 요소 G[y, Width $-1-x$]가 복사된다. 이는 y축을 기준으로 좌우 교환이 이루어져야 하므로 y좌표는 그대로가 되고 x좌표만 대칭 관계가 되게 한 것을 나타내고 있다. [그림 5-4]는 수평 미러링의 처리 결과의 한 예를 보인 것이다.

(2) 수직 미러링

영상의 높이 중간에 수평선(x축)이 있다고 가정하고 이 x축을 기준으로 상하 교환하는 것을 말한다. [프로그램 목록 5-1(c)]는 mirrorV()라는 수직 미러링 메소드를 호출하여 수행하고 그 결과를 표시한다. 수직 미러링은 영상의 정중앙을 가로지르는 수평선을 기준으로 각 좌표를 수직 대칭 이동시키는 것으로 $(x, 0)$ 기준이 아닌 $(x, \text{height}/2)$를 기준으로 대칭 이동되므로 (x, y)가 $(x, -y)$로 변환 관계를 갖는 것이 실제로는 $(x, \text{height} - 1 - y)$로 변환 관계로 해석되어야 한다.

[프로그램 목록 5-1(c): faGeometryTransform의 Form1.cs]

```
private void verticalItem_Click(object sender, System.EventArgs e)
{
   int[,] ResultArray = mirrorV(grayArray, image.Width, image.Height);
   displayGrayArray(0, 0, ResultArray, image.Width, image.Height);
}

int[,] mirrorV(int[,] G, int Width, int Height)
{
     int [,] R = new int[Height,Width];
     int x, y;
     for(y=0; y<Height; y++)
        for(x=0; x<Width; x++)
          R[y,x] = G[Height-1-y,x];
     return R;
}
```

그림 5-5 수직 미러링의 예

mirrorV()는 새롭게 생성되는 영상 배열의 각 요소 $R[y, x]$에는 $(x, \text{height} - 1 - y)$좌표에 해당되는 원 영상 배열의 각 요소 G[Height − 1 − y, x]가 복사된다. 이는 x축을 기준으로 상하 교환이 이루어져야 하므로 x좌표는 그대로가 되고 *y*좌표만 대칭 관계가 되게 한 것을 나타내고 있다. [그림 5-5]는 수직 미러링의 처리 결과의 한 예를 보인 것이다.

[프로그램 목록 5-1(d): faGeometryTransform의 Form1.cs]

```
private void shrinkMeanItem_Click(object sender, EventArgs e)
{
   int range = 3;
   int[,] ResultArray = shrinkAverage(grayArray, image.Width, image.Height, range);
   this.ClientSize = new System.Drawing.Size(image.Width/range, image.Height/range);
   setShadowBitmap();
   displayGrayArray(0, 0, ResultArray, bitmap.Width, bitmap.Height);
}

int[,] shrinkAverage(int[,] G,int Width,int Height, int range)
{
     int newHeight = Height/range;
     int newWidth = Width/range;
     int targetSize = range*range;
     int [,] R = new int[newHeight, newWidth];
     int x, y, r, c;
     int[] target = new int[targetSize];
     int xx, yy;

     for(y=0; y<newHeight; y++)
     {
        yy = y*range;
        for(x=0; x<newWidth; x++)
        {
           xx = x*range;
           int index = 0;
           for(r=0; r<range; r++)
              for(c=0; c<range; c++)
                  target[index++] = G[yy+r, xx+c];
           R[y,x] = average(target, index);
        }
     }
     return R;
}
```

3) 축소

영상의 크기를 축소한다는 것은 영상의 픽셀수를 감소시킨다는 것을 의미한다. 이것은 축소비율의 역수만큼의 폭과 높이에 해당되는 블록을 하나의 픽셀로 대치함으로써 가능하다. 블록에 속하는 여러 픽셀을 하나의 픽셀로 나타내는 방법에 따라 평균값 표현과, 중간값 표현 방법으로 축소 방법을 구분할 수 있다.

[프로그램 목록 5-1(d)]는 shrinkAverage()라는 평균값 표현에 의한 축소 메소드를 호출하여 영상을 각 폭과 높이에 대해 1/3로 축소하는 루틴을 나타낸 것이다. shrinkAverage()는 픽셀의 블록을 그것의 평균값으로 대치하는 과정을 거치는데, 여기서 평균은 일차원 배열에 대한 평균을 구하는 [프로그램 목록 4-1(v)]의 average() 메소드를 재사용하여 구했음을 알 수 있다.

[프로그램 목록 5-1(e)]는 shrinkMedian()이라는 중간값 표현에 의한 축소 메소드를 호출하여 영상을 1/3로 축소한 다음 이를 표시하는 루틴을 나타낸 것이다.

[프로그램 목록 5-1(e): faGeometryTransform의 Form1.cs]

```
private void shrinkMedianItem_Click(object sender, EventArgs e)
{
   int range = 3;
   int[,] ResultArray = shrinkMedian(grayArray, image.Width, image.Height, range);
   this.ClientSize = new System.Drawing.Size(image.Width/range, image.Height/range);
   setShadowBitmap();
   displayGrayArray(0, 0, ResultArray, bitmap.Width, bitmap.Height);
}
int[,] shrinkMedian(int[,] G,int Width,int Height, int range)
{
     int newHeight = Height/range;
     int newWidth = Width/range;
     int targetSize = range*range;
     int [,] R = new int[newHeight, newWidth];
     int x, y;
     int r, c;
     int[] target = new int[targetSize];
     int xx;
     int yy;

     for(y=0; y<newHeight; y++)
     {
        yy = y*range;
        for(x=0; x<newWidth; x++)
        {
           xx = x*range;
           int index = 0;
           for(r=0; r<range; r++)
              for(c=0; c<range; c++)
                  target[index++] = G[yy+r, xx+c];
           R[y,x] = median(target, index);
        }
     }
     return R;
}
```

그림 5-6 영상 축소의 예

shrinkMedian()는 픽셀의 블록을 그것의 중간값으로 대치하는 과정을 거치는데, 여기서 중간값은 일차원 배열에 대한 평균을 구하는 [프로그램 목록 4-1(y)] 속에 있는 median() 메소드를 재사용하여 구했음을 알 수 있다.

[그림 5-6]은 영상 축소의 예를 보인 것으로 위 영상은 원 영상, 아래 좌측 영상은 평균값 표현에 의한 축소, 아래 우측은 중간값 표현에 의한 축소의 예이다.

ClientSize는 C#에서 현재 화면에 표시되는 윈도우즈 폼의 크기를 의미하므로영상의 크기를 축소하거나 확대하여 윈도우즈 폼에 표시하려면 이것을 조정해야 한다. shrinkMeanItem_Click()과 shrinkMedianItem_Click() 메소드에서 ClientSize의 폭과 높이를 조정하고 setShadowBitmap() 메소드를 호출한 것은 축소되는 윈도우 폼 크기를 재정의하면서 그 크기만큼의 섀도우 비트맵의 크기도 재정의하기 위한 것이다. displayGrayArray()는 섀도우 비트맵과 연결된 그래픽 객체 grBm을 통해 확대 결과 영상정보가 있는 배열 ResultArray를 폼에 출력하고 새도우 비트맵에 그대로 복사되게 한다.

[프로그램 목록 5-1(f): faGeometryTransform의 Form1.cs]

```
private void enlargeItem_Click(object sender, System.EventArgs e)
{
   double wScale = 2.0;
   double hScale = 1.5;
   int[,] ResultArray = enlarge(grayArray, image.Width, image.Height, wScale, hScale);
   this.ClientSize=new System.Drawing.Size((int)(image.Width*wScale),(int)(image.Height*hScale));
   setShadowBitmap();
   displayGrayArray(0, 0, ResultArray, bitmap.Width, bitmap.Height);
}
int[,] enlarge(int[,] G,int Width,int Height, double wScale, double hScale)
{
    int newHeight = (int)(Height*hScale);
    int newWidth = (int)(Width*wScale);
    int [,] R = new int[newHeight, newWidth];
    int x, y;
    int xx, yy;
    for(y=0; y<newHeight; y++)
    {
        yy = (int)(y/hScale+0.5);
        if(yy>=Height) yy = Height-1;
        for(x=0; x<newWidth; x++)
        {
            xx = (int)(x/wScale+0.5);
            if(xx>=Width) xx = Width-1;
            R[y,x] = G[yy,xx];
        }
    }
    return R;
}
```

4) 확대

영상의 크기를 확대한다는 것은 영상의 픽셀수를 증가시킨다는 것을 의미한다. 그런데 원 영상의 픽셀의 수는 일정하므로 하나의 픽셀을 배율 크기만큼의 큰 블록으로 대치하도록 해야 확대가 가능하다. 이것은 배율만큼의 영상의 질 저하를 가져올 수 밖에 없다. 따라서 질 저하를 최소화하는 것이 영상을 확대하는데 있어서 무엇보다도 중요하다. 이러한 질 저하를 최소화하려는 목적으로 보간법을 사용한다.

[프로그램 목록 5-1(f)]는 enlarge()라는 확대 메소드를 호출하여 영상을 폭을 2배, 높이를 1.5배로 확대한 다음 이를 표시하는 루틴을 나타낸 것이다. enlarge()는 먼저 새로이 확대되는 영상의 폭과 높이를 구한 다음, 새 영상의 각 픽셀 요소 값으로 역변환 규칙, 즉 배율의 역수에 해당되는 것을 x와 y에 적용하여 원 영상의 좌표를 구하고 여기에 보간법을 적용하여 구한 값을 지정한다. 여기에 적용된 보간법은 가장 인접한 곳의 픽셀값으로 지정하는 근접 픽셀 보간법을 사용했다. 이는 새 픽셀의 좌표에 배율의 역수를 곱한 결과인 원 영상의 픽셀을 지정하는 좌표를 반올림한 것이다. *y*/*h*Scale+0.5와 *x*/*w*Scale+0.5가 이것을 의미한다.

그림 5-7 영상 확대의 예

확대한 영상을 윈도우즈 폼에 표시하려면 현재 폼의 ClinetSize를 조정해야 하므로 enlargeItem_Click() 메소드에서 ClinetSize를 배율만큼 크게 하고 이에 따라 새도우 비트맵도 재정의하도록 setShadowBitmap() 메소드를 호출한다.

[그림 5-7]은 영상을 폭 2배, 높이 1.5배 확대한 예를 보인 것이다.

5) 회전

영상을 회전한다는 것은 영상의 중심을 기준으로 일정한 각도로 각 픽셀들을 회전 이동시킨다는 의미이다. 간단한 회전 방법으로 쉽게 생각할 수 있는 것은 회전 각도가 90의 배수인 특수각인 경우인데, 이 경우 보간법을 사용하지 않고 행과 열의 전치만으로도 가능하다.

[프로그램 목록 5-1(g)]는 rotate90()이라는 특수각 회전 메소드를 호출하여 영상을 시계 방향으로 90도 회전한 다음 이를 표시하는 루틴을 나타낸 것이다. ClientSize는 C#에서 현재 화면에 표시되는 윈도우즈 폼의 크기를 의미하므로 새롭게 확대된 영상을 표시할 수 있도록 그 폭과 높이를 재조정하는 것이 필요한데 90도 회전이므로 여기서는 폭과 높이를 교환하면 된다.

[프로그램 목록 5-1(g): faGeometryTransform의 Form1.cs]

```
private void special90Item_Click(object sender, System.EventArgs e)
{
   int[,] ResultArray = rotate90(grayArray, image.Width, image.Height);
   this.ClientSize = new System.Drawing.Size(image.Height, image.Width); // 폭,높이 교환
   setShadowBitmap();
   displayGrayArray(0, 0, ResultArray, bitmap.Width, bitmap.Height);
}
int[,] rotate90(int[,] G,int Width,int Height)
{
     int newHeight = Width;
     int newWidth = Height;
     int [,] R = new int[newHeight, newWidth];
     int x, y;
     for(y=0; y<newHeight; y++)
        for(x=0; x<newWidth; x++)
           R[y,x] = G[newWidth-1-x,y];
     return R;
}
```

rotate90()에서 시계 방향 90도 회전된 새로운 영상 폭과 높이는 각각 원 영상의 높이와 폭이 되므로 매개변수 값으로 지정되며, 새 영상의 각 픽셀 요소 R[y,x]는 원 영상의 각 픽셀요소 G[newWidth−1−x, y]에 해당된다. [그림 5-8]은 특수각 회전 루틴을 이용하여 영상을 시계방향으로 90도 회전한 예를 보인 것이다.

그림 5-8 영상의 특수각 회전의 예

앞의 특수각 회전과 달리, 일반적으로 수학에 있어서 회전은 좌회전(시계 반대 방향)을 의미하며 원점을 기준으로 한 회전은 다음 식과 같이 회전 매트릭스(matrix)를 적용하면 된다.

$$\begin{bmatrix} X \\ Y \end{bmatrix} = \begin{bmatrix} \cos\theta & -\sin\theta \\ \sin\theta & \cos\theta \end{bmatrix} \begin{bmatrix} x \\ y \end{bmatrix}$$

그러나 영상처리의 경우 좌측 상단이 원점이므로 y축 좌표가 일반 수학의 좌표계와 반대가 된다. 따라서 영상을 좌회전시키기 위해서는 다음 식과 같은 매트릭스를 적용해야 한다.

$$\begin{bmatrix} X \\ Y \end{bmatrix} = \begin{bmatrix} \cos\theta & \sin\theta \\ -\sin\theta & \cos\theta \end{bmatrix} \begin{bmatrix} x \\ y \end{bmatrix}$$

그런데 두 식에 있는 행렬은 서로가 역행렬 관계를 갖고 있고, 영상에 기하학적 변환을 수행하기 위해 변환 행렬을 적용할 때, 새 영상의 각 픽셀의 좌표에 기하학적 변환의 역행렬을 적용하여 원 영상의 각 픽셀의 좌표를 구하는 방식으로 처리하기 때문에, 영상을 θ만큼 회전시키기 위해서는 먼저 새 영상의 폭과 높이를 구한 다음, 좌회전의 경우, 각 픽셀에 대해 영상처리의 회전 행렬의 역행렬에 해당되는 일반 수학의 회전 행렬을 적용하면 되고, 우회전의 경우, 영상의 좌회전 역행렬의 역행렬인 영상처리의 회전 행렬을 적용하면 된다.

이 식을 적용한 θ만큼의 회전 변환 후의 영상은 [그림 5-9]와 같이 생각할 수 있다.

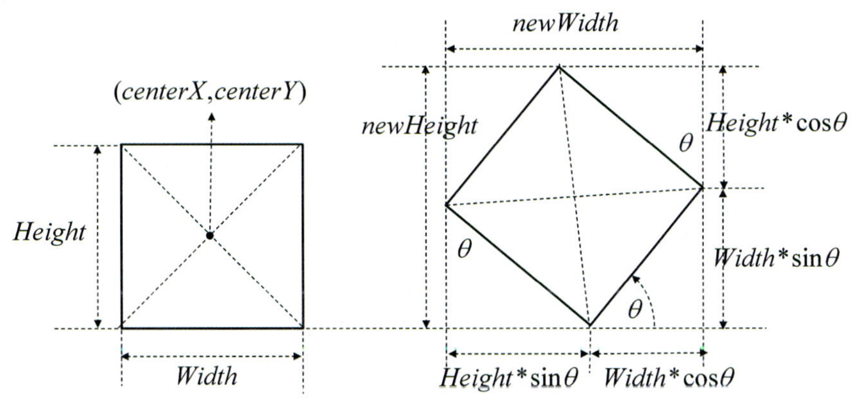

그림 5-9 영상의 일반각 회전의 변환 전과 변환 후 관계

[프로그램 목록 5-1(h)]는 rotateGeneral()이라는 일반각 좌회전 메소드를 호출하여 영상을 반시계 방향으로 45도 회전한 다음 이를 표시하는 루틴을 나타낸 것이다. rotateGeneral()에서는 먼저 θ만큼 회전된 새로운 영상 폭과 높이를 구한 다음, 새 영상의 각 픽셀 요소 $R[y, x]$의 값은 좌표에 역변환 행렬을 적용하여 구한 원 영상의 좌표에 대해 양선형 보간법을 적용하여 구한 근사 값으로 설정한다. 양선형 보관법은 [프로그램 5-1(i)의 biLinearInterp()에 정의되어 있다.

[프로그램 목록 5-1(h): faGeometryTransform의 Form1.cs]

```
private void general45Item_Click(object sender, System.EventArgs e)
{
    double angle=45;
    double radian;
    int[,] ResultArray = rotateGeneral(grayArray, image.Width, image.Height, angle);
    radian = Math.PI/180.0*angle;
    int newWidth  =
```

```
        (int)(image.Width*Math.Abs(Math.Cos(radian))  + image.Height*Math.Abs(Math.Sin(radian)));
    int newHeight =
        (int)(image.Height*Math.Abs(Math.Cos(radian)) + image.Width*Math.Abs(Math.Sin(radian)));
    this.ClientSize = new System.Drawing.Size(newWidth, newHeight);
    setShadowBitmap();
    displayGrayArray(0, 0, ResultArray, bitmap.Width, bitmap.Height);
}
int[,] rotateGeneral(int[,] G,int Width,int Height, double angle)
{
    angle %= 360;
    double radian = Math.PI/180.0*angle;
    double cosRadian = Math.Cos(radian);
    double sinRadian = Math.Sin(radian);
    int newWidth  = (int)(Width*Math.Abs(cosRadian)  + Height*Math.Abs(sinRadian));
    int newHeight = (int)(Height*Math.Abs(cosRadian) + Width*Math.Abs(sinRadian));
    int centerX = Width / 2;
    int centerY = Height / 2;
    int diffX = (newWidth - Width) / 2;
    int diffY = (newHeight - Height) /2;
    int [,] R = new int[newHeight, newWidth];
    int x, y;
    double sourceX, sourceY;
    int    isourceX, isourceY;
    double nw,ne,sw,se,p, q;
    for(y=0; y<newHeight; y++)
      for(x=0; x<newWidth; x++)
      {
          sourceX = (x-diffX-centerX)*cosRadian     + (y-diffY-centerY)*(-sinRadian);
          sourceX += centerX;
          sourceY = (x-diffX-centerX)*sinRadian + (y-diffY-centerY)*cosRadian;
          sourceY += centerY;
          isourceX = (int)sourceX;
          isourceY = (int)sourceY;
          if(isourceX<0 || isourceX>=Width-1 || isourceY<0 || isourceY>=Height-1)
           R[y,x] = 0;
           else
           {
               nw = (double)G[isourceY, isourceX];
               ne = (double)G[isourceY, isourceX+1];
               sw = (double)G[isourceY+1, isourceX];
               se = (double)G[isourceY+1, isourceX+1];
               p = Math.Abs(sourceX - isourceX);
               q = Math.Abs(sourceY - isourceY);
               R[y,x] = biLinearInterp(nw,ne,sw,se,p,q);
           }
      }
    return R;
}
```

[그림 5-10]은 일반각 좌회전 루틴을 이용하여 영상을 반시계 방향으로 45도 회전한 예를 보인 것이다.

그림 5-10 영상의 일반각 회전의 예

5.2 보간법

영상에 대해 기하학적 변환 규칙을 적용하다 보면 새로운 픽셀의 $x-y$ 위치가 정확히 정수로 정해지지 않고 소수점을 갖는 실수로 정해져서 존재하지 않는 위치가 되는 경우가 발생하는데 이 때 근사치를 적용하여 정확한 위치가 결정되게 하는 방법인 보간법을 사용한다.

널리 사용되는 보간법으로는 근접 픽셀 보간법, 양선형 보간법, 고등 차수 보간법 등이 있다.

1) 근접 픽셀 보간법

새 영상의 각 픽셀 요소의 값으로 픽셀의 좌표에 역 변환 행렬을 적용하여 구한 원 영상의 가장 가까운 픽셀의 값을 할당하는 것이다.

이것은 [그림 5-11]과 같이 역행렬을 적용하여 구한 원영상의 픽셀 $x-y$위치를 각각 반올림하여 새 픽셀 값이 될 원 영상의 픽셀 위치를 구한다. 새 영상의 새 픽셀 위치 (x, y)에 확대시킬 배율의 역행렬을 적용한 (x/wScale, y/hScale) 위치를 반올림하여 가장 근접한 원 영상의 픽셀 위치(그림 상에서 동그라미로 표시됨)을 구하는 것을 나타낸 것이다.

[프로그램 목록 5-1(f)]의 yy=(int)(y/hScale+0.5); 과 xx=(int)(x/wScale+0.5); 은 근접 픽셀 보간법이 적용한 것이다.

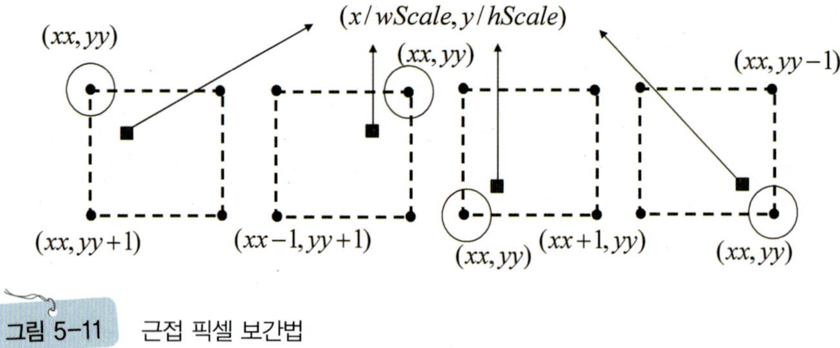

그림 5-11 근접 픽셀 보간법

2) 양선형 보간법(bilinear interpolation)

새 영상의 각 픽셀 요소의 값으로 픽셀의 좌표에 역 변환 행렬을 적용하여 구한 원 영상의 픽셀의 위치의 좌상, 우상, 좌하, 우하 네 개의 가장 가까운 픽셀 값에 떨어진 정도만큼의 가중치를 반영한 값을 할당하는 것이다.

이것은 [그림 5-12]와 같이 새 영상의 새 픽셀 위치 (x, y)에 역변환 행렬을 적용한 (source$X$, source$Y$) 위치 주변의 가까운 네 개의 원 영상의 픽셀 값들을 떨어진 정도만큼의 가중치 p, q를 적용한 다음과 같은 식에 의해 구한 값을 새 픽셀값(NewPixel)으로 삼는다.

NewPixel=nw+p*(ne−nw)+q*((sw+p*(se−sw))−(nw+p*(ne−nw)));

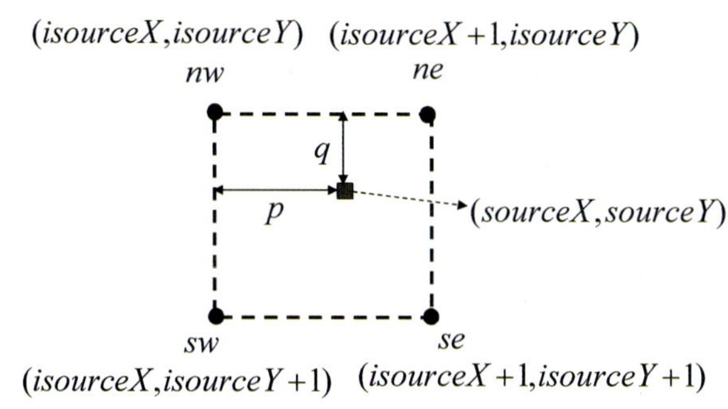

그림 5-12 양선형 보간법

[프로그램 목록 5-1(i)]는 이러한 양선형 보간법 수행하는 루틴을 나타낸 것이다.

[프로그램 목록 5-1(i): faGeometryTransform의 Form1.cs]

```
int biLinearInterp(double nw, double ne, double sw, double se, double p, double q)
{
    double t, b;

    t = nw + p*(ne-nw);
    b = sw + p*(se-sw);
    return (int)(t + q*(b-t));
}
```

3) 고등차수 보간법(high order interpolation)

근접 픽셀 보간법은 가장 가까운 1개의 픽셀을 선택하고, 양선형 보간법은 네 개의 주변 픽셀에서 선형적 가중치를 적용한 가장 근사한 값을 추출하는 반면, 고등차수 보간법은 [그림 5-13]과 같이 16개의 주변 픽셀에서 고등차수 보간 함수를 이용하여 가중치를 적용한 가장 근사한 값을 계산해내는 방법으로 3차 회선 보간법과 B-스플라인(spline) 보간법이 있다.

이상적인 보간 함수의 특성인 저주파 필터라 할 수 있는데, B-스플라인 보간함수가 아주 좋은 저주파 필터를 만든다.

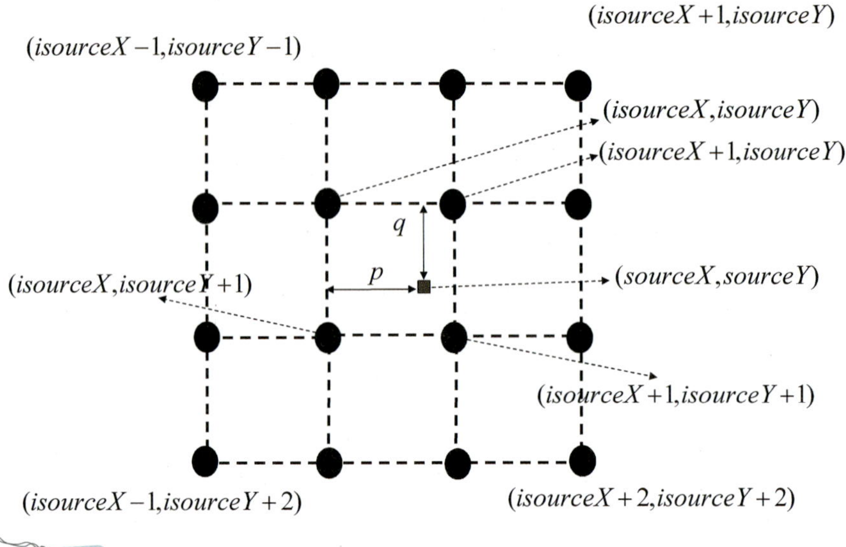

그림 5-13 고등차수 보간법

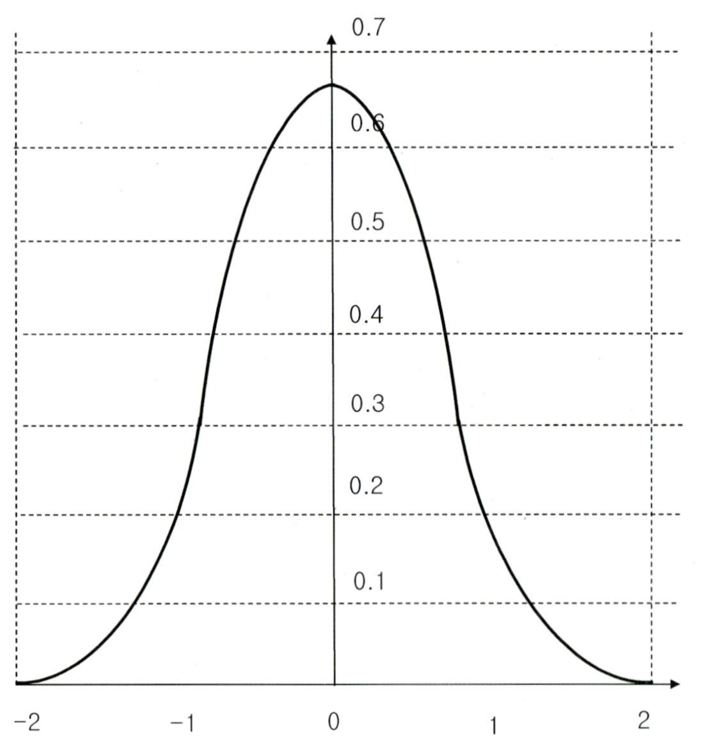

그림 5-14 B-스플라인 보간 함수

B-스플라인 보간 함수는 [그림 5-14]와 같이 아주 매끄러운 가중치를 갖는다. 이 함수는 x좌표와 y좌표 각각에 대해 모두 적용할 수 있으며 각각에 대해 4번 샘플링되며, 샘플링된 보간 함수값, 즉 가중치들의 합은 항상 1이 된다.

다음 식은 보간 함수를 나타내는 것이다.

$$f(x)=\begin{cases} \frac{1}{2}|x|^3-|x|^2+\frac{2}{3} & (0\leq|x|<1) \\ \frac{1}{6}|x|^3+|x|^2-2|x|+\frac{4}{3} & (1\leq|x|<2) \\ 0 & (2\leq|x|) \end{cases}$$

5.3 GDI+에 의한 기하학적 변환

GDI+의 Matrix 클래스는 기하학적 투영 변환 행렬 중 $x-y$ 이동, 회전, 크기, 전단 변형과 역변환이 가능한 어파인(affine) 변환 행렬에 대한 다양한 메소드 및 속성을 제공한다.

일반적으로 어파인 변환 행렬은 다음과 같이 구성된다.

$$\mathbf{M}_{affine}=\begin{bmatrix} m_0 & m_1 & m_2 \\ m_3 & m_4 & m_5 \\ 0 & 0 & 1 \end{bmatrix}$$

$$\begin{bmatrix} s_x\cos\theta & -s_y\sin\theta & t_x \\ s_x\sin\theta & -s_y\cos\theta & t_y \\ 0 & 0 & 1 \end{bmatrix}$$

여기서 다음과 같은 행렬은 회전 요소를 나타내고, S_x는 x방향 배율, S_y는 y방향 배율, t_x는 x방향 이동, t_y는 y방향 이동을 나타낸다.

$$\begin{bmatrix} \cos\theta & -\sin\theta \\ \sin\theta & \cos\theta \end{bmatrix}$$

그런데, GDI+ 에서는 일반적인 어파인 변환행렬과는 각 요소의 배열 위치가 약간 다른 다음과 행렬을 사용한다.

$$\mathbf{M}_{affineGDI} = \begin{bmatrix} m_0 & m_1 & 0 \\ m_2 & m_3 & 0 \\ m_4 & m_5 & 1 \end{bmatrix}$$

$$\begin{bmatrix} s_x\cos\theta & -s_y\sin\theta & 0 \\ s_x\sin\theta & -s_y\cos\theta & 0 \\ t_x & t_y & 1 \end{bmatrix}$$

[그림 5-15]는 GDI+에 의한 회전, 크기확대, 축소, 수직 미러링(x축에 관한 대칭이동), 수평 미러링(y축에 관한 대칭 이동)을 수행하는 메뉴를 나타낸 것이다.

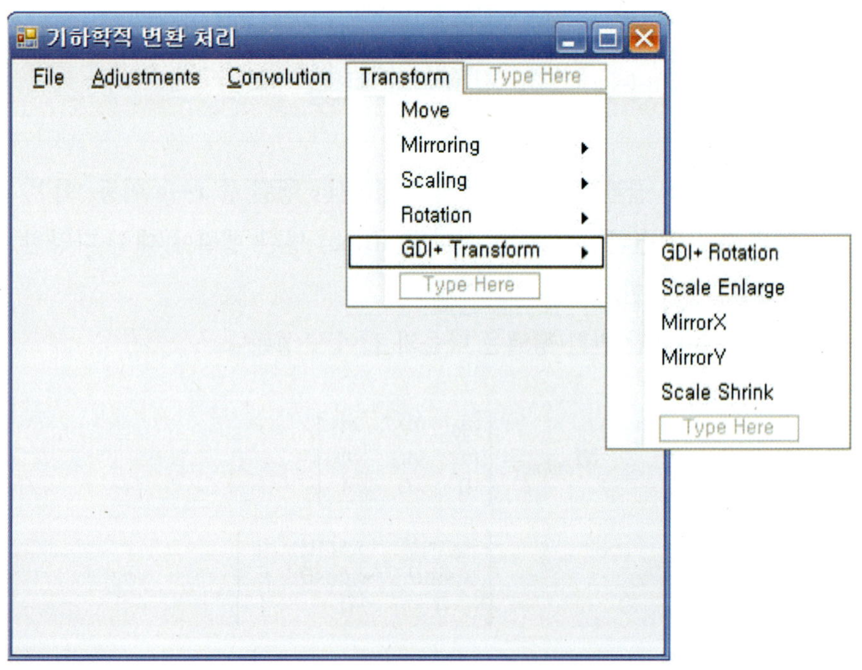

그림 5-15 GDI+에 의한 기하학적 변환 메뉴

[프로그램 목록 5-1(j): faGeometryTransform의 Form1.cs]

```
private void GDIrotationItem_Click(object sender, EventArgs e)
{
   double angle=30;
   double radian;
   radian = Math.PI/180.0*angle;
   int newWidth
      =(int)(image.Width*Math.Abs(Math.Cos(radian))+ image.Height*Math.Abs(Math.Sin(radian)));
   int newHeight
      =(int)(image.Height*Math.Abs(Math.Cos(radian))+ image.Width*Math.Abs(Math.Sin(radian)));
    this.ClientSize = new System.Drawing.Size(newWidth, newHeight);
    Matrix iM = new Matrix((float)Math.Cos(radian), (float)-Math.Sin(radian),
                           (float)Math.Sin(radian), (float)Math.Cos(radian),
                           0.0f,   0.0f);
    Matrix tM = grBm.Transform.Clone();
    setShadowBitmap();
    iM.Translate(0.0f, (float)(image.Width * Math.Abs(Math.Sin(radian))), MatrixOrder.Append);
    grBm.Transform = iM;
    displayGrayArray(0, 0, grayArray, image.Width, image.Height);
    grBm.Transform = tM;
}
```

[프로그램 목록 5-1(j)]는 GDI+의 변환행렬을 이용하여 영상을 30도 좌회전하여 표시하는 루틴을 나타낸 것이다.

Matrix 클래스는 닷넷 프레임워크의 System.Drawing.Drawing2D 네임 스페이스에 속하는 것으로서 생성자의 매개변수로 GDI+의 어파인 변환 행렬의 요소인 $(m_0, m_1, m_2, m_3, m_4, m_5)$을 사용하면 $\mathbf{M}_{affineGDI}$을 생성하게 된다. 생성자의 매개변수가 없으면 매개변수로 (1, 0, 0, 0, 1, 0)을 지정한 효과를 거두어 결국 다음과 같은 단위 행렬을 생성하게 된다.

$$\begin{bmatrix} 1 & 0 & 0 \\ 0 & 1 & 0 \\ 0 & 0 & 1 \end{bmatrix}$$

Matrix의 메소드인 Translate()는 이동 변환을 수행하는 것으로서 그 첫 번째 매개변수는 x축 이동, 두 번째 매개변수는 y축 이동, 그리고 세 번째 매개변수 MatrixOrder.Append는 기존의 행렬에 추가시킨다는 의미한다, 세 번째 매개변수가 없으면 행렬을 처음 지정하는 것과 같은 의미가 된다. 그밖에 degree 크기만큼의 각도로 회전을 시키는 Rotate(degree)메소드, 폭을 *x*Scale, 높이를 *y*Scale 만큼의 배율로 조정하게 하는 Scale(*x*Scale,*y*Scale) 메소드 등이 있다.

setShadowBitmap()을 수행한 이유는 회전으로 인해 크기가 변하므로 클라이언트의 폼의 크기와 새도우 비트맵을 조정하기 위해서이다. Graphics 객체의 Transform 속성은 전역 변환을 의미하므로, 여기에 iM 행렬을 지정하면 iM 만큼의 기하학적 변환을 지정한 것이 된다. tM 행렬은 기하학적 변환이 이루지기 전의 상태를 보관하고 있다가 변환을 적용한 후에 전역변환을 다시 원래의 상태로 되돌리기 위한 것이다.

(0.0f, image.Width*Math.Abs(Math.Sin(radian))) 만큼의 $x-y$ 이동을 추가적으로 적용한 이유는 변환 전의 (0, 0)의 위치가 회전으로 인해 그만큼 이동하기 때문에 이를 보상해준 것이다.

[그림 5-16]은 이러한 [프로그램 목록 5-1(j)]를 수행한 결과를 나타낸 것이다.

그림 5-16 GDI+에 의한 회전 및 이동

[프로그램 목록 5-1(k)]는 GDI+의 변환행렬을 이용하여 영상을 폭 2배, 높이 1.5배로 확대시키는 루틴을 나타낸 것이다.

[프로그램 목록 5-1(k): faGeometryTransform의 Form1.cs]

```
private void scaleEnlargeItem_Click(object sender, EventArgs e)
{
    const double xScale = 2.0;
    const double yScale = 1.5;
    int newWidth  = (int)(image.Width*xScale);
    int newHeight = (int)(image.Height*yScale);
    this.ClientSize = new System.Drawing.Size(newWidth, newHeight);
    Matrix iM = new Matrix();

    Matrix tM = grBm.Transform.Clone();
    setShadowBitmap();
    iM.Scale((float)xScale,(float)(yScale));
    grBm.Transform = iM;
    displayGrayArray(0, 0, grayArray, image.Width, image.Height);
    grBm.Transform = tM;
}
```

그림 5-17 GDI+에 의한 확대

[프로그램 목록 5-1(k)]에서는 iM을 생성자의 매개변수를 통해 직접 지정하는 대신 매개변수 지정하지 않고 단위행렬을 만든 다음, Scale() 메소드를 이용해 크기변환을 지정하고 추가적으로 Translate() 메소드를 통해 이동을 지정하는 방법을 사용했다. 여기서는 변환전의 (0, 0)의 위치가 변환 후와 같기 때문에 이동시킬 필요가 없다. [그림 5-17]은 이러한 [프로그램 목록 5-1(k)]를 수행한 결과를 나타낸 것이다.

[프로그램 목록 5-1(l)]은 GDI+의 변환행렬을 이용하여 영상의 폭을 1/2로 높이를 1/3배로 축소시키는 루틴을 나타낸 것이다. 여기서도 변환전의 (0, 0)의 위치가 변환 후와 같기 때문에 이동시킬 필요가 없다. [그림 5-18]은 이러한 [프로그램 목록 5-1(l)]을 수행한 결과를 나타낸 것이다.

그림 5-18 GDI+에 의한 축소

[프로그램 목록 5-1(l): faGeometryTransform의 Form1.cs]

```
private void scaleShinkItem_Click(object sender, EventArgs e)
{
    const double xScale = 0.5;
    const double yScale = 0.3333333;
    int newWidth  = (int)(image.Width*xScale);
    int newHeight = (int)(image.Height*yScale);
    this.ClientSize = new System.Drawing.Size(newWidth, newHeight);
    Matrix iM = new Matrix();

    Matrix tM = grBm.Transform.Clone();
    setShadowBitmap();
    iM.Scale((float)xScale,(float)(yScale));
    grBm.Transform = iM;
    displayGrayArray(0, 0, grayArray, image.Width, image.Height);
    grBm.Transform = tM;
}
```

[프로그램 목록 5-1(m)]은 GDI+의 변환 행렬을 이용하여 영상을 수직 미러링, 즉 x축을 기준으로 상하 교환(x축에 관한 대칭 이동)한 루틴을 나타낸 것이다. 이것은 다음과 같이 x축에 관한 대칭 이동 행렬을 적용한 효과를 거두게 된다.

$$p' = \mathbf{M}p \Leftrightarrow \begin{bmatrix} x' \\ y' \\ 1 \end{bmatrix} = \begin{bmatrix} 1 & 0 & 0 \\ 0 & -1 & 0 \\ 0 & 0 & 1 \end{bmatrix} \begin{bmatrix} x \\ y \\ 1 \end{bmatrix}$$

폼의 높이와 폭은 변함이 없고, x이동은 필요가 없고 image.Height만큼의 y 이동을 추가적으로 적용한 이유는 변환전의 (0, 0)의 위치가 그만큼 좌하귀로 이동하기 때문에 이를 보상해준 것이다.

[프로그램 목록 5-1(m): faGeometryTransform의 Form1.cs]

```
private void mirrorXItem_Click(object sender, System.EventArgs e)
{
    Matrix iM = new Matrix(1.0f, 0.0f, 0.0f, -1.0f, 0.0f, 0.0f);
    Matrix tM = grBm.Transform.Clone();
    setShadowBitmap();
    iM.Translate(0.0f,(float)image.Height,MatrixOrder.Append);
    grBm.Transform = iM;
    displayGrayArray(0, 0, grayArray, image.Width, image.Height);
    grBm.Transform = tM;
}
```

[그림 5-19]는 [프로그램 목록 5-1(m)]을 수행한 결과를 나타낸 것이다.

그림 5-19 GDI+에 의한 수직 미러링

[프로그램 목록 5-1(n)]은 GDI+의 변환 행렬을 이용하여 영상을 수평 미러링, 즉 y축을 기준으로 좌우 교환(y축에 관한 대칭 이동)한 루틴을 나타낸 것이다. y축에 관한 대칭 이동 행렬을 적용한 효과를 거두게 된다.

$$p' = \mathbf{M}p \Leftrightarrow \begin{bmatrix} x' \\ y' \\ 1 \end{bmatrix} = \begin{bmatrix} -1 & 0 & 0 \\ 0 & 1 & 0 \\ 0 & 0 & 1 \end{bmatrix} \begin{bmatrix} x \\ y \\ 1 \end{bmatrix}$$

폼의 높이와 폭은 변함이 없고, image.Width 만큼의 x이동을 추가적으로 적용한 이유는 변환전의 (0, 0)의 위치가 그만큼 우상귀로 이동하기 때문에 이를 보상해준 것이다.

[그림 5-20]은 [프로그램 목록 5-1(n)]을 수행한 결과를 나타낸 것이다.

[프로그램 목록 5-1(n): faGeometryTransform의 Form1.cs]

```
private void mirrorYItem_Click(object sender, EventArgs e)
{
    Matrix iM = new Matrix(-1.0f, 0.0f, 0.0f, 1.0f, 0.0f, 0.0f);
    Matrix tM = grBm.Transform.Clone();
    setShadowBitmap();
    iM.Translate((float)(image.Width),0.0f,MatrixOrder.Append);
    grBm.Transform = iM;
    displayGrayArray(0, 0, grayArray, image.Width, image.Height);
    grBm.Transform = tM;
}
```

그림 5-20 GDI+에 의한 수평 미러링

5.4 EmguCV에 의한 기하학적 변환

[그림 5-21]은 EmguCV를 이용한 영역 중심 영상처리를 위한 윈도우즈 폼 설계를 한 것으로 [그림 5-15] 메뉴에서 'Move'와 'GDI+Transform' 부분을 없애고 부메뉴로 들어있는 수평 미러링, 수직 미러링, 확대, 축소 메뉴가 밖으로 나오게 해서 구성한 것이다.

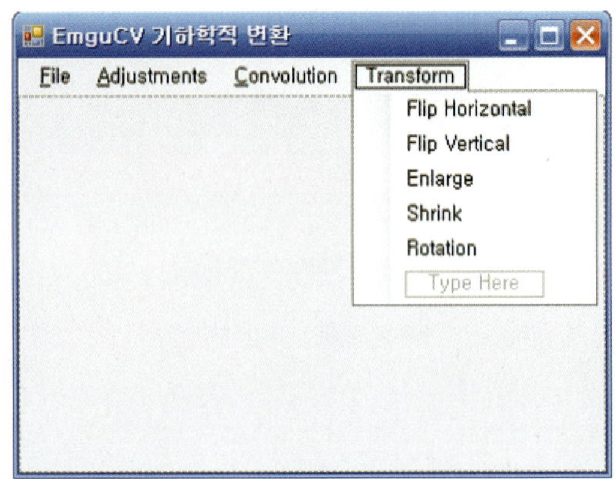

그림 5-21 EmguCV를 이용한 기하학적 변환 메뉴

[프로그램 목록 5-2]는 EmguCV를 이용한 기하학적 변환 처리를 위한 것이다. horizontalItem_Click 메소드는 Image 제네릭 클래스의 메소드인 Flip() 메소드를 이용하여 수평 미러링을 구현한 것으로서 인수로 Emgu.CV.CvNum의 열거형 FLIP의 HORIZONTAL 멤버를 사용하면 된다. verticalItem_Click() 메소드는 FLIP의 VERTICAL 멤버를 사용한다. enlargeItem_Click() 메소드는 Image 제네릭 클래스의 메소드인 ReSize() 메소드를 이용하여 가로 2배, 세로 1.5배로 확대한 것을 나타낸 것이다. 이 때 사용한 보간법으로 Emgu.CV.CvNum의 열거형 INTER의 CV_INTER_LINEAR 멤버를 사용하는데 이것은 양선형 보간법을 뜻한다. shrinkItem_Click() 메소드는 인수가 다른 또 다른 ReSize() 메소드를 이용하여 가로와 세로 1/3로 양선형 보간법을 사용해서 축소하는 것을 나타낸다. rotationItem_Click() 메소드는 Image 제네릭 클래스의 메소드인 Rotation() 메소드를 이용하여 30도 반시계 방향으로 회전한 것을 나타낸다. 첫 번째 인수 −30은 GDI+의 회전과 달리 반시계 방향 30도를 뜻하고, 두 번째 인수 bgGray는 회전할 때 생기는 여백의 배경색을 검정색(0)으로 지정한 것을 뜻하며, 세 번째 인수 false는 회전으로 인해 영상의 크기가 달라질 때, 현재의 영상의 크기에 맞추지 말고 새로운 크기대로 조정하라는 뜻이다.

[프로그램 목록 5-2: Emgu201GeometryTransform의 Form1.cs]

```
private void horizontalItem_Click(object sender, EventArgs e)
{
    imageObj = imageObj.Flip(FLIP.HORIZONTAL);
    ibCanvas.Image = imageObj;
}

private void verticalItem_Click(object sender, EventArgs e)
{
    imageObj = imageObj.Flip(FLIP.VERTICAL);
    ibCanvas.Image = imageObj;
}

private void enlargeItem_Click(object sender, EventArgs e)
{
    double wScale = 2.0;
    double hScale = 1.5;
    imageObj = imageObj.Resize((int)(wScale * imageObj.Width), (int)(hScale * imageObj.Height),
                               INTER.CV_INTER_LINEAR);
    ibCanvas.Image = imageObj;
}

private void shrinkItem_Click(object sender, EventArgs e)
{
    imageObj = imageObj.Resize(0.333, INTER.CV_INTER_LINEAR);
    ibCanvas.Image = imageObj;
}

private void rotationItem_Click(object sender, EventArgs e)
{
    Gray bgGray = new Gray(0.0);
    imageObj = imageObj.Rotate(-30.0, bgGray, false);
    ibCanvas.Image = imageObj;
}
```

연/습/문/제

[기초문제]

※ 빈 칸에 가장 알맞은 말을 넣으시오.

1. 기하학적 변환 처리는 영상에 대해 이동, 크기의 확대 및 축소, (   ) 등과 같이 기하학적인 규칙을 적용하여 영상을 변환시키는 것을 말한다.

2. (   )은 영상의 중간 부분에서 x축 또는 y축을 그려 구분하였을 때, x축을 기준으로 픽셀들을 상하 교환하거나 y축을 기준으로 픽셀들을 좌우 교환하는 것을 말한다.

3. 영상의 크기를 축소한다는 것은 영상의 픽셀수를 감소시킨다는 것을 의미한다. 이것은 축소비율의 역수만큼의 폭과 높이에 해당되는 블록을 하나의 픽셀로 대치함으로써 가능하다. 블록에 속하는 여러 픽셀을 하나의 픽셀로 나타내는 방법에 따라 (   ) 표현과, (   )표현 방법으로 축소 방법을 구분할 수 있다.

4. 영상의 확대는 그 (   )만큼의 영상의 질 저하를 가져올 수 밖에 없다. 따라서 질 저하를 최소화하는 것이 무엇보다도 중요한데, 이를 위해 (   )을 사용한다.

5. (   ) 보간법은 생성 화소에 가장 가까운 원시화소를 출력화소로 할당하는 방법을 말한다.

6. (   ) 보간법은 생성 화소에 가까운 네 개의 가장 가까운 화소들에 가중치를 곱한 값들의 합을 출력하는 방법을 말한다.

7. EmguCV 환경에서는 Image 제네릭 클래스의 메소드인 (   )메소드를 이용하여 수평 및 수직 미러링을 구현할 수 있다. 이 메소드의 인수로 Emgu.CV.CvNum의 열거형 (   )의 HORIZONTAL 멤버를 사용하면 수평 미러링, VERTICAL 멤버를 사용하면 수직 미러링이 된다.

8. EmguCV 환경에서 영상을 확대 및 축소하려면 Image 제네릭 클래스의 메소드인 (   ) 메소드를 이용한다. 이 때 사용한 보간법으로

Emgu.CV.CvNum의 열거형 (   )의 멤버를 사용하는데 CV_INTER_LINEAR 멤버는 (   ) 보간법을 뜻한다.

9. EmguCV 환경에서 영상을 회전시키려면 Image 제네릭 클래스의 메소드인 (   ) 메소드를 이용하면 된다. 이 메소드의 첫 번째 인수는 60분법의 시계 방향 회전각이다. 따라서 인수 값으로 −30이 지정되면 GDI+의 회전과 달리 (   ) 방향 30도를 뜻한다. 두 번째 인수는 회전할 때 생기는 여백의 (   ) 이며, 세 번째 인수는 회전으로 인해 영상의 크기가 달라질 때, 현재의 영상의 크기에 맞출 것인지 새로운 크기대로 조정할 것인지를 각각 true와 false로 지정하는 것이다.

[심화문제]

1. 다음과 같은 기하학적 변환의 의미를 간략히 설명하시오.

   1) $x-y$ Translation

   2) scaling

   3) rotation

   4) shearing

   5) perspective

2. 영상을 수직 미러링, 즉 x축을 기준으로 상하 교환(x축에 관한 대칭 이동)을 수행하는 GDI+의 변환 행렬은?

3. 영상을 수평 미러링, 즉 *y*축을 기준으로 좌우 교환(*y*축에 관한 대칭 이동)한을 수행하는 GDI+의 변환 행렬은?

4. Width*Height 영상에 대해 수평 미러링(Flip-Horizontal) 기하학적 변환을 수행하는 프로그램을 빈칸을 채워 완성하시오. (*g*는 변환전 영상정보를 가진 2차원 배열이고, *R*은 변환 후 영상정보를 가진 2차원 배열이다.)

```
int[,] flipHorizontal(int[,] g, int Width, int Height)
{
    int[,] R = new int[              ];

    for(int y=0; y<Height; y++)
        for(int x=0; x<Width; x++)
            R[y][              ] = g[y,x];

    return R;
}
```

5. EmguCV 환경에서 기하학적 변환과 관련된 다음 Emgu.CV.CvNum의 열거형 자료형에 대한 멤버의 종류와 의미를 조사하여 기술하시오.

   1) FLIP

   2) INTER

6. 다음은 EmguCV의 Image 제네릭 객체를 Resize() 메소드를 사용하여 변경한 것을 나타낸 것이다. 이들의 의미를 간략히 설명하시오.

   1) imageObj = imageObj.Resize((int)(wScale * imageObj.Width),
                                 (int)(hScale * imageObj.Height),
                                 INTER.CV_INTER_LINEAR);

   2) imageObj=imageObj.Resize(0.333, INTER.CV_INTER_LINEAR);

퓨리에 변환

6.1 퓨리에 변환(Fourier Transform)의 개요

프랑스의 수학자 퓨리에(Jean Baptiste Joseph Fourier)가 1807년에 발표한 열 확산에 관한 논문에서 주기성을 가진 함수는 가중치를 가진 사인(sines)과 코사인(cosines)의 합을 나타내는 곡선으로 표현할 수 있다는 것을 주장하였는데, 이 개념이 수학, 과학, 공학 분야의 발전에 커다란 공헌을 하였다. 퓨리에의 개념은 역변환의 과정을 통해 손실 없이 원상대로 되돌려 놓을 수 있다는 점과 특히 FFT 알고리즘이 발견되면서 신호 처리 분야에 혁명적인 발전을 이루는 데 큰 역할을 하였고, 영상처리 분야에 있어서 영상을 2차원 신호로 보고 픽셀의 변화율을 의미하는 주파수 영역으로 변환시키고, 그 중 고주파나 저주파를 필요에 따라 필터링하고 이를 다시 역변환시켜 영상을 개선시키거나, 영상을 압축하는 데 널리 활용하고 있다.

주기성을 가진 함수는 가중치를 가진 사인(sines)과 코사인(cosines)의 합을 나타내는 곡선으로 표현할 수 있다는 퓨리에의 생각은 처음에 쉽게 받아들여지지 않았지만, 퓨리에 급수라는 개념이 형성되고, 사인과 코사인 곡선의 조합에 의해 진동수와 진폭이 다른 다양한 정형파가 만들어진다는 것이 일반화되었다. 그리고 이제는 주기적이지 않는 함수조차도 가중 함수에 의해 곱해지는 사인과 코사인의 적분으로 표현될 수 있다는 퓨리에 변환의 개념이 실생활에까지 널리 이용하기에 이르렀다. 시간 영역을 주파수 영역으로 변환시키는 퓨리에 변환은 그 역변환이 성립한다는 측면 여러 응용분야에 폭넓게 이용할 수 있다. 특히 신호 처리의 경우, 대부분 주파수 영역이라는 수학 공간에서 이루어지므로 더욱더 의미가 있다고 할 수 있다. 또한 음성 신호를 1차원 신호로 보고, 영상 신호를 2차원 신호로 볼 수 있으므로 우리가 다루는 영상처리 분야에도 널리 활용할 수 있다.

영상처리에 퓨리에 변환을 이용하기 위해서는 우선 2차원 퓨리에 변환을 표현해야 한다. 시간 영역의 2차원 신호함수를 주파수 영역으로 변환시키는 퓨리에 변환을 수식으로 표현하면 다음과 같다.

$$F(u, v) = \int_{-\infty}^{\infty} \int_{-\infty}^{\infty} f(x, y) e^{-j2\pi(ux+vy)} dxdy$$

여기서 $j=\sqrt{-1}$이고 $e^{\pm j\theta}=\cos\theta \pm j\sin\theta$이다.

주파수 영역을 공간 영역으로 되돌리는 변환인 퓨리에의 역변환도 이와 비슷하게 다음과 같은 식으로 표현할 수 있다.

$$f(x, y) = \int_{-\infty}^{\infty} \int_{-\infty}^{\infty} F(u, v) e^{j2\pi(ux+vy)} dudv$$

그러나, 이러한 식은 연속 함수의 경우에 해당되는 것으로 정수값을 갖는 픽셀의 좌표를 기본으로 하는 2차원 공간에 표현되는 영상의 경우, 이산(離散)적인 샘플(sample)을 추려서 적용해야 한다.

6.2 이산 퓨리에 변환

디지털 영상처리의 경우에는 연속적인 함수가 아니라 각 픽셀의 위치가 1, 2, 3 등과 같이 연속이 아닌 이산적인 정의역을 갖는 샘플 함수를 사용하고 영상의 크기만큼의 유한한 범위 내에 있으므로 $M \times N$크기를 가진 영상의 경우, 다음과 같은 이산 퓨리에 변환식을 적용시키면 좌표 공간 영역을 주파수 영역으로 변환시킬 수 있다.

$$F(u, v) = \frac{1}{MN} \sum_{x=0}^{N-1} \sum_{y=0}^{M-1} f(x, y) e^{-j2\pi(ux/M+vy/N)}$$

또한 주파수 영역에 있는 것을 다음과 같은 역변환에 의해 원래의 공간 영역으로 되돌릴 수 있다.

$$f(x, y) = \frac{1}{MN} \sum_{u=0}^{N-1} \sum_{v=0}^{M-1} f(u, v) e^{j2\pi(ux/M+vy/N)}$$

여기서 $j=\sqrt{-1}$이고 $e^{\pm j\theta}=\cos\theta \pm j\sin\theta$인데, 이것은 다음과 같이 생각해도 된다.

$$\begin{aligned} e^{-j\theta} &= \cos\theta - j\sin\theta \\ &= \cos(-\theta) + j\sin(-\theta) \end{aligned}$$

[프로그램 목록 6-1(a): faFourierTransform의 Complex.cs]

```
public class Complex
{
    double re;        // real
    double im;        // imaginary

    public double Real
    {
        get { return re;  }
        set { re = value; }
    }

    public double Imaginary
    {
        get { return im; }
        set { im = value;}
    }

    public Complex()
    {
    }

    public Complex(double x, double y)
    {
        Real      = x;
        Imaginary = y;
    }

    public static Complex Multiply(Complex a, Complex b)
    {
        Complex c = new Complex();
        c.Real = a.Real*b.Real-a.Imaginary*b.Imaginary;
        c.Imaginary = a.Imaginary*b.Real + a.Real*b.Imaginary;
        return c;
    }
}
```

퓨리에 변환 식은 $e^{\pm j\theta} = \cos\theta \pm j\sin\theta$을 포함하고 있기 때문에 실수의 범위를 넘어서 복소수 범위까지 확장되어 있으므로 이를 위한 프로그램을 작성하기 위해서는 복소수를 표현할 수 있어야 한다. 그런데 C#의 기본 자료형에는 복소수가 없으므로 이를 위한 새로운 클래스를 정의해야 한다.

[프로그램 목록 6-1(a)]는 퓨리에 변환을 위한 프로그램을 작성하는데 필요한 복소수 클래스를 정의한 것이다. [프로그램 목록 6-1(b)]는 이러한 복소수 클래스를 이용하여 주파수 영역으로 변환하는 퓨리에 변환식을 코딩한 것이다.

입력 매개변수 G의 경우 실수 부분은 원영상의 픽셀값, 허수 부분은 0.0으로 이루어진 2차원 복소수 배열이다.

[프로그램 목록 6-1(c)]는 퓨리에 역변환 식을 코딩한 것이다.

[프로그램 목록 6-1(b): faFourierTransform의 Form1.cs]

```
Complex[,] basicDFT(Complex[,] G, int Width, int Height)
{
    Complex [,] R = new Complex[Height,Width];
    int x, y, u, v;
    double theta, wh;
    Complex exp = new Complex();
    Complex imexp= new Complex();
    Complex iFuv = new Complex();

    wh = (double)(Width*Height);
    for(v=0; v<Height; v++)
      for(u=0; u<Width; u++)
      {
        iFuv.Real = 0.0;
        iFuv.Imaginary = 0.0;
        for(y=0; y<Height; y++)
          for(x=0; x<Width; x++)
          {
            theta = 2.0*Math.PI*((u*x/(double)Width)+(v*y/(double)Height));
            exp.Real = Math.Cos(theta);
            exp.Imaginary = -Math.Sin(theta);
            imexp = Complex.Multiply(G[y,x],exp);
            iFuv.Real += imexp.Real;
            iFuv.Imaginary += imexp.Imaginary;
          }
          R[v,u] = new Complex(iFuv.Real/wh, iFuv.Imaginary/wh);
      }
    return R;
}
```

[프로그램 목록 6-1(c): faFourierTransform의 Form1.cs]

```
Complex[,] inverseDFT(Complex[,] G, int Width, int Height)
{
    Complex [,] R = new Complex[Height,Width];
    int x, y, u, v;
    double theta, wh;
    Complex exp = new Complex();
    Complex imexp= new Complex();
    Complex iFuv = new Complex();

    wh = (double)(Width*Height);
    for(v=0; v<Height; v++)
      for(u=0; u<Width; u++)
      {
        iFuv.Real = 0.0;
        iFuv.Imaginary = 0.0;
        for(y=0; y<Height; y++)
          for(x=0; x<Width; x++)
          {
            theta = 2.0*Math.PI*((u*x/(double)Width)+(v*y/(double)Height));
            exp.Real = Math.Cos(theta);
            exp.Imaginary = Math.Sin(theta);
            imexp = Complex.Multiply(G[y,x],exp);
            iFuv.Real += imexp.Real;
            iFuv.Imaginary += imexp.Imaginary;
          }
        R[v,u] = new Complex(iFuv.Real/wh, iFuv.Imaginary/wh);
      }
    return R;
}
```

[프로그램 목록 6-1(b)]와 [프로그램 목록 6-1(c)] 루틴은 $O(n^4)$의 시간 복잡도를 가지므로 상당히 비효율적인 알고리즘으로 실용성이 없으므로 반드시 개선되어야 한다.

[프로그램 목록 6-1(d)]는 퓨리에 변환이나 역변환으로 추출한 2차원 복소수 데이터를 화면에 표시할 수 있는 0~255 값으로 변환시키기 위한 루틴이다. m은 복소수의 크기를 의미하며 t는 디스플레이 함수로서 룩업 테이블을 이용한 명도 변환 함수 중 감마 상관 관계 변환 함수 $f(x)=x^{\frac{1}{x\gamma}}$에서 $\gamma>1$인 경우와 유사한 로그 함수를 의미한다. 여기서 1을 더하는 것은 로그의 가수가 0이 되면 안되기 때문이다. dmax는 디스플레이 함수값 중 가장 큰 값을 의미하며 이것은 데이터를 0~255으로 맞추는데 필요한 비율을 구하는데 사용된다. [그림 6-1]의 (b)는 퓨리에 변환의 결과인 주파수 스펙트럼(spectrum)을 화면에 표시

되게 한 것이다.

[프로그램 목록 6-1(d): faFourierTransform의 Form1.cs]

```
int[,] viewFourier(Complex[,] G, int Width, int Height)
{
    int[,] R = new int[Height,Width];
    double[,] t = new double[Height,Width];
    double[,] m = new double[Height,Width];
    int x, y;

    for(y=0; y<Height; y++)
      for(x=0; x<Width; x++)
        m[y,x] = Math.Sqrt(G[y,x].Real*G[y,x].Real+G[y,x].Imaginary*G[y,x].Imaginary);
    for(y=0; y<Height; y++)
      for(x=0; x<Width; x++)
        t[y,x] = Math.Log10(1+m[y,x]);
    double dmax = double.MinValue;
    for(y=0; y<Height; y++)
      for(x=0; x<Width; x++)
        if(t[y,x] > dmax) dmax = t[y,x];
    double dConst = 255.0/dmax;
    for(y=0; y<Height; y++)
      for(x=0; x<Width; x++)
        R[y,x] = (int)(dConst*t[y,x]);
    return R;
}
```

[그림 6-1]의 (b)의 주파수 스펙트럼은 좌상의 위치가 (0, 0)인 2차원 영상 신호를 퓨리에 변환을 통해 주파수 영역으로 변환한 것을 나타낸 것인데, 이는 주파수 영역에서는 중심좌표인 (Width/2, Height/2)이 (0, 0)이 되어야 하므로 네 모서리점으로 분산된 것을 중심으로 모아야 제대로된 주파수 스펙트럼을 볼 수 있다.

[프로그램 목록 19-5]는 퓨리에 변환에 의해 디스플레이 되는 주파수 스펙트럼을 재배치하는 루틴을 나타낸 것이다. [그림 6-1]의 (b)를 중심을 기준으로 4등분 했을 때, 각각 좌상, 좌하, 우상, 우하 부분별로 각각의 중심(원점)에 대한 대칭이동을 수행함으로써 네 모서리로 분산된 것을 중심점으로 재배치할 수 있다.

[그림 6-1]의 (c)는 이 루틴을 수행하여 [그림 6-1]의 (b) 주파수 스펙트럼을 중심점을 기준으로 재배치한 것을 나타낸 것이다.

[프로그램 목록 6-1(f)]은 지금까지 설명한 각 루틴들을 수행하여 퓨리에 변환이 이루어지는 것을 확인하는 메인 루틴이다. 먼저 입력 영상을 복소수형의 실수 부분에 들어가게 하고, 허수 부분은 0.0이 되게 하는 복소수형 데이터로 변환시킨 다음, 이를 기본 퓨리에 변환 루틴인 basicDFT()을 수행되게 하여 주파수 영역 데이터로 바꾼 다음 이를 viewFourier() 루틴을 통해 화면에 표시될 수 있는 데이터로 변환하여 그 주파수 스펙트럼이 나타나게 하고, viewCenter() 루틴을 수행하여 네 모서리로 분산된 것을 중심으로 재배치되게 한다.

[프로그램 목록 6-1(e): faFourierTransform의 Form1.cs]

```
int[,] viewCenter(int[,] G, int Width, int Height)
{
    int[,] R = new int[Height,Width];
    int x, y;
    int xMid = Width/2;
    int yMid = Height/2;

    // 좌상 원점 대칭이동
    for(y=0; y<yMid; y++)
       for(x=0; x<xMid; x++)
          R[yMid-1-y,xMid-1-x] = G[y,x];
    // 좌하 원점 대칭이동
    for(y=yMid; y<Height; y++)
       for(x=0; x<xMid; x++)
          R[Height-1-y+yMid,xMid-1-x] = G[y,x];
    // 우상 원점 대칭이동
    for(y=0; y<yMid; y++)
       for(x=xMid; x<Width; x++)
          R[yMid-1-y,Width-1-x+xMid] = G[y,x];
    // 우하 원점 대칭이동
    for(y=yMid; y<Height; y++)
       for(x=xMid; x<Width; x++)
          R[Height-1-y+yMid,Width-1-x+xMid] = G[y,x];
    return R;
}
```

[프로그램 목록 6-1(f): faFourierTransform의 Form1.cs]

```
private void forwardDFDItem_Click(object sender, EventArgs e)
{
   Complex[,] grayFourArray = new Complex[image.Height, image.Width];

   for(int y=0; y<image.Height; y++)
      for(int x=0; x<image.Width; x++)
      grayFourArray[y,x] = new Complex((double)grayArray[y,x], 0.0);
   Complex[,] FourierArray = basicDFT(grayFourArray, image.Width, image.Height);

   int[,] viewArray = viewFourier(FourierArray, image.Width, image.Height);
   displayGrayArray(0, 0, viewArray, image.Width, imgae.Height);
   MessageBox.Show("잠깐");
   int[,] ResultArray = viewCenter(viewArray, image.Width, image.Height);
   displayGrayArray(0, 0, ResultArray, image.Width, image.Height);
}
```

[프로그램 목록 6-1(g)]는 퓨리에 역변환이 제대로 수행되는 지를 확인하기 위해 먼저 입력 영상을 복소수형의 실수 부분에 들어가게 하고, 허수 부분은 0.0이 되게 하는 복소수형 데이터로 변환시킨 다음, 이를 기본 퓨리에 변환 루틴인 basicDFT()을 수행되게 하여 주파수 영역 데이터로 바꾼 다음, 곧바로 역변환 루틴인 inverseDFT()를 수행되게 하고, 이를 viewFourier() 루틴을 통해 화면에 표시될 수 있는 데이터로 변환하여 그 주파수 스펙트럼이 나타나게 하고, viewCenter() 루틴을 수행하여 네 모서리로 분산된 것을 중심으로 재배치되게 한 것이다. [그림 6-1]의 (d)는 이 루틴을 수행한 결과를 나타낸 것이다.

[프로그램 목록 6-1(g): faFourierTransform의 Form1.cs]

```
private void inverseDFDItem_Click(object sender, EventArgs e)
{
   Complex[,] grayFourArray = new Complex[image.Height, image.Width];

   for(int y=0; y<image.Height; y++)
      for(int x=0; x<image.Width; x++)
          grayFourArray[y,x] = new Complex((double)grayArray[y,x], 0.0);

   Complex[,] FourierArray = basicDFT(grayFourArray, image.Width, image.Height);
   //FourierArray[0,0].Real = FourierArray[0,0].Imaginary = 0.0; // Filter
   Complex[,] iFourierArray = inverseDFT(FourierArray, image.Width, image.Height);

   int[,] viewArray = viewFourier(iFourierArray, image.Width, image.Height);
   displayGrayArray(0, 0, viewArray, image.Width, imgae.Height);
}
```

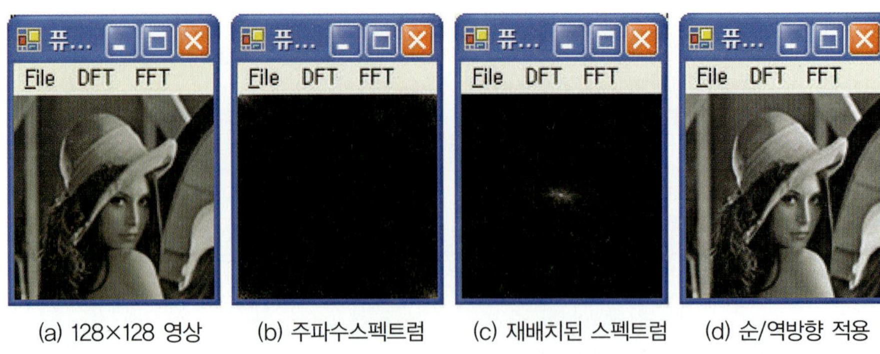

(a) 128×128 영상 (b) 주파수스펙트럼 (c) 재배치된 스펙트럼 (d) 순/역방향 적용

그림 6-1 순방향 DFT와 역방향 DFT 적용 예

6.3 고속 퓨리에 변환

이산 퓨리에 변환 루틴인 [프로그램 목록 6-1(b)]와 [프로그램 목록 6-1(c)]는 $O(n^4)$의 시간 복잡도를 가지므로 실용성이 없어 개선시키지 않으면 크기가 큰 영상에 적용하기가 곤란하다.

다행히 n 길이의 이산적 변환은 $n/2$의 길이인 두 개의 퓨리에 변환의 합이 될 수 있다는 것이 증명되어, 이른바 고속 퓨리에 변환 방법(Fast Fourier Transform; FFT)이 개발되었다.

[프로그램 목록 6-1(h): faFourierTransform의 Form1.cs]

```
private void forwardFFTItem_Click(object sender, System.EventArgs e)
{
   int M=0,N=0, tnum;
   tnum = image.Width;

   while(tnum>1)
   {
      tnum >>= 1; M++;
   }
   if((tnum<<M) != image.Width)
      MessageBox.Show("영상의 폭이 2의 n승이 아닙니다.");
   else
   {
```

```
        tnum = image.Height;
        while(tnum>1)
        {
        tnum >>= 1; N++;
        }
        if( (tnum<<N) != image.Height)
        MessageBox.Show("영상의 높이가 2의 n승이 아닙니다.");
        else
        {
           Complex[,] grayFourArray = new Complex[image.Height, image.Width];
           for(int y=0; y<image.Height; y++)
           for(int x=0; x<image.Width; x++)
              grayFourArray[y,x] = new Complex((double)grayArray[y,x], 0.0);
           Complex[,] FourierArray = FFT_2D(grayFourArray, image.Width, image.Height, M, N);
           int[,] viewArray = viewFourier(FourierArray, image.Width, image.Height);
           displayGrayArray(0, 0, viewArray, image.Width, imgae.Height);
           MessageBox.Show("잠깐");
           int[,] ResultArray = viewCenter(viewArray, image.Width, image.Height);
           displayGrayArray(0, 0, ResultArray, image.Width, image.Height);
        }
    }
}
```

이 방법의 분해 성질을 이용하여 하나의 2차원 식을 두 개의 1차원 식으로 만들 수 있듯이 영상의 경우에도 2차원 행렬을 분해하여 행에 대해 적용한 것을 다시 열에 대해 적용하는 분해 방법을 사용한다. 이 방법은 $n \times n$ 영상에 대해 $O(n^2\log_2 n^2)$, $m \times n$ 영상에 대해 $O(mn\log_2)$의 시간 복잡도를 가지므로 이산 퓨리에 변환 방법에 비해 대단히 유용하다. 다만 n이 $n/2$로 분해되듯이 $n/2$이 $n/4$으로 $n/4$이 $n/8$ 로 반복적으로 분해될 수 있어야 하므로 영상의 폭과 높이는 모두 2^n크기를 가져야 한다는 것이 제약사항이다.

[프로그램 목록 6-1(h)]은 영상에 대해 FFT를 수행하여 그 결과를 수파수 스펙트럼으로 나타내는 메인 루틴을 나타낸 것이다. 먼저 영상의 폭과 높이가 의 크기를 갖는다는 제약 사항을 검사하고 입력 영상을 복소수형의 실수 부분에 들어가게 하고, 허수 부분은 0.0이 되게 하는 복소수형 데이터로 변환시킨 다음, 이를 2차원 고속 퓨리에 변환 루틴인 FFT_2D()를 수행되게 하여 주파수 영역 데이터로 바꾼 다음 이를 viewFourier() 루틴을 통해 화면에 표시될 수 있는 데이터로 변환하여 그 주파수 스펙트럼이 나타나게 하고, viewCenter() 루틴을 수행하여 네 모서리로 분산된 것을 중심으로 재배치되게 한다.

[프로그램 목록 6-1(i)]는 입력 영상 데이터를 갖는 2차원 복소수형 데이터를 고속 퓨리에 변환에 의해 주파수 스펙트럼 정보를 갖는 데이터를 반환해 주는 2차원 고속 퓨리에 변환 루틴을 나타낸 것이다. 이 루틴은 FFT의 분해 성질을 이용하여 먼저 행에 대해서 FFT를 수행하고, 그 결과를 가지고 다시 열에 대해 적용하여 변환을 수행하는 것을 나타내고 있다.

복소수형 일차원 배열 OnDimRowData는 처리할 행 데이터를 임시로 가지고 있는 것이고, 복소수형 일차원 배열 OnDimColData는 처리할 열 데이터를 임시로 가지고 있는 것이다. 이들의 자료 Complex는 기본 데이터형이 아니고 사용자 정의에 의해 새로 만들어진 클래스이므로 C#에서는 클래스에 대한 배열을 선언한 경우에는 각 배열 요소가 객체이므로 이를 일단 생성하는 절차가 필요하다. 반환될 복소수형 2차원 배열 R의 경우도 마찬가지인데 이 경우 각 배열요소가 반복해서 수행되지 않으므로 생성과 동시에 값이 지정되도록 했다.

[프로그램 목록 6-1(i): faFourierTransform의 Form1.cs]

```
Complex[,] FFT_2D(Complex[,] G, int Width, int Height, int M, int N)
{
  Complex[,] R = new Complex[image.Height, image.Width];
  Complex[] OneDimColData = new Complex[image.Height];//열데이터는 각각 높이만큼 길이를 갖음
  Complex[] OneDimRowData = new Complex[image.Width];//행데이터는 각각 폭 만큼 길이를 갖음

  for(int y=0; y<Height; y++)
    for(int x=0; x<Width; x++)
        OneDimRowData[x] = new Complex();
  for(int y=0; y<Height; y++)
  {
    for(int x=0; x<Width; x++)
    {
        OneDimRowData[x].Real = G[y,x].Real;
        OneDimRowData[x].Imaginary = G[y,x].Imaginary;
    }
    Complex[] FourierRow = FFT(OneDimRowData, M, Width);
    for(int x=0; x<Width; x++)
        R[y,x] = new Complex(FourierRow[x].Real, FourierRow[x].Imaginary);
  }
  for(int x=0; x<Width; x++)
    for(int y=0; y<Height; y++)
        OneDimColData[y] = new Complex();
  for(int x=0; x<Width; x++)
  {
    for(int y=0; y<Height; y++)
    {
```

```
            OneDimColData[y].Real = R[y,x].Real;
            OneDimColData[y].Imaginary = R[y,x].Imaginary;
        }
        Complex[] FourierCol = FFT(OneDimColData, N, Height);
          for(int y=0; y<Height; y++)
          {
            R[y,x].Real      = FourierCol[y].Real;
            R[y,x].Imaginary = FourierCol[y].Imaginary;
          }
    }
    return R;
}
```

[프로그램 목록 6-1(j)]는 고속 퓨리에 변환의 핵심 루틴인 FFT()를 나타낸 것이다. 분해된 복소수 1차원 배열 데이터를 받아서 주파수 정보로 변환한 다음 그 결과를 반환하는 루틴이다. 이것은 크게 scramble()과 butterflies() 루틴으로 구성된다. scramble() 루틴은 재귀적인 이산 퓨리에 변환 계산의 주기와 대칭을 이루도록 데이터를 적절히 재배치하는 것이다. 이것은 역순의 인덱스 비트를 배열의 성분으로 계산하며 데이터는 역순에 의해 지정되는 것과 교환된다.

butterflies()는 데이터를 점 집합으로 나누고 이웃한 점에 대해 이산 퓨리에 변환을 수행하는 루틴이다.

[프로그램 목록 6-1(j): faFourierTransform의 Form1.cs]

```
Complex[] FFT(Complex[] G, int log2N, int length)
{
    Complex[] scrambleG = scramble(G, length);
    Complex[] R = butterflies(scrambleG, log2N, length);
    return R;
}
```

[프로그램 목록 6-1(k): faFourierTransform의 Form1.cs]

```
Complex[] scramble(Complex[] G, int length)
{
    int i, j, m;
    double temp;
    Complex [] R = new Complex[length];
    for(i=0; i<length; i++)
        R[i] = new Complex(G[i].Real, G[i].Imaginary);
    j=0;

    for(i=0; i<length; i++)
    {
        if(i>j)
        {
            temp = R[j].Real;
            R[j].Real = R[i].Real;
            R[i].Real = temp;
            temp = R[j].Imaginary;
            R[j].Imaginary = R[i].Imaginary;
            R[i].Imaginary = temp;
        }
        m= length >> 1;
        while((j>=m) & (m>1))
        {
            j -= m; m >>= 1;
        }
        j += m;
    }

    return R;
}
```

[프로그램 목록 6-1(k)]는 scamble() 루틴을 나타낸 것이고, [프로그램 목록 6-1(l)]는 butterflies() 루틴을 나타낸 것이다.

[프로그램 목록 6-1(l): faFourierTransform의 Form1.cs]

```
Complex[] butterflies(Complex[] G, int log2N, int length)
{
    int i, j, k, offset;
    int n, halfN;
    double theta, tdbl;
    Complex exp = new Complex();
    Complex iw= new Complex();
    Complex w = new Complex();
    Complex [] R = new Complex[length];
```

```
        for(i=0; i<length; i++)
            R[i] = new Complex(G[i].Real, G[i].Imaginary);
        n= 1;
        for(i=0; i<log2N; i++)
        {
            halfN = n;
            n <<= 1;
            theta = -2.0*Math.PI/(double)n;
            tdbl = Math.Sin(0.5*theta);
            exp.Real = -2.0*tdbl*tdbl;
            //exp.Real = Math.Cos(theta);
            exp.Imaginary = Math.Sin(theta);
            w.Real = 1.0; w.Imaginary = 0.0;
            for(offset=0; offset<halfN; offset++)
            {
                for(k=offset; k<length; k+=n)
                {
                    j=k+halfN;
                    iw = Complex.Multiply(w,R[j]);
                    R[j].Real= R[k].Real-iw.Real;
                    R[k].Real+= iw.Real;
                    R[j].Imaginary = R[k].Imaginary-iw.Imaginary;
                    R[k].Imaginary+= iw.Imaginary;
                }
                tdbl = w.Real;
                w.Real = tdbl*exp.Real-w.Imaginary*exp.Imaginary + w.Real;
                w.Imaginary = w.Imaginary*exp.Real+tdbl*exp.Imaginary+w.Imaginary;
            }
        }
        for(i=0; i<length; i++)
        {
            R[i].Real      /= (double)length;
            R[i].Imaginary /= (double)length;
        }
        return R;
}
```

[프로그램 목록 6-1(m)]은 역방향 FFT를 제대로 수행되는 지를 확인하기 위한 메인 루틴을 나타낸 것이다. 먼저 영상의 폭과 높이가 2^n의 크기를 갖는다는 제약사항을 검사하고 입력 영상을 복소수형의 실수 부분에 들어가게 하고, 허수 부분은 0.0이 되게 하는 복소수형 데이터로 변환시킨 다음, 이를 2차원 고속 퓨리에 변환 루틴인 FFT_2D()를 수행되게 하여 주파수영역 데이터로 바꾼 다음, 곧바로 역방향 FFT를 수행하는 루틴인 iFFT_2D를 수행하게 하고, 이를 viewFourier() 루틴을 통해 화면에 표시될 수 있는 데이터로 변환하여 그 주파수 스펙트럼이 나타나게 하고, viewCenter() 루틴을 수행하여 네 모서리로

분산된 것을 중심으로 재배치되게 한다.

[프로그램 목록 6-1(n)]는 2차원 복소수형 주파수 데이터를 역방향 고속 퓨리에 변환에 의해 영상정보를 갖는 데이터로 반환해 주는 역방향 2차원 고속 퓨리에 변환 루틴을 나타낸 것이다. 이 루틴은 역방향 FFT의 분해 성질을 이용하여 먼저 행에 대해서 역방향 FFT를 수행하고, 그 결과를 가지고 다시 열에 대해 적용하여 변환을 수행하는 것을 나타내고 있다.

[프로그램 목록 6-1(m): faFourierTransform의 Form1.cs]

```
private void inverseFFTItem_Click(object sender, System.EventArgs e)
{
   int M=0,N=0, tnum;

   tnum = image.Width;
   while(tnum>1)
   {
      tnum >>= 1; M++;
   }

   if( (tnum<<M) != image.Width)
      MessageBox.Show("영상의 폭이 2의 n승이 아닙니다.");
   else
   {
      tnum = image.Height;
      while(tnum>1)
      {
         tnum >>= 1; N++;
      }
      if( (tnum<<N) != image.Height)
      MessageBox.Show("영상의 높이가 2의 n승이 아닙니다.");
      else
      {
         Complex[,] grayFourArray = new Complex[image.Height, image.Width];
         for(int y=0; y<image.Height; y++)
            for(int x=0; x<image.Width; x++)
               grayFourArray[y,x] = new Complex((double)grayArray[y,x], 0.0);
         Complex[,] FourierArray  = FFT_2D(grayFourArray, image.Width, image.Height, M, N);
         //FourierArray[0,0].Real = FourierArray[0,0].Imaginary = 0.0; // Filter
         Complex[,] iFourierArray = iFFT_2D(FourierArray, image.Width, image.Height, M, N);
         int[,] viewArray = viewFourier(iFourierArray, image.Width, image.Height);
         displayGrayArray(0, 0, viewArray, image.Width, image.Height);
      }
   }
}
```

[프로그램 목록 6-1(n): faFourierTransform의 Form1.cs]

```
Complex[,] iFFT_2D(Complex[,] G, int Width, int Height, int M, int N)
{
   Complex[,] R = new Complex[image.Height, image.Width];
   Complex[] OneDimColData = new Complex[image.Height];//열데이터는 각각 높이만큼 길이를 갖음
   Complex[] OneDimRowData = new Complex[image.Width];//행데이터는 각각 폭 만큼 길이를 갖음

   for(int y=0; y<Height; y++)
     for(int x=0; x<Width; x++)
          OneDimRowData[x] = new Complex();

   for(int y=0; y<Height; y++)
   {
     for(int x=0; x<Width; x++)
     {
          OneDimRowData[x].Real = G[y,x].Real;
          OneDimRowData[x].Imaginary = G[y,x].Imaginary;
     }
     Complex[] FourierRow = iFFT(OneDimRowData, M, Width);
     for(int x=0; x<Width; x++)
          R[y,x] = new Complex(FourierRow[x].Real, FourierRow[x].Imaginary);
   }

   for(int x=0; x<Width; x++)
     for(int y=0; y<Height; y++)
          OneDimColData[y] = new Complex();

   for(int x=0; x<Width; x++)
   {
     for(int y=0; y<Height; y++)
     {
          OneDimColData[y].Real = R[y,x].Real;
          OneDimColData[y].Imaginary = R[y,x].Imaginary;
     }
     Complex[] FourierCol = iFFT(OneDimColData, N, Height);
        for(int y=0; y<Height; y++)
        {
          R[y,x].Real       = FourierCol[y].Real;
          R[y,x].Imaginary  = FourierCol[y].Imaginary;
        }
   }
   return R;
}
```

[프로그램 목록 6-1(o): faFourierTransform의 Form1.cs]

```
Complex[] iFFT(Complex[] G, int log2N, int length)
{
    Complex[] scrambleG = scramble(G, length);
    Complex[] R = iButterflies(scrambleG, log2N, length);
    return R;
}
```

[프로그램 목록 6-1(p): faFourierTransform의 Form1.cs]

```
Complex[] iButterflies(Complex[] G, int log2N, int length)
{
    int i, j, k, offset;
    int n, halfN;
    double theta, tdbl;
    Complex exp = new Complex();
    Complex iw= new Complex();
    Complex w = new Complex();
    Complex [] R = new Complex[length];
    for(i=0; i<length; i++)
        R[i] = new Complex(G[i].Real, G[i].Imaginary);
    n= 1;
    for(i=0; i<log2N; i++)
    {
      halfN = n;
      n <<= 1;
      theta = 2.0*Math.PI/(double)n;
      tdbl = Math.Sin(0.5*theta);
      exp.Real = -2.0*tdbl*tdbl;
      //exp.Real = Math.Cos(theta);
      exp.Imaginary = Math.Sin(theta);
      w.Real = 1.0; w.Imaginary = 0.0;
      for(offset=0; offset<halfN; offset++)
      {
        for(k=offset; k<length; k+=n)
        {
            j=k+halfN;
            iw = Complex.Multiply(w,R[j]);
            R[j].Real= R[k].Real-iw.Real;
            R[k].Real+= iw.Real;
            R[j].Imaginary = R[k].Imaginary-iw.Imaginary;
            R[k].Imaginary+= iw.Imaginary;
        }
        tdbl = w.Real;
        w.Real = tdbl*exp.Real-w.Imaginary*exp.Imaginary + w.Real;
        w.Imaginary = w.Imaginary*exp.Real+tdbl*exp.Imaginary+w.Imaginary;
      }
    }
    for(i=0; i<length; i++)
    {
```

```
        R[i].Real      /= (double)length;
        R[i].Imaginary /= (double)length;
    }
    return R;
}
```

[프로그램 목록 6-1(o)]는 역방향 고속 퓨리에 변환의 핵심 루틴인 iFFT()를 나타낸 것이다. 분해된 복소수 1차원 배열의 주파수 데이터를 받아서 영상 정보로 변환한 다음 그 결과를 반환하는 루틴이다. 이것은 크게 scramble()과 ibutterflies() 루틴으로 구성된다. scramble()루틴은 순방향의 경우와 동일하며, ibutterflies() 루틴은 [프로그램 목록 6-1(p)]과 같이 butterflies()루틴에 theta의 부호가 다르고 결과에 대해 length로 나누는 것이 추가된 것이다.

[그림 6-2]는 순방향 FFT와 역방향 FFT 적용 예를 나타낸 것이다.

(a) 512×512 영상

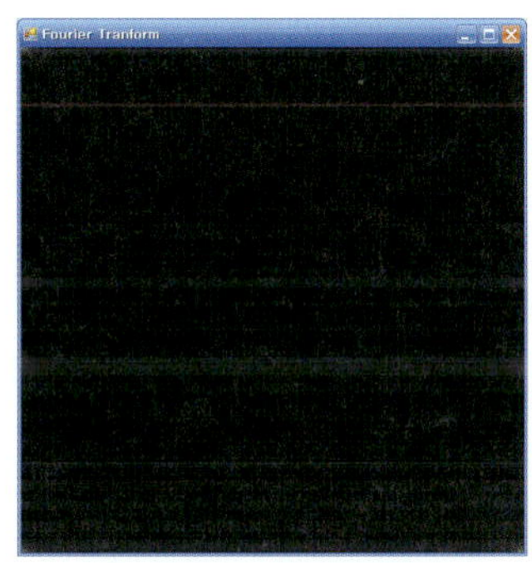

(b) 주파수 스펙트럼

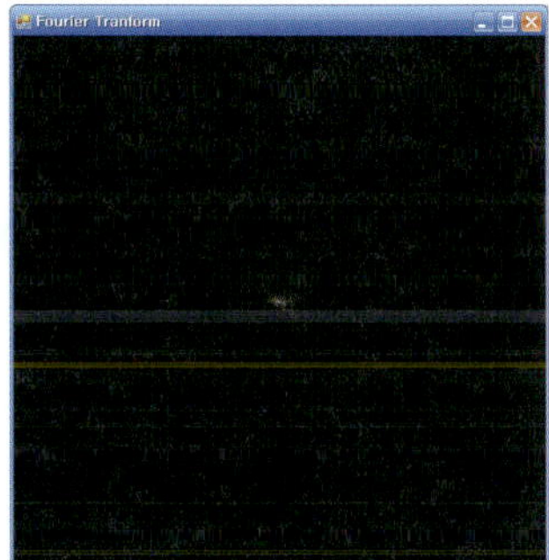

(c) 재배치된 스펙트럼

(d) 순/역방향 적용

그림 6-2 순방향 FFT와 역방향 FFT 적용 예

6.4 EmguCV에 의한 퓨리에 변환

[그림 6-3]은 EmguCV를 이용한 퓨리에 변환 처리를 위한 윈도우즈 폼 설계를 한 것으로 [그림 5-21] 메뉴에서 DFD(Discrete Fourier Transform)의 FFT(Fast Fourier Transform) 알고리즘을 구현하기 위한 순방향 FFT인 'Forward FFT' 역방향 FFT인 'Imverse FFT' 를 추가하여 구성한 것이다.

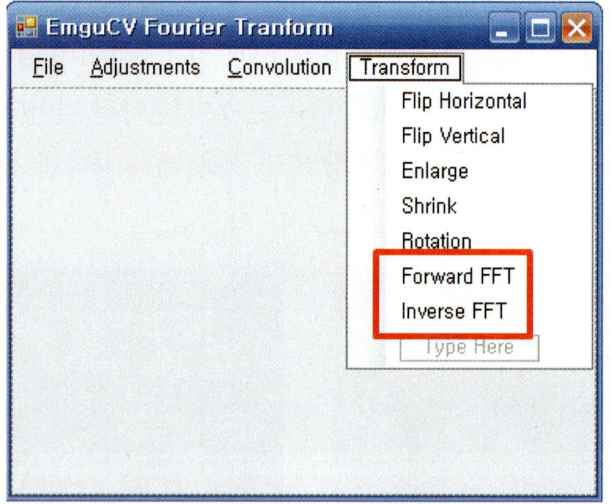

그림 6-3 EmguCV를 이용한 퓨리에 변환 메뉴

[프로그램 목록 6-2(a)]는 순방향 FFT를 나타낸 것이다. Image 제네릭 클래스에는 DFT에 대한 메소드가 없기 때문에 CvInvoke 클래스를 이용하여 OpenCV의 함수를 호출하는 방법을 사용한다. CvInvoke.cvDFT() 메소드는 처리대상(spat), 처리결과(freq), 변환방법(순방향:CV_DXT.CV_DXT_FORWARD), 행의 수(2차원의 경우) 등 4개의 인수를 필요로 한다. 이 후의 코드들은 [프로그램 목록 6-1]처럼 주파수 스펙트럼을 보여주기 위한 부분이며, 여기서는 허수부에 대한 정보가 빠지므로 약간 다르게 보인다.

[프로그램 목록 6-2(a): Emgu201FourierTransform의 Form1.cs]

```
private void forwardFFTItem_Click(object sender, EventArgs e)
{
  int M = 0, N = 0, tnum;
  tnum = imageObj.Width;
  while (tnum > 1)
  {
    tnum >>= 1; M++;
  }
  if ((tnum << M) != image.Width)
    MessageBox.Show("영상의 폭이 2의 n승이 아닙니다");
  else
  {
    tnum = imageObj.Height;
    while (tnum > 1)
    {
      tnum >>= 1; N++;
    }
    if ((tnum << N) != image.Height)
      MessageBox.Show("영상의 높이가 2의 n승이 아닙니다);
    else
    {
      IntPtr spat = CvInvoke.cvCreateMat(imageObj.Height, imageObj.Width, MAT_DEPTH.CV_64F);
      IntPtr freq = CvInvoke.cvCreateMat(imageObj.Height, imageObj.Width, MAT_DEPTH.CV_64F);
      Image<Gray, double> imageDob = imageObj.Convert<Gray, double>();
      spat = imageDob.Ptr;
      CvInvoke.cvDFT(spat, freq, CV_DXT.CV_DXT_FORWARD, imageObj.Height);
      imageDob.Ptr = freq;
      double[,] t = new double[imageDob.Height, imageDob.Width];
      int x, y;
      Gray gray = new Gray();
      double dpix, dmax = double.MinValue, dmin = double.MaxValue;
      for (y = 0; y < imageDob.Height; y++)
        for (x = 0; x < imageDob.Width; x++)
        {
          gray = imageDob[y, x];  dpix = gray.Intensity;
          t[y, x] = Math.Sqrt(dpix * dpix);  t[y, x] = Math.Log10(1 + t[y, x]);
          if (t[y, x] > dmax) dmax = t[y, x];
          if (t[y, x] < dmax) dmin = t[y, x];
        }
      double dConst = 255.0 / (dmax - dmin);
      for (y = 0; y < imageDob.Height; y++)
        for (x = 0; x < imageDob.Width; x++)
        {
          t[y, x] = dConst * (t[y, x] - dmin);
          gray = new Gray(t[y, x]);  imageDob[y, x] = gray;
        }
      ibCanvas.Image = imageDob;   MessageBox.Show("잠깐");
      double[,] R = viewCenter(t, imageDob.Width, imageDob.Height);
      for (y = 0; y < imageDob.Height; y++)
        for (x = 0; x < imageDob.Width; x++)
```

```
            {
                gray.Intensity = R[y, x];  imageDob[y, x] = gray;
            }
        ibCanvas.Image = imageDob;
      }
    }
}
```

[프로그램 목록 6-2(b): Emgu201FourierTransform의 Form1.cs]

```
double[,] viewCenter(double[,] G, int Width, int Height)
{
    double[,] R = new double[Height, Width];
    int x, y;
    int xMid = Width / 2;
    int yMid = Height / 2;

    // 좌상원점대칭이동
    for (y = 0; y < yMid; y++)
        for (x = 0; x < xMid; x++)
            R[yMid - 1 - y, xMid - 1 - x] = G[y, x];
    // 좌하원점대칭이동
    for (y = yMid; y < Height; y++)
        for (x = 0; x < xMid; x++)
            R[Height - 1 - y + yMid, xMid - 1 - x] = G[y, x];
    // 우상원점대칭이동
    for (y = 0; y < yMid; y++)
        for (x = xMid; x < Width; x++)
            R[yMid - 1 - y, Width - 1 - x + xMid] = G[y, x];
    // 우하원점대칭이동
    for (y = yMid; y < Height; y++)
        for (x = xMid; x < Width; x++)
            R[Height - 1 - y + yMid, Width - 1 - x + xMid] = G[y, x];
    return R;
}
```

[프로그램 목록 6-2(b)]는 주파수 스펙트럼를 재배치하기 위한 것으로 [프로그램 목록 6-1(e)]와 전달되고 반환받는 데이터 형이 int가 아닌 double 형인 것만 다르다.

[프로그램 목록 6-2(c): Emgu201FourierTransform의 Form1.cs]

```
private void inverseFFTItem_Click(object sender, EventArgs e)
{
    IntPtr spat = CvInvoke.cvCreateMat(imageObj.Height, imageObj.Width, MAT_DEPTH.CV_64F);
    IntPtr freq = CvInvoke.cvCreateMat(imageObj.Height, imageObj.Width, MAT_DEPTH.CV_64F);
    IntPtr dest = CvInvoke.cvCreateMat(imageObj.Height, imageObj.Width, MAT_DEPTH.CV_64F);
    Image<Gray, double> imageDob = imageObj.Convert<Gray, double>();
    spat = imageDob.Ptr;
    CvInvoke.cvDFT(spat, freq, CV_DXT.CV_DXT_FORWARD, imageObj.Height);
    // Filter//
    CvInvoke.cvDFT(freq, dest, CV_DXT.CV_DXT_INVERSE, imageObj.Height);
    imageDob.Ptr = dest;
    ibCanvas.Image = imageDob;
}
```

[프로그램 목록 6-2(c)]는 역방향 FFT를 나타낸 것이다. 순방향 FFT와 다른 점은 두 번째 인수 변환방법이 역방향을 상징하는 CV_DXT.CV_DXT_INVERSE 인 것만 다르다. 역방향 FFT가 제대로 수행되는지를 확인하기 위해 순방향 FFT를 일단 수행한 다음, 바로 역방향 FFT를 적용하여 원영상이 나오는지를 확인할 수 있도록 했다.

연/습/문/제

[기초문제]

※ 빈 칸에 가장 알맞은 말을 넣으시오.

1. 주기성을 가진 함수는 가중치를 가진 사인과 코사인의 합을 나타내는 곡선으로 표현할 수 있다는 퓨리에의 생각은 처음에 쉽게 받아들여지지 않았지만, (   )라는 개념이 형성되고, 사인과 코사인 곡선의 조합에 의해 (   )와 진폭이 다른 다양한 정형파가 만들어진다는 것이 일반화되었다.

2. 주기적이지 않는 함수조차도 가중 함수에 의해 곱해지는 사인과 코사인의 (   )으로 표현될 수 있다는 퓨리에 변환의 개념이 실생활에까지 널리 이용하기에 이르렀다.

3. 시간 영역을 (   ) 영역으로 변환시키는 퓨리에 변환은 그 역변환이 성립한다는 측면 여러 응용분야에 폭넓게 이용할 수 있다.

4. 신호 처리의 경우, 대부분 주파수 영역이라는 수학 공간에서 이루어지므로 더욱더 의미가 있다고 할 수 있다. 또한 음성 신호를 1차원 신호로 보고, 영상 신호를 (   )로 볼 수 있으므로 우리가 다루는 영상처리 분야에도 널리 활용할 수 있다.

5. 퓨리에 변환 식은 $e^{\pm j\theta}=\cos\theta\pm j\sin\theta$을 포함하고 있기 때문에 실수의 범위를 넘어서 복소수 범위까지 확장되어 있으므로 이를 위한 프로그램을 작성하기 위해서는 복소수를 표현할 수 있어야 한다. 그런데 C#의 (   )에는 복소수가 없으므로 이를 위한 새로운 (   )를 정의해야 한다.

6. EmguCV 환경에서 Image 제네릭 클래스에는 DFT에 대한 메소드가 없기 때문에 (   ) 클래스를 이용하여 OpenCV의 함수를 호출하는 방법을 사용한다. 이 클래스의 cvDFT() 메소드는 처리대상, 처리결과, 변환방법, 2차원의 경우 (   ) 등 4개의 인수를 필요로 한다.

7. cvDFT() 메소드의 인수 중 처리대상, 처리결과는 모두 (   ) 구조체 형식인데 이것은 포인터를 사용하지 않는 C#에서 포인터형을 사용하는 OpenCV의 함수를 호출하기 위해 지원하는 구조체 형식으로서, Iplimage나 Matrix에 대한 포인터를 상징한다.

8. 변환 방법으로는 순방향의 경우 열거형 (   )의 CV_DXT_FORWARD 멤버를, 역방향의 경우 CV_DXT_INVERSE 멤버를 지정한다.

[심화문제]

1. 다음 이산 퓨리에 변환식을 기술하시오.

   1) 이산 퓨리에 순변환 식

   2) 이산 퓨리에 역변환 식

2. 이산 퓨리에 변환에 관한 GDI+ 환경에서 기본 순변환 및 역변환 프로그램과 고속 퓨리에 순변환 및 역변환 프로그램, 그리고 EmguCV 환경에서 고속 퓨리에 순변환 및 역변환 프로그램에 의해 샘플 영상을 다음 크기 별로 실행하여 그 수행 시간을 비교해 보시오.

   1) 32×32 영상

   2) 64×64 영상

   3) 128×128 영상

   4) 256×256 영상

형태학적 영상처리

7.1 형태학적 처리(Morphological Processing)의 개념

형태학(morphology)이란 생물학의 한 분야로서 동물과 식물의 형태와 구조를 다루는 학문을 말한다. 여기서는 수학적 형태론의 의미로서, 집합 이론을 사용하며, 영상을 집합의 대상으로 삼아, 경계, 윤곽, 모서리 등과 같은 영역의 형태를 표현하고 설명하는 데 유용한 영상의 구성요소를 추출하는 도구라는 뜻으로 사용한다. 형태학적 필터링, 침식, 팽창 등과 같은 영상의 전처리와 후처리에 이러한 형태학적 처리 기법을 사용하는데, 이들은 수학적 논리 연산인 AND, OR, NOT, XOR 등을 기초로 한다. 실제적인 형태학적 영상처리라 할 수 있는 형태학적 처리는 이러한 논리 연산의 조합으로 이루어지며, 영상의 전처리 시 물체와 배경 사이에서 물체의 모양이나 윤곽을 매끄럽게 하거나 축소 및 확장을 통해 물체를 보다 명확히 구별해내기 위한 기초 작업으로 많이 사용한다.

영상처리에 있어서 가장 기본적인 형태학적 처리 기법으로는 팽창(dilation)과 침식(erosion)이 있다. 팽창은 물체의 외곽을 두껍게 하거나 확장시키는 작용을 하므로 물체 내부의 빈 공간을 메우거나 가까운 거리의 끊어진 부분을 연결시켜주는 역할을 한다. 침식은 물체의 외곽을 가늘게 하거나 축소시키는 작용을 하므로 아주 작은 물체를 제거하여 배경으로 만들어주는 역할을 한다. 개방(opening)은 먼저 침식을 수행하여 미세 잡음을 제거한 다음, 팽창을 수행하여 원 영상의 크기를 유지하도록 하는 것이다. 폐쇄(closing)는 먼저 팽창을 수행하여 물체를 확장하여 작은 구멍들을 채운 다음, 침식을 수행하여 원 영상의 크기가 유지되도록 하는 것이다.

7.2 이진 영상의 형태학적 처리

이진 영상은 흰색(1 또는 255)과 검정색(0) 두 가지 색으로 이루어진 영상을 말한다. 음영영상을 이진 영상으로 변환시키려면 픽셀의 깊이가 8비트인 것을 1비트가 되도록 단순히 특정 문턱치를 기준으로 변환시키는 알고리즘을 사용하거나, 진한 부분과 연한 부분을 검정색 픽셀의 밀집 상태로 표현하는 알고리즘을 사용하면 된다.

[프로그램 목록 7-1(a)]는 입력 영상 파일을 [프로그램 목록 3-4(c)] basicStretch() 메소드의 기본 대비 신장 기법을 적용하여 음영영상정보를 갖는 2차원배열로 변환시키는 루틴을 나타낸 것이다. 이진 영상으로 변환하는 것은 그만큼 영상정보가 없어지는 것이므로 '이진 영상으로 변환할까요?' 라는 메시지박스에서 확인한 후 변환시킨다. copyBinBitmap2Array()는 음영영상정보를 특정 문턱치(127)를 기준으로 255(흰색)와 0(검정색)으로 변환시켜 이진 영상정보를 갖도록 변환시키는 루틴이다.

[프로그램 목록 7-1(a): faMorphology의 Form1.cs]

```
private void convetToBinaryItem_Click(object sender, EventArgs e)
{
   basicStretch();
   if(MessageBox.Show("이진영상으로 변환할까요?", "이진영상 또는 음영영상으로 변환",
                              MessageBoxButtons.OKCancel) == DialogResult.OK)
   {
      copyBinBitmap2Array();
      displayGrayArray(0, 0, grayArray, bitmap.Width, bitmap.Height);
   }
}

void copyBinBitmap2Array()
{
     int x,y;
     for(y=0; y<bitmap.Height; y++)
         for(x=0; x<bitmap.Width; x++)
                if(grayArray[y,x]>127)
                        grayArray[y,x] = 255;
                else
                        grayArray[y,x] = 0;
}
```

[프로그램 목록 7-1(b): faMorphology의 Form1.cs]

```
private void binaryDilationItem_Click(object sender, EventArgs e)
{
    int[,] ResultArray = convolveBinDilation(grayArray, image.Width, image.Height, 3, 3);
    displayGrayArray(0, 0, ResultArray, image.Width, image.Height);
}

int[,] convolveBinDilation(int[,] G,int Width,int Height, int winCol,int winRow)
{
    int [,] R = new int[Height,Width];
    int x, y;
    int r, c;
    int xPad = winCol / 2;
    int yPad = winRow / 2;
    int winSize = winRow*winCol;
    int[] target = new int[winSize];

    for(y=0; y<Height-2*yPad; y++)
      for(x=0; x<Width-2*xPad; x++)
      {
        int index = 0;
        for(r=0; r<winRow; r++)
          for(c=0; c<winCol; c++)
            target[index++] = G[y+r, x+c];
        R[y+yPad,x+xPad] = binDilation(target, winSize);
      }
    for(y=0; y<yPad; y++)
    {
      for(x=xPad; x<Width-xPad; x++)
      {
        R[y, x] = R[yPad, x];
        R[Height-1-y,x] = R[Height-1-yPad, x];
      }
    }
    for(x=0; x<xPad; x++)
    {
      for(y=0; y<Height; y++)
      {
        R[y, x] = R[y, xPad];
        R[y, Width-1-x] = R[y, Width-1-xPad];
      }
    }
    return R;
}

int binDilation(int[] target, int tsize)
{
    int background = 0;
    int foreground = 255;
    int i;
```

```
    for(i=1; i<tsize; i++)
    {
        if(target[i]!=background) return foreground;
    }
    return background;
}
```

이러한 이진 영상처리에 있어서 가장 기본적인 형태학적 처리 기법으로는 팽창(dilation)과 침식(erosion)이 있다. 검정색(0) 배경의 흰색(255) 물체가 있을 때, 팽창은 물체의 외곽을 두껍게 하거나 확장시키는 작용을 하므로 물체 내부의 빈 공간을 메우거나 가까운 거리의 끊어진 부분을 연결시켜주는 역할을 한다. 침식은 물체의 외곽을 가늘게 하거나 축소시키는 작용을 하므로 아주 작은 물체를 제거하여 배경으로 만들어주는 역할을 한다. 흰색 배경에 검정색 불체의 경우, 그 반대의 결과를 만들어 준다.

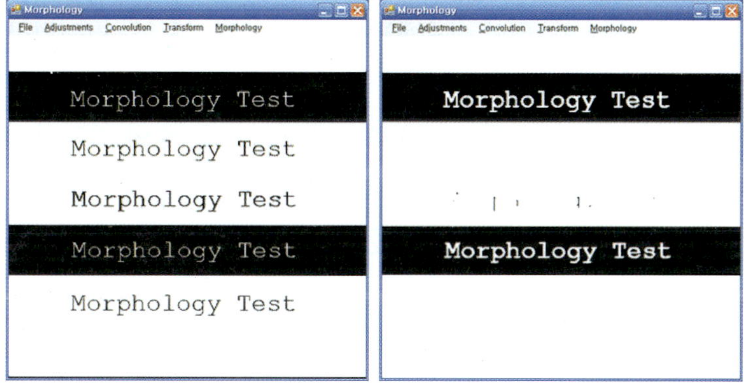

그림 7-1 팽창연산 적용 예

[프로그램 목록 7-(b)]는 이진 영상에 대한 팽창연산을 수행하는 메뉴를 선택했을 때 수행되는 것으로서, 3×3 회선 윈도우를 사용하여 회선을 수행하도록 하고 있다. convolveBinDilation() 메소드는 이진 영상의 팽창연산을 실제로 수행하는 루틴이며, 여기서 호출하는 binDilation()는 팽창 회선 윈도우 연산 루틴을 나타낸 것이다. 여기서는 3×3 회선 윈도우 내의 요소들의 모든 값이 배경색(0)이면 그대로 0을, 하나라도 배경색이 아니면 전경색(255)을 반환

한다. 회선 알고리즘을 이용하여 마스크 연산을 하는 것으로 간주한다면 팽창 마스크는 그림 [7-1]과 같이 된다.

0	0	0
0	0	0
0	0	0

그림 7-2 팽창 마스크

[그림 7-2]는 팽창연산을 적용한 예를 나타낸 것이다. 검정색 배경 위에 보이는 흰색 전경이 팽창되므로 흰색 배경의 검정색 글자는 사라졌지만 검정색 배경 위의 흰색 글자는 보다 선명해졌다.

[프로그램 목록 7-1(c)]는 이진 영상에 대한 침식연산을 수행하는 메뉴를 선택했을 때 수행되는 것으로서, 3×3 회선 윈도우를 사용하여 회선을 수행하도록 하고 있다. convolveBinErosion() 메소드는 이진 영상의 침식연산을 실제로 수행하는 루틴이며, binErosion()은 침식 회선 윈도우 연산 루틴을 나타낸 것이다. 여기서는 3×3회선윈도우 내의 요소들의 모든 값이 전경색(255)이면 그대로, 하나라도 전경색이 아니면 배경색(0)을 반환한다. 회선 알고리즘을 이용하여 마스크 연산을 하는 것으로 간주한다면 침식 마스크는 [그림 7-3]과 같이 된다.

255	255	255
255	255	255
255	255	255

그림 7-3 침식 마스크

[그림 7-4]은 침식연산을 적용한 예를 나타낸 것이다. 검정색 배경 위에 보이는 흰색 전경이 침식되므로 검정색 배경의 흰색 글자는 사라졌지만 흰색 배경 위의 검정색 글자는 보다 선명해졌다.

[프로그램 목록 7-1(c): faMorphology의 Form1.cs]

```
private void binaryErosionItem_Click(object sender, EventArgs e)
{
    int[,] ResultArray = convolveBinErosion(grayArray, image.Width, image.Height, 3, 3);
    displayGrayArray(0, 0, ResultArray, image.Width, image.Height);
}

int[,] convolveBinErosion(int[,] G,int Width,int Height, int winCol,int winRow)
{
    int [,] R = new int[Height,Width];
    int x, y;
    int r, c;
    int xPad = winCol / 2;
    int yPad = winRow / 2;
    int winSize = winRow*winCol;
    int[] target = new int[winSize];
    for(y=0; y<Height-2*yPad; y++)
      for(x=0; x<Width-2*xPad; x++)
      {
        int index = 0;
        for(r=0; r<winRow; r++)
          for(c=0; c<winCol; c++)
            target[index++] = G[y+r, x+c];
        R[y+yPad,x+xPad] = binErosion(target, winSize);
      }
    for(y=0; y<yPad; y++)
    {
      for(x=xPad; x<Width-xPad; x++)
      {
        R[y, x] = R[yPad, x];
        R[Height-1-y,x] = R[Height-1-yPad, x];
      }
    }
    for(x=0; x<xPad; x++)
    {
      for(y=0; y<Height; y++)
      {
        R[y, x] = R[y, xPad];
        R[y, Width-1-x] = R[y, Width-1-xPad];
      }
    }
    return R;
}

int binErosion(int[] target, int tsize)
{
    int background = 0;
    int foreground = 255;
    int i;
    for(i=1; i<tsize; i++)
    {
```

```
        if(target[i]!=foreground) return background;
    }
    return foreground;
}
```

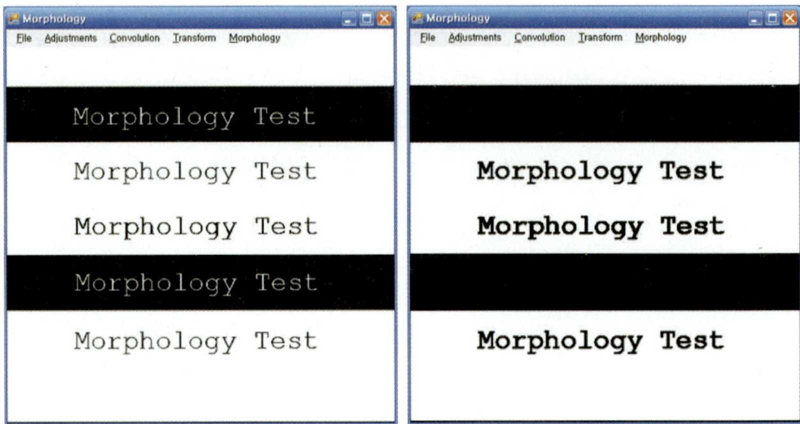

그림 7-4 침식연산 적용 예

이진 영상처리에 있어서 기본적인 형태학적 처리 기법들을 응용한 기법으로는 개방과 패쇄가 있다. 개방(opening)은 먼저 침식을 수행하여 미세 잡음을 제거한 다음, 팽창을 수행하여 원 영상의 크기를 유지하도록 하는 것이다. 폐쇄(closing)는 먼저 팽창을 수행하여 물체를 확장하여 작은 구멍들을 채운 다음, 침식을 수행하여 원 영상의 크기가 유지되도록 하는 것이다.

[프로그램 목록 7-1(d): faMorphology의 Form1.cs]

```
private void binaryOpeningItem_Click(object sender, EventArgs e)
{
    int[,] erosionArray = convolveBinErosion(grayArray, image.Width, image.Height, 3, 3);
    int[,] ResultArray = convolveBinDilation(erosionArray, image.Width, image.Height, 3, 3);
    displayGrayArray(0, 0, ResultArray, image.Width, image.Height);
}
```

[프로그램 목록 7-1(e): faMorphology의 Form1.cs]

```
private void binaryClosingItem_Click(object sender, EventArgs e)
{
    int[,] dilationArray = convolveBinDilation(grayArray, image.Width, image.Height, 3, 3);
    int[,] ResultArray = convolveBinErosion(dilationArray, image.Width, image.Height, 3, 3);
    displayGrayArray(0, 0, ResultArray, image.Width, image.Height);
}
```

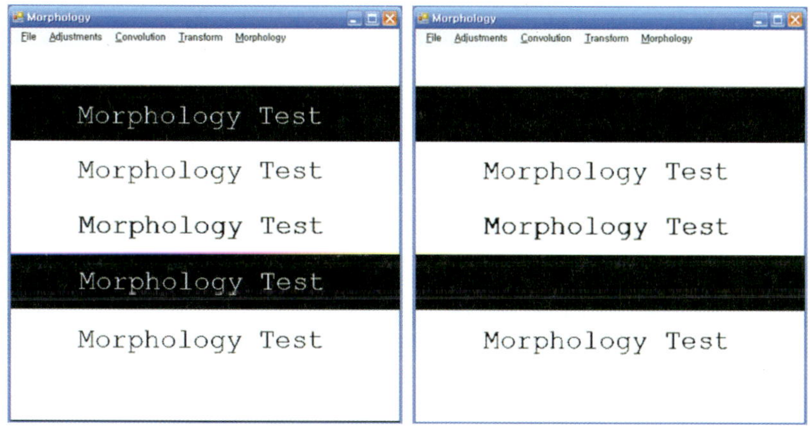

그림 7-5 개방 연산 적용 예

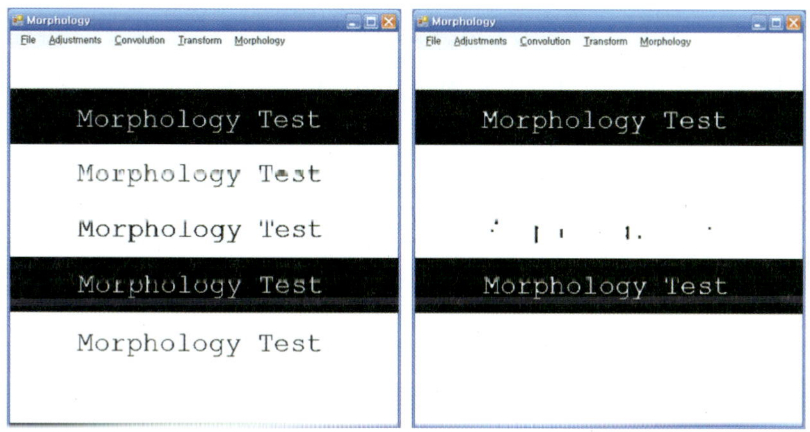

그림 7-6 폐쇄 연산 적용 예

[프로그램 목록 7-1(d)]는 이진 영상에 대한 개방 연산을 수행하는 메뉴를 선택했을 때 수행되는 것으로서, 3×3 회선 윈도우를 사용하여 회선을 수행하도록 하고 있다. 먼저 이진 영상의 침식연산을 수행한 다음, 그 결과에 대해 다시 팽창연산을 수행하게 된다.

[프로그램 목록 7-1(e)]은 이진 영상에 대한 패쇄 연산을 수행하는 메뉴를 선택했을 때 수행되는 것으로서, 3×3 회선 윈도우를 사용하여 회선을 수행하도록 하고 있다. 먼저 이진 영상의 팽창연산을 수행한 다음, 그 결과에 대해 다시 침식연산을 수행하게 된다.

[그림 7-5]는 개방 연산을 적용한 예를 나타낸 것이고 [그림 7-6]은 폐쇄 연산을 적용한 예를 나타낸 것이다.

7.3 음영영상의 형태학적 처리

이진 영상에 대한 팽창, 침식, 개방, 폐쇄 등의 4가지 형태학적 처리 기법을 음영영상으로 확대시키기 위해서는 단순히 0과 255(또는 1) 두 가지로만 표현되는 이진 영상의 명도값의 범위가 음영영상에서는 0~255까지의 다양한 값을 가진다는 것을 고려하여야 한다. 따라서 음영영상을 회선할 때, 회선 윈도우 내의 명도값의 크기를 비교하여 각 연산의 특성에 맞는 대표 값을 선택하면 된다. 보통 팽창의 경우는 최대값을, 침식의 경우는 최소값을 선택한다.

1) 음영영상의 팽창

음영영상에 팽창연산을 적용하기 위해서는 팽창 회선 윈도우 범위 내의 각 요소들의 명도값 중 가장 큰 값을 결과 값으로 선택하면 된다. 이렇게 하면 어두운 쪽의 배경을 가진 밝은 쪽의 전경이 팽창하게 된다.

[프로그램 목록701(f)]는 음영영상에 대한 팽창연산을 수행하는 메뉴를 선택했을 때 수행되는 것으로서, 3×3 회선 윈도우를 사용하여 회선을 수행하도록하고 있다. convolveMax() 메소드는 [프로그램 목록 4-1(w)]의 최대값 필터 알

고리즘으로 여기서는 음영영상의 팽창연산을 수행하는 루틴으로 재사용되었으며, 여기서 호출하는 maximum()은 팽창 회선 윈도우 연산 루틴을 나타낸 것이다. 여기서는 3×3 회선 윈도우 내의 요소들의 명도값 중 가장 큰 값을 반환한다.

[프로그램 목록 7-1(f): faMorphology의 Form1.cs]

```
private void grayDilationItem_Click(object sender, System.EventArgs e)
{
   basicStretch();
   int[,] ResultArray = convolveMax(grayArray, image.Width, image.Height, 3, 3);
   displayGrayArray(0, 0, ResultArray, image.Width, image.Height);
}
```

[그림 7-7]은 팽창연산을 적용한 예를 나타낸 것이다. 어두운 배경 위에 보이는 밝은 전경이 팽창된 것을 알 수 있다.

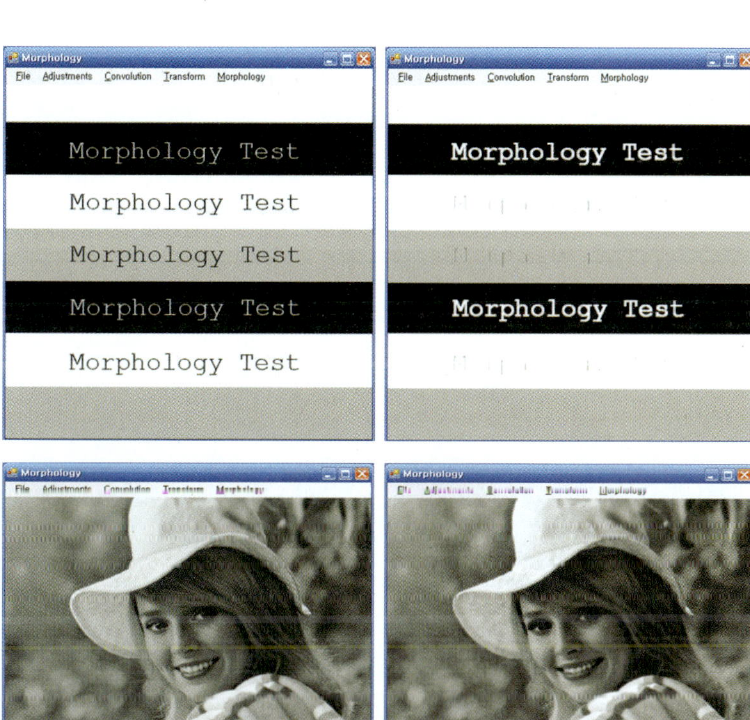

그림 7-7 음영영상의 팽창연산 적용 예

2) 음영영상의 침식

음영영상에 침식연산을 적용하기 위해서는 침식 회선 윈도우 범위 내의 각 요소들의 명도값 중 가장 작은 값을 결과 값으로 선택하면 된다. 이렇게 하면 어두운 쪽의 배경을 가진 밝은 쪽의 전경이 침식하게 된다.

[프로그램 목록 7-1(g)]는 음영영상에 대한 침식연산을 수행하는 메뉴를 선택했을 때 수행되는 것으로서, 3×3 회선 윈도우를 사용하여 회선을 수행하도록 하고 있다.

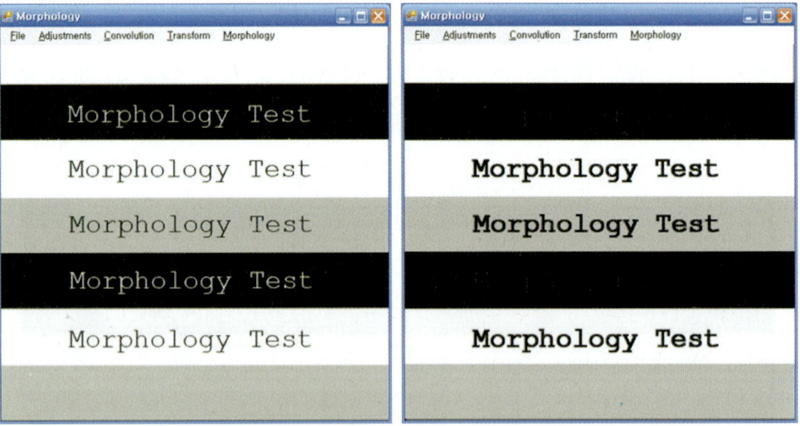

그림 7-8 음영영상의 침식연산 적용 예

[프로그램 목록 7-1(g): faMorphology의 Form1.cs]

```
private void grayErosionItem_Click(object sender, System.EventArgs e)
{
    basicStretch();
    int[,] ResultArray = convolveMin(grayArray, image.Width, image.Height, 3, 3);
    displayGrayArray(0, 0, ResultArray, image.Width, image.Height);
}
```

convolveMin() 메소드는 [프로그램 목록 4-1(w)]의 최소값 필터 알고리즘으로 여기서는 음영영상의 침식연산을 수행하는 루틴으로 재사용되었으며, 여기서 호출하는 minimum()은 침식 마스크 연산 루틴을 나타낸 것이다. 여기서는 3×3 회선윈도우 내의 요소들의 명도값 중 가장 작은 값을 반환한다. [그림 7-8]은 침식연산을 적용한 예를 나타낸 것이다. 어두운 배경 위에 보이는 밝은 전경이 침식된 것을 알 수 있다.

3) 음영영상의 개방과 폐쇄

이진 영상의 기본 형태학적 처리 기법들을 응용한 기법과 비슷하게 음영영상에 대한 응용 형태학적 처리 기법으로 개방과 패쇄가 있다. 개방(opening)은 먼저 침식을 수행한 다음, 팽창을 수행하여 원 영상의 크기를 유지하도록 하는 것이고, 폐쇄(closing)는 먼저 팽창을 수행한 다음, 침식을 수행하여 원 영상의 크기가 유지되도록 하는 것이다.

[프로그램 목록 7-1(h)]는 음영영상에 대한 개방 연산을 수행하는 메뉴를 선택했을 때 수행되는 것으로서, 3×3 회선 윈도우를 사용하여 회선을 수행하도록 하고 있다. 먼저 음영영상의 침식연산을 수행한 다음, 그 결과에 대해 다시 팽창연산을 수행하게 된다.

[프로그램 목록 7-1(h): faMorphology의 Form1.cs]

```
private void grayOpeningItem_Click(object sender, System.EventArgs e)
{
    basicStretch();
    int[,] erosionArray = convolveMin(grayArray, image.Width, image.Height, 3, 3);
    int[,] ResultArray = convolveMax(erosionArray, image.Width, image.Height, 3, 3);
    displayGrayArray(0, 0, ResultArray, image.Width, image.Height);
}
```

[프로그램 목록 7-1(i): faMorphology의 Form1.cs]

```
private void grayClosingItem_Click(object sender, System.EventArgs e)
{
   basicStretch();
   int[,] dilationArray = convolveMax(grayArray, image.Width, image.Height, 3, 3);
   int[,] ResultArray = convolveMin(dilationArray, image.Width, image.Height, 3, 3);
   displayGrayArray(0, 0, ResultArray, image.Width, image.Height);
}
```

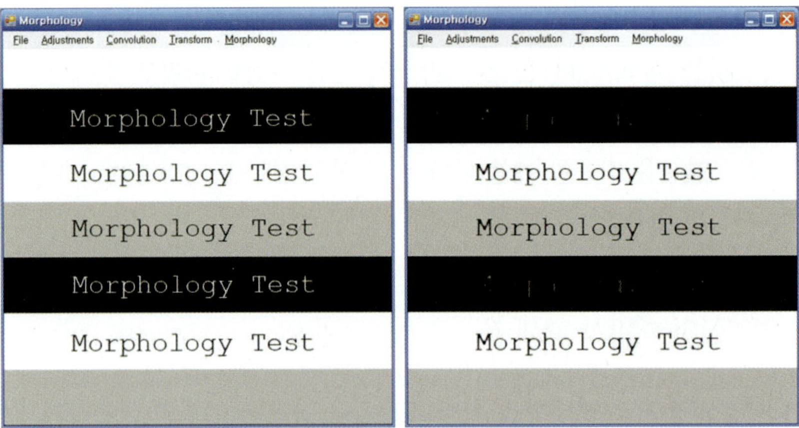

그림 7-9 음영영상의 개방 연산 적용 예

[프로그램 목록 7-1(i)]는 음영영상에 대한 패쇄 연산을 수행하는 메뉴를 선택했을 때 수행되는 것으로서, 3×3 회선 윈도우를 사용하여 회선을 수행하도록 하고 있다. 먼저 음영영 상의 팽창연산을 수행한 다음, 그 결과에 대해 다시

침식연산을 수행하게 된다.

[그림 7-9]는 음영영상의 개방 연산을 적용한 예를 나타낸 것이고 [그림 7-10]은 폐쇄 연산을 적용한 예를 나타낸 것이다.

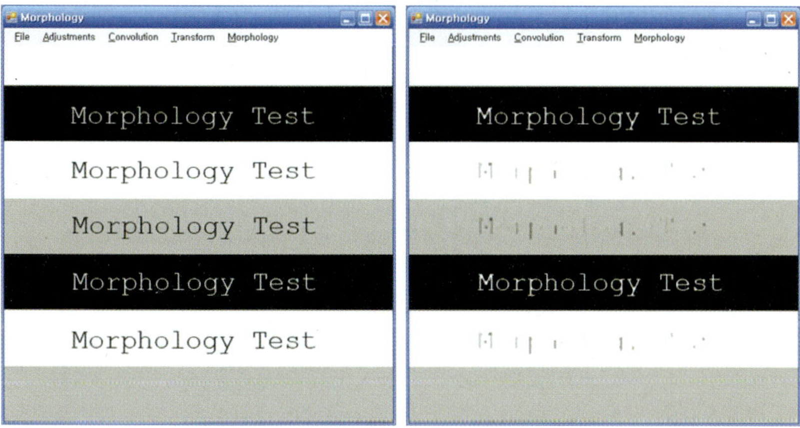

그림 7-10 음영영상의 폐쇄 연산 적용 예

7.4 EmguCV에 의한 형태학적 처리

[그림 7-11]은 EmguCV를 이용한 형태학적 처리를 위한 윈도우즈 폼 설계를 한 것으로 EmguCV의 Image 제네릭 클래스에 제공하는 메소드를 이용하면 이진 영상과 음영영상에 대해 같이 적용할 수 있으므로 이들을 메뉴에서 구분하지 않았다.

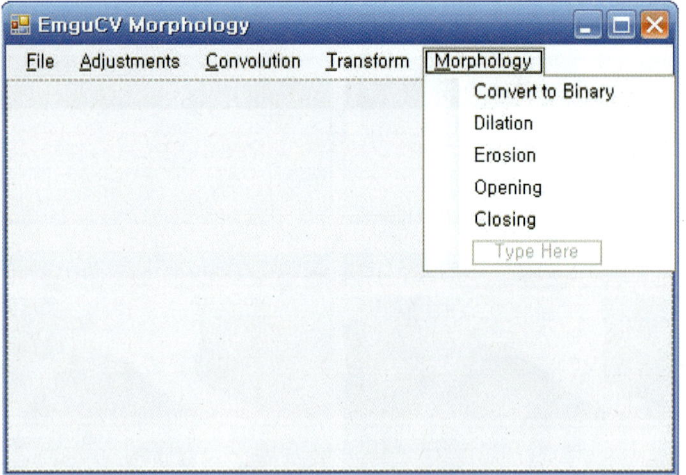

그림 7-11 EmguCV를 이용한 형태학적 처리 메뉴

[프로그램 목록 7-2]는 EmguCV의 Image 제네릭 클래스에 제공하는 메소드를 이용하여 형태학적 처리를 하는 것으로 이진 영상으로 변환하는 convertToBinaryItem_Click(), 팽창연산을 수행하는 dilationItem_Click(), 침식연산을 수행하는 erosionItem_Click(), 개방 연산을 수행하는 openingItem_Click(), 패쇄 연산을 수행하는 closingItem_Click()으로 이루어졌다. 이진 영상으로 변환 하는 것은 Image 제네릭 클래스에 제공하는 메소드인 ThresholdBinary()을 사용하는데 첫 번째 인수는 문턱치(Threshold), 두 번째 인수는 문턱치를 넘는 픽셀의 값을 Gray 형으로 지정해주면 된다. Dilate(), Erode() 메소드는 각각 팽창과 침식연산을 수행하는 메소드로 인수로 반복 횟수가 들어간다. 개방 연

산은 침식 후 팽창하는 것을, 패쇄 연산은 팽창후 침식하는 것이므로 이를 차례로 기술하면 된다.

[프로그램 목록 7-2: Emgu201Morphology의 Form1.cs]

```
private void convertToBinaryItem_Click(object sender, EventArgs e)
{
    if (MessageBox.Show("이진영상으로 변환할까요?", "이진영상 또는 음영영상으로 변환",
                    MessageBoxButtons.OKCancel) == DialogResult.OK)
    {
        imageObj = imageObj.ThresholdBinary(new Gray(127.0), new Gray(255.0));
        ibCanvas.Image = imageObj;
    }
}

private void dilationItem_Click(object sender, EventArgs e)
{
    imageObj = imageObj.Dilate(1);
    ibCanvas.Image = imageObj;
}

private void erosionItem_Click(object sender, EventArgs e)
{
    imageObj = imageObj.Erode(1);
    ibCanvas.Image = imageObj;
}

private void openingItem_Click(object sender, EventArgs e)
{
    imageObj = imageObj.Erode(1);
    imageObj = imageObj.Dilate(1);
    ibCanvas.Image = imageObj;
}

private void closingItem_Click(object sender, EventArgs e)
{
    imageObj = imageObj.Dilate(1);
    imageObj = imageObj.Erode(1);
    ibCanvas.Image = imageObj;
}
```

연/습/문/제

[기초문제]

※ 다음 글을 읽고 빈 칸에 가장 알맞은 말을 넣으시오.

1. (　　　　)이란 생물학의 한 분야로서 동물과 식물의 형태와 구조를 다루는 학문을 말한다. 영상처리 분야에서는 수학적 형태론의 의미로서 집합이론을 사용하며, 영상을 집합의 대상으로 삼아, 경계, 윤곽, 모서리 등과 같은 (　　)의 형태를 표현하고 설명하는 데 유용한 영상의 구성요소를 추출하는 도구라는 뜻으로 사용한다.

2. 형태학적 처리는 이러한 (　　　　)의 조합으로 이루어지며, 영상의 전처리시 물체와 배경 사이에서 물체를 모양이나 윤곽을 매끄럽게 하거나 (　　) 및 (　　)을 통해 물체를 보다 명확히 구별해내기 위한 기초 작업으로 많이 사용한다.

3. (　　　)은 물체의 외곽을 두껍게 하거나 확장시키는 작용을 하므로 물체 내부의 빈 공간을 메우거나 가까운 거리의 끊어진 부분을 연결시켜주는 역할을 한다. (　　　)은 물체의 외곽을 가늘게 하거나 축소시키는 작용을 하므로 아주 작은 물체를 제거하여 배경으로 만들어주는 역할을 한다.

4. 개방(opening)은 먼저 (　　　)을 수행하여 미세 잡음을 제거한 다음, (　　　)을 수행하여 원 영상의 크기를 유지하도록 하는 것이다.

5. 폐쇄(closing)는 먼저 (　　　)을 수행하여 물체를 확장하여 작은 구멍들을 채운 다음, (　　　　)을 수행하여 원 영상의 크기가 유지되도록 하는 것이다.

6. EmguCV환경에서 음영영상을 이진 영상으로 변환 하는 것은 Image 제네릭 클래스에 제공하는 메소드인 ThresholdBinary()을 사용하는데 첫 번째 인수는 문턱치(Threshold), 두 번째 인수는 문턱치를 넘는 픽셀의 값을 (　　　　)형으로 지정해주면 된다. 각 픽셀 값이 첫 번째 인수의 문턱치(Threshold)를 초과하면 두 번째 인수의 값으로, 그렇지 않으면 0으로 변환한다. ThresholdBinaryInv() 메소드의 경우 ThresholdBinary()와 반

대로 각 픽셀 값이 첫 번째 인수의 문턱치(Threshold)를 초과하면 (　　) 으로 그렇지 않으면 두 번째 인수의 값으로 변환된다.

7. EmguCV환경에서 형태학적 처리를 위해 Image 제네릭 클래스에 제공하는 메소드인 Dilate()과 Erode() 을 사용한다. 이 메소드는 각각 팽창과 침식연산을 수행하는 것으로 인수로는 (　　)가 들어간다. (　　) 연산은 침식 후 팽창하는 것이므로 먼저 Erode()를 적용한 후 Dilate()을 적용하면 되고, (　　) 연산은 팽창후 침식하는 것이므로 먼저 Dilate()을 적용한 후, Erode() 를 적용하면 된다.

[심화문제]

1. 다음 형태학적 처리 기법을 이진 영상에 적용할 때와 음영영상에 적용할 때의 차이점을 설명하시오.

   1) 팽창

   2) 침식

2. 다음 음영영상의 형태학적 처리 기법의 차이점을 설명하시오

   1) 개방(opening)

   2) 폐쇄(closing)

3. 다음은 EmguCV환경에서 형태학적 처리를 위해 명령문을 나타낸 것이다. 각 명령문의 의미를 간략히 설명하시오.

   1) imageObj = imageObj.Dilate(1);

2) imageObj = imageObj.Erode(1);

3) imageObj = imageObj.Dilate(1); imageObj = imageObj.Erode(1);

4) imageObj = imageObj.Erode(1); imageObj = imageObj.Dilate(1);

컬러영상처리

8.1 컬러영상처리의 개요

지금까지의 영상처리 기법이 대부분 0~255 사이의 명암도 값만을 갖는 음영영상에 대한 것을 다루었다면, 이 장에서는 RGB 모델을 구성하는 적색, 녹색, 청색의 세 가지 요소가 각각 0~255 사이의 값을 갖는 컬러영상에 대한 영상처리 기법을 다룬다. 컬러영상처리 기법은 명암도 값만을 다루는 음영영상처리와 달리 RGB 값을 다루므로 그 처리 과정은 비교적 복잡하고 다양하다. 앞에서 언급한 것처럼 음영영상의 경우 2차원 배열을 사용하면 되지만, 컬러영상은 RGB값을 가질 수 있는 3차원 배열을 사용해야 한다. [프로그램 목록 8-1(a)]는 컬러영상 파일을 Image 객체 image에 읽어들여 그래픽 객체의 메소드를 통해 화면에 표시하여 새도우 비트맵을 컬러영상정보가 있다는 가정 하에, 새도우 비트맵인 bitmap의 컬러 정보를 3차원 배열(rgbArray)로 표현한 것을 나타낸 것이다.

[프로그램 목록 8-1(a): faColorProcess의 Form1.cs]

```
int [,,] rgbArray;

void copyBitmap2RgbArray()
{
    int x,y;
    Color color;
    rgbArray = new int[3, bitmap.Height, bitmap.Width];
    for(y=0; y<bitmap.Height; y++)
      for(x=0; x<bitmap.Width; x++)
      {
        color = bitmap.GetPixel(x,y);
        rgbArray[0,y,x] = color.R;
        rgbArray[1,y,x] = color.G;
        rgbArray[2,y,x] = color.B;
      }
}
```

앞으로 copyBitmap2RgbArray()는 지금까지 bitmap의 음영 정보를 2차원 배열에 표현했던 [프로그램 목록 3-1(a)]의 copyBitmap2Array()를 대신해서 'open' 메뉴의 이벤트 핸들러인 openItem_Click()에서 컬러영상 파일을

image 객체로 읽으면 3차원 배열로 넣는 역할을 한다.

컬러영상처리는 그 특성에 따라 RGB 각각에 대한 영상처리를 한 후 이를 통합하는 경우도 있고, 일단 HSI 모델로 변환하여 I에 해당되는 명도 값으로 음영영상처리 기법을 이용하여 처리한 결과 변경된 I를 가진 HSI 모델을 역으로 RGB 모델로 변환하여 그 결과를 표시하는 경우도 있다. 여기서는 전자의 경우를 잡음 제거 기법 중의 하나인 미디언 필터링에 적용하고, 후자의 경우는 명도 개선, 대비 개선, 블러링과 샤프닝, 에지 검출 등에 적용한다. 후자의 경우는 기본적으로 RGB를 HSI로 HSI를 RGB로 변환할 수 있어야 하므로 이들의 변환 관계를 살펴보고 이를 구현할 수 있어야 한다.

다음은 RGB를 HSI 로 변환하는 식을 나타낸 것이다.

$$\left[\begin{array}{l} H=\cos^{-1}\dfrac{\dfrac{(R-G)+(R-B)}{2}}{\sqrt{(R-G)^2+(R-B)(G-B)}} \\[2ex] S=1-\dfrac{3}{R+G+B}\quad(Minimum(R,\,G,\,B)) \\[2ex] I=\dfrac{R+G+B}{3} \end{array}\right]$$

단, B가 G보다 크면 H=360−H가 된다. 또한, R,G,B,I,S는 모두 0~1, H는 0~360 사이의 값을 갖으며 삼각함수에 적용되는 각도는 호도법에 의한 래디언(Radian) 값이어야 한다.

[프로그램 목록 8-1(b)]는 본 장에서 사용되는 컬러영상처리 기법에 공통으로 적용되는 것으로서 RGB를 HSI로 변환하는 메소드를 나타낸 것이다. 컬러영상정보를 갖고 있는 3차원 배열 rgbArray는 RGB값을 각각 0~255 사이의 값을 갖고 있으므로 이를 HSI로 변경하기 위해서 일단 RGB값을 0~1 사이의 값으로 조정할 필요가 있다. 그리고 RGB값이 모두 같으면 무채색이므로 색상(h)과 채도(s)가 모두 0이 된다. 앞에서 제시한 변환식은 유채색에 대한 변환 관계를 나타낸 것으로 [프로그램 목록 8-1(b)]의 핵심 루틴에 해당된다. 최종적으로 3차원 배열 hsiArray는 HSI 값을 갖게 된다.

[프로그램 목록 8-1(b): faColorProcess의 Form1.cs]

```
double [,,] hsiArray;

void convertRgb2Hsi()
{
    int x, y;
    double r, g, b, h, s, i;
    double minimum, radianTheta, cosTheta;
    hsiArray = new double[3, image.Height, image.Width];
    grayArray = new int[image.Height, image.Width];

    for(y=0; y<image.Height; y++)
      for(x=0; x<image.Width; x++)
      {
          r = rgbArray[0,y,x]/255.0;
          g = rgbArray[1,y,x]/255.0;
          b = rgbArray[2,y,x]/255.0;
          i = (r+g+b)/3.0;
          if((rgbArray[0,y,x]==rgbArray[1,y,x])&&(rgbArray[0,y,x]==rgbArray[2,y,x]))
          {
              s = 0.0;
              h = 0.0;
      }
      else
      {
          minimum = r;
          if(g<minimum) minimum = g;
          if(b<minimum) minimum = b;
          s = 1.0 - (3.0/(r+g+b))*minimum;
          cosTheta = (r-0.5*(g+b))/Math.Sqrt((r-g)*(r-g)+(r-b)*(g-b));
          radianTheta = Math.Acos(cosTheta);
          h = 180.0/Math.PI*radianTheta;
          if(b > g) h = 360.0 - h;
      }
      hsiArray[0,y,x] = h;
      hsiArray[1,y,x] = s;
      hsiArray[2,y,x] = i;
      grayArray[y,x] = (int)(hsiArray[2,y,x]*255.0);
    }
}
```

색상(Hue)과 채도(Staturation)에 해당되는 H와 S는 유채색에 대한 정보이고 채도가 0인 곳의 *i*는 무채색의 밝기 강도(Intensity)에 해당되므로 음영영상 정보처리 기법을 적용하려면 이 중 I에 대한 것을 사용하면 된다. 그런데, hsiArray에 있는 I에 해당되는 명도 값은 0~1사이의 값을 가지므로 이를 이제까지 사용한 음영영상처리 기법에 적용하려면 0~255 사이의 값으로 변환하여

야 한다. 이것은 I에 해당되는 hsiArray[*y*, *x*, 2]에 255를 곱하여 grayArray[*y*, *x*]값으로 정해주면 된다.

HSI를 RGB로 변환하기 위해서는 RG, GB, BR 영역별로 구분해서 적용해야 한다. 먼저 RG($0 \leq H < 120°$) 영역에 대해서는 다음과 같은 식을 적용한다.

$$\begin{bmatrix} B = \frac{1-S}{3} \\ R = \frac{1}{3}(1 + \frac{S\cos(H)}{\cos(60-H)}) \\ G = 1-(S+B) \end{bmatrix}$$

GB($120 \leq H < 240$) 영역에 대해서는 다음과 같은 식을 적용한다.

$$\begin{bmatrix} H = H-120 \\ R = \frac{1-S}{3} \\ G = \frac{1}{3}(1 + \frac{S\cos(H)}{\cos(60-H)}) \\ B = 1-(R+G) \end{bmatrix}$$

BR($240 \leq H < 360$) 영역에 대해서는 다음과 같은 식을 적용한다.

$$\begin{bmatrix} H = H-120 \\ B = \frac{1-S}{3} \\ G = \frac{1}{3}(1 + \frac{S\cos(H)}{\cos(60-H)}) \\ R = 1-(B+B) \end{bmatrix}$$

이렇게 계산된 R,G,B 값은 다음과 같은 추가 계산과정을 더하여 결정된다.

$$\begin{bmatrix} R = 3IR \\ G = 3IG \\ B - 3IB \end{bmatrix}$$

단, R, G, B, I, S는 모두 0~1, H는 0~360 사이의 값을 갖으며 삼각함수에 적용되는 각도는 호도법에 의한 래디언(Radian) 값이어야 한다.

[프로그램 목록 8-1(c): faColorProcess의 Form1.cs]

```
void convertHsi2Rgb()
{
  int x, y;
  double r, g, b, h, s, i;
  double radianTheta1, radianTheta2;
  for(y=0; y<image.Height; y++)
    for(x=0; x<image.Width; x++)
    {
      h = hsiArray[0,y,x];   s = hsiArray[1,y,x];
      hsiArray[2,y,x] = grayArray[y,x]/255.0;    i = hsiArray[2,y,x];
      if(i == 0.0)
      {  r =  g = b = 0.0;  }
      else
      {
        if(s == 0.0)
        {
           r =  g = b = i;
        }
        else
        {
           if(h < 0.0) h += 360.0;
           if(h <= 120.0)
           {
              radianTheta1 =  Math.PI / 180.0 * h;
              radianTheta2 =  Math.PI / 180.0 * (60.0 - h);
              b = (1.0 - s)/3.0;
              r = (1.0 + s * Math.Cos(radianTheta1) / Math.Cos(radianTheta2))/3.0;
              g = 1.0 - (r + b);
           }
           else if(h <= 240.0)
           {
              h -= 120.0;    radianTheta1 =  Math.PI / 180.0 * h;
              radianTheta2 =  Math.PI / 180.0 * (60.0 - h);
              r = (1.0 - s)/3.0;
              g = (1.0 + s * Math.Cos(radianTheta1) / Math.Cos(radianTheta2))/3.0;
              b = 1.0 - (r + g);
           }
           else
           {
              h -= 240.0;    radianTheta1 =  Math.PI / 180.0 * h;
              radianTheta2 =  Math.PI / 180.0 * (60.0 - h);
              g = (1.0 - s)/3.0;
              b = (1.0 + s * Math.Cos(radianTheta1) / Math.Cos(radianTheta2))/3.0;
              r = 1.0 - (g + b);
           }
           r *= 3.0*i; g *= 3.0*i; b *= 3.0*i;
           if(r<0.0) r=0.0;    if(g<0.0) g=0.0;  if(b<0.0) b=0.0;
           if(r>1.0) r=1.0;    if(g>1.0) g=1.0;  if(b>1.0) b=1.0;
        }
      }
      rgbArray[0,y,x] = (int)(255.0 * r);
      rgbArray[1,y,x] = (int)(255.0 * g);
      rgbArray[2,y,x] = (int)(255.0 * b);
    }
}
```

[프로그램 목록 8-1(c)]은 HSI를 RGB로 변환하는 메소드를 나타낸 것이다. [프로그램 목록 8-1(c)]에서 명도(I)가 0이면 빛이 없는 것과 같으므로 RGB값이 모두 0이 되며, 채도(S)가 0이면 무채색이라는 것이므로 RGB값이 모두 같은 값을 가지게 된다. 그 이외의 경우는 앞에서 제시한 변환식에 의해 변환되는 것을 나타낸 것으로 [프로그램 목록 8-1(c)]의 핵심 루틴에 해당된다. 이 과정에서 계산된 RGB값은 모두 0~1사이의 값을 가지므로 화면에 표시하기 위해서는 C#에서 필요로 하는 컬러영상정보 형태인 0~255 사이의 값으로 모두 변환하여 rgbArray에 최종적으로 저장하게 된다. [프로그램 목록 8-1(b)]에서 사용되는 3차원 배열 hsiArray의 명도 값에 해당되는 것은 0~1사이의 값을 가져야 한다. 그런데 보통 RGB를 HSI로 변환하여 음영영상처리기법을 적용하기 위해 0~1사이의 I값을 0~255사이의 값으로 바꾸어 이차원 배열 grayArray에 저장하고, 영상처리 기법 적용 후 결과도 grayArray에 0~255 사이의 값 형태로 남아있게 된다. 따라서 이를 다시 0~1 사이의 값으로 바꾸어야 하므로 grayArray 값을 255로 나누어 이를 hsiArray의 I의 값으로 넣어주는 것이 포함되어야 한다.

8.2 컬러영상의 개선

컬러영상을 개선시키기 위해서는 다른 처리와 비슷하게 그 특성에 따라 RGB 각각에 대한 영상처리를 한 후 이를 통합하는 경우도 있고, 일단 HSI 모델로 변환하여 I에 해당되는 명도 값으로 음영영상처리 기법을 이용하여 처리한 결과 변경된 I를 가진 HSI 모델을 역으로 RGB 모델로 변환하여 그 결과를 표시하는 경우도 있다. 전자의 경우는 컬러영상의 명도를 증가시키는 [프로그램 목록 5]에 해당되는 것이다. 여기서는 후자의 경우를 이용하여 명도 증가, 대비 증가, 히스토그램 평활화를 수행하는 것을 나타내고자 한다.

1) 컬러영상의 명도 증가

[프로그램 목록 8-1(d)]는 음영영상의 명도 증가를 위한 [프로그램 목록 3-1(c)]의 addItem_Click()을 컬러영상의 명도를 증가시키는 루틴을 재정의한 것이다.

[프로그램 목록 8-1(d): faColorProcess의 Form1.cs]

```
private void addItem_Click(object sender, System.EventArgs e)
{
    convertRgb2Hsi();
    adjustBright(40);
    convertHsi2Rgb();
    displayRgbArray(rgbArray, 0, 0, bitmap.Width, bitmap.Height);
}
```

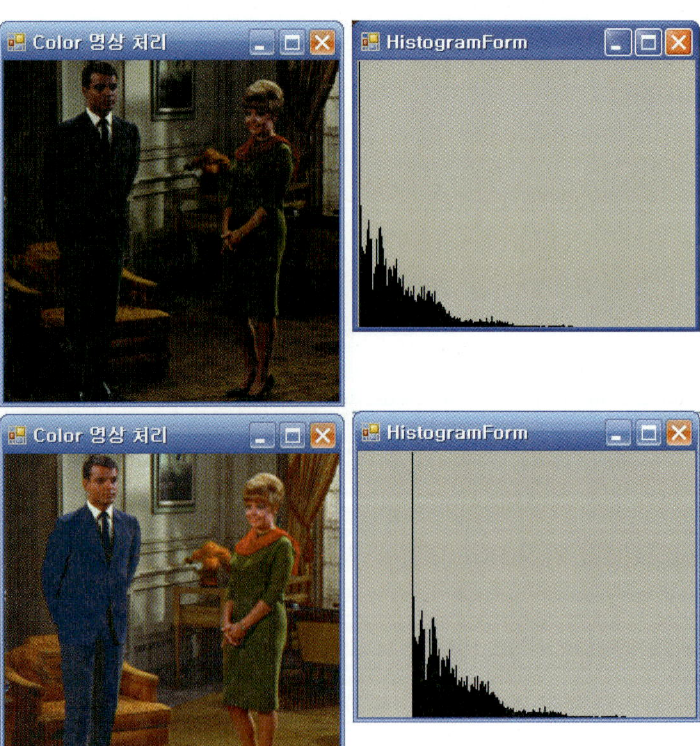

그림 8-1 컬러영상의 명도 40 증가 예

컬러영상의 명도를 증가시키기 위해 우선 컬러영상정보를 가지고 있는 3차원 배열 rgbArray를 가지고 RGB를 HSI로 변환시키는 convertRgb2Hsi() 루틴에 의해 hsiArray로 바꾸면서 명도(I)에 해당하는 정보를 grayArray에 넣고, 음영영상처리 기법과 같은 명도증가 루틴인 [프로그램 목록 3-1(c)]의 adjustBright()를 수행한다. 처리 결과인 HSI를 RGB로 변환시키는 convertHsi2Rgb() 루틴을 통해, 다시 원래의 RGB 영상정보로 바꾸어 rgbArray에 넣는다. 그런 다음, rgbArray를 화면에 표시하는 루틴인 [프로그램 목록 8-1(e)]의 displayRgbArray()를 수행하게 하여 bitmap을 통해 윈도우즈 폼에 표시되게 한다. displayGrayArray()가 2차원 배열의 음영영상정보에 대한 것이라면, displayRgbArray()은 3차원 배열의 컬러영상정보를 원하는 위치에 출력하는 루틴이다.

[프로그램 목록 8-1(e): faColorProcess의 Form1.cs]

```
void displayRgbArray(int[,,] colorArray, int leftTopX, int leftTopY, int width, int height)
{
    int x,y;
    Color color;
    Bitmap cBitmap = new Bitmap(width, height);
    for(y=0; y<height; y++)
      for(x=0; x<width; x++)
      {
        color = Color.FromArgb(colorArray[0,y,x], colorArray[1,y,x], colorArray[2,y,x]);
        cBitmap.SetPixel(x, y, color);
      }
    grBm.DrawImage(cBitmap, leftTopX, leftTopY, width, height);
    Invalidate();
}
```

[그림 8-1]은 [프로그램 목록 8-1(d)]에 의해 컬러영상의 명도를 증가시킨 예를 나타낸 것이다. 히스토그램 상에서도 명도가 전체적으로 증가했다는 것을 확실하게 확인할 수 있다.

컬러영상처리라고 해도 명도값을 다루는 영상처리는 이런 과정을 똑같이 거치게 되므로 3장에서 배운 거의 모든 영상처리 알고리즘을 재사용할 수 있다. 다만 메뉴를 선택했을 때 처리하는 이벤트 핸들러 부분이 달라진다. 영상처리 알고리즘 앞에는 RGB를 HSI로 바꾸는 convertRgb2Hsi()가, 뒤에는 HSI

를 RGB로 바꾸는 convertHsi2Rgb()가 추가된다.

2) 컬러영상의 대비 개선

[프로그램 목록 8-1(f)]는 음영영상에 대한 히스토그램의 기본 스트레칭을 위한 [프로그램 목록 3-4(c)]의 basicStretchItem_Click()를 컬러영상에 대한 것으로 재정의한 것이고, [프로그램 목록 8-1(g)]는 음영영상의 곱셈에 의한 대비 증가를 위한 [프로그램 목록 3-1(d)]의 increaseItem_Click()을 컬러영상에 대해 재정의한 것으로 컬러영상의 대비를 1.4만큼 증가시킨 것을 나타낸 것이다.

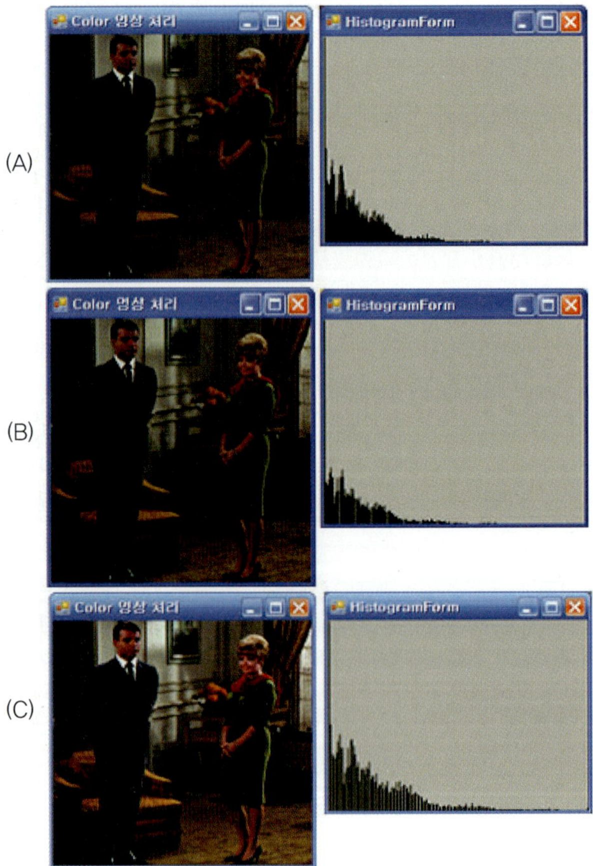

그림 8-2 컬러영상의 대비 증가 예

RGB를 HSI로 변환하여 명도(I)에 대해 음영영상처리 기법과 같은 기본 스트레칭 루틴인 [프로그램 목록 3-4(c)]의 basicStretch()나 곱셈에 의한 명도 증가 루틴인 [프로그램 목록 3-1(d)]의 adjustContrast()를 수행하게 한 다음, 다시 HSI를 RGB로 변환하여 화면에 표시하는 과정을 거친다. basicStretch()와 adjustContrast()은 그대로 재사용한다. [그림 8-2]의 (A)는 원영상이고, (B)는 히스토그램의 기본 스트레칭을 적용한 예 며, (C)는 컬러영상의 대비를 곱셈 연산에 의해 증가시킨 예를 나타낸 것이다. 어두운 쪽에 많이 치우친 영상의 특징을 잘 살펴볼 수 있다.

[프로그램 목록 8-1(f): faColorProcess의 Form1.cs]

```
private void basicStretchItem_Click(object sender, EventArgs e)
{
    convertRgb2Hsi();
    basicStretch();
    convertHsi2Rgb();
    displayRgbArray(rgbArray, 0, 0, bitmap.Width, bitmap.Height);
}
```

[프로그램 목록 8-1(g): faColorProcess의 Form1.cs]

```
private void increaseItem_Click(object sender, System.EventArgs e)
{
    convertRgb2Hsi();
    adjustContrast(1.4);
    convertHsi2Rgb();
    displayRgbArray(rgbArray, 0, 0, bitmap.Width, bitmap.Height);
}
```

3) 컬러영상의 히스토그램 평활화

명도 값을 재분배하여 일정한 분포의 히스토그램이 되도록 근사시키는 방법으로 좁은 범위의 명암분포를 넓은 범위의 분포로 조정함으로써 영상의 품질을 개선시키고자 할 때 많이 사용한다. 히스토그램 평활화는 그 특성상 명도 값을 다루므로 RGB를 HSI로 변환시켜 처리한 다음 HSI를 RGB로 변환시켜 화면에 표시하는 방법이 가장 알맞은 영상처리 기법이다.

[프로그램 목록 8-1(h)]는 컬러영상의 히스토그램 평활화를 수행하는 것으로 음영영상의 히스트그램 평활화를 위한 [프로그램 목록 3-4(e)]의 equalizationItem_Click()을 재정의한 것이며 equalization()은 히스토그램 평활화 핵심 루틴에 해당되는 것으로 [프로그램 목록 3-4(e)]에 있는 것을 그대로 재사용한다.

[프로그램 목록 8-1(h): faColorProcess의 Form1.cs]

```
private void equalizationItem_Click(object sender, System.EventArgs e)
{
    convertRgb2Hsi();
    equalization();
    convertHsi2Rgb();
    displayRgbArray(rgbArray, 0, 0, bitmap.Width, bitmap.Height);
}
```

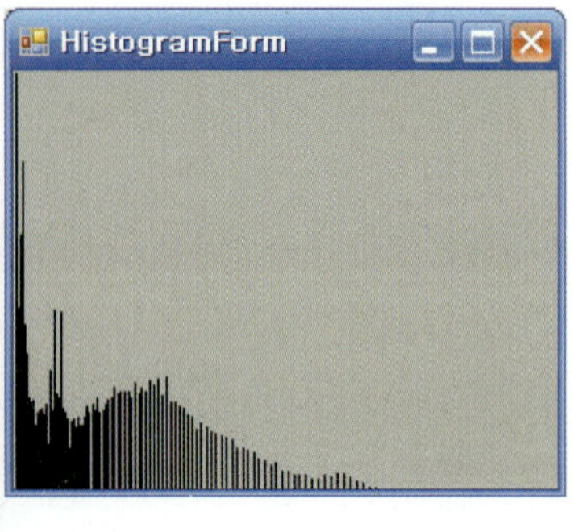

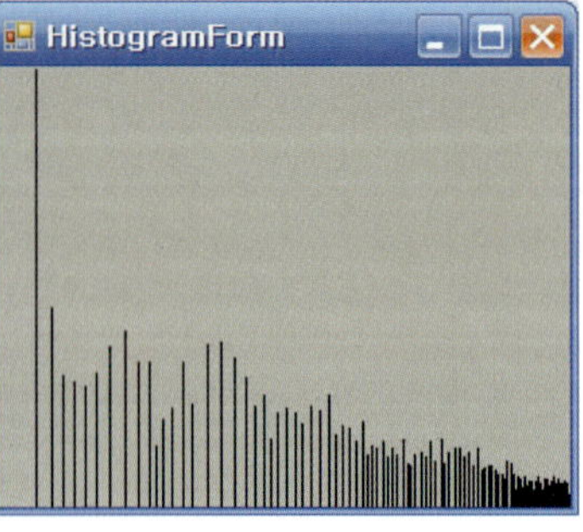

그림 8-3 컬러영상의 히스토그램 평활화 예

[그림 8-3]는 컬러영상의 히스토그램 평활화에 의해 영상을 개선시킨 예를 나타낸 것이다. 히스토그램을 보면 왼쪽 어두운 영역의 조밀했던 분포가 밝은 쪽으로 넓고 고르게 퍼진 구조의 분포로 바뀌었음을 알 수 있다.

8.3 컬러영상의 블러링과 샤프닝

컬러영상의 어떤 픽셀에 대해 주변 픽셀의 특성에 따라 그 값을 정하는 영상처리 기법으로 세세한 부분을 제거하는 효과를 갖게 하여 배경이나 초점을 흐리게 하는 블러링(blurring)과 세세한 부분을 강조하여 초점을 또렷하게 하는 샤프닝(sharpening)이 있다. 블러링과 샤프닝은 간단히 각 마스크를 RGB 각각에 대해 적용하여 처리한 후 이를 통합하는 경우를 생각할 수 있다. 또 다른 방법으로 RGB를 일단 HSI 모델로 변환하여 명도(I)에 해당되는 명도 값으로 음영영상에 적용하는 블러링 기법을 이용하여 처리한 다음, 그 결과로 나타나는 변경된 I를 가진 HSI 모델을 역으로 RGB 모델로 변환하여 결과를 표시하게 할 수도 있다.

여기서는 앞의 다른 컬러영상처리 기법들처럼 일단 RGB를 HSI로 변환한 다음 음영영상에 대한 블러링 처리 기법을 적용하여 처리하고 이를 다시 RGB로 변환하여 표시하는 방법을 사용한다.

[프로그램 목록 8-1(i): faColorProcess의 Form1.cs]

```
private void blurringItem_Click(object sender, System.EventArgs e)
{
    double mVal = 1.0 / 25.0;
    double[,] mask = {{mVal,mVal,mVal,mVal,mVal},{mVal,mVal,mVal,mVal,mVal},
                      {mVal,mVal,mVal,mVal,mVal},{mVal,mVal,mVal,mVal,mVal},
                      {mVal,mVal,mVal,mVal,mVal}};
    convertRgb2Hsi();
    grayArray = convolve(grayArray, image.Width, image.Height, mask, 5, 5, 0);
    convertHsi2Rgb();
    displayRgbArray(rgbArray, 0, 0, bitmap.Width, bitmap.Height);
}
```

1) 컬러영상의 블러링

[프로그램 목록 8-1(i)]는 음영영상의 블러링을 위한 [프로그램 목록 4-1(c)]를 컬러영상의 블러링을 증가시키는 것으로 재정의한 것이다. convolve() 루틴은 [프로그램 목록4-1(a)]에 있는 것을 그대로 재사용한다. 음영영상정보를 갖는 2차원 배열 grayArray는 HSI 모델의 명도(I) 값을 갖는다. 회선 알고리즘을 적용한 결과가 그대로 다시 grayArray에 할당된다. [그림 8-4]는 [프로그램 목록 8-1(i)]에 의해 컬러영상을 블러링한 예를 나타낸 것이다.

그림 8-4 컬러영상의 블러링 예

2) 컬러영상의 샤프닝

[프로그램 목록 8-1(j]는 음영영상의 샤프닝을 위한 [프로그램 목록 4-1(d)]를 컬러영상의 샤프닝 증가 루틴으로 재정의한 것이다. 블러링 루틴과 마스크만 다르고 나머지는 같다. [그림 8-5]는 컬러영상의 샤프닝 예를 나타낸 것이다.

[프로그램 목록 8-1(j): faColorProcess의 Form1.cs]

```
private void sharpeningItem_Click(object sender, System.EventArgs e)
{
    double[,] mask = { { 0.0, -1.0, 0.0 }, { -1.0, 5.0, -1.0 }, { 0.0, -1.0, 0.0 } };

    convertRgb2Hsi();
    grayArray = convolve(grayArray, image.Width, image.Height, mask, 3, 3, 0);
    convertHsi2Rgb();
    displayRgbArray(rgbArray, 0, 0, bitmap.Width, bitmap.Height);
}
```

그림 8-5 컬러영상의 샤프닝 예

8.4 길러영상의 에지 검출

앞 절에 소개한 다른 컬러영상에 대한 영상처리 기법과 비슷하게 컬러영상의 에지를 검출하기 위해서도 RGB 각각에 대해 음영영상에 대한 에지 검출 기법을 적용하여 통합하는 방법과 일단 RGB를 HSI로 변환하여 명도(I)에 대해 음영영상처리 기법을 적용한 다음 HSI를 다시 RGB로 변환하여 표시하는 방법이 있다.

[프로그램 목록 8-1(k)]는 후자의 기법을 적용하고 소벨 마스크를 사용하여 에지를 검출하는 루틴을 나타낸 것으로 음영영상을 위한 [프로그램 목록 4-1(h)]에 RGB 컬러영상에서 HSI 모델로 바꾸어 명도(I) 정보를 추출하는 convertRgb2Hsi() 메소드를 추가한 것이다. convolveXY()루틴은 소벨 수평 방향 미분을 위한 마스크와 소벨 수직 방향 미분을 위한 마스크를 사용하여 회선하는 것으로 [프로그램 목록 4-1(i)]를 그대로 재사용한다. 여기서는 displayGrayArray() 메소드를 사용하여 에지 정보를 출력한다.

[그림 8-6]은 컬러영상의 소벨 마스크에 의한 에지 검출 예를 나타낸 것이다.

[프로그램 목록 8-1(k): faColorProcess의 Form1.cs]

```
private void sobelItem_Click(object sender, System.EventArgs e)
{
    double[,] mask1 = { { -1.0, 0.0, 1.0 }, { -2.0, 0.0, 2.0 }, { -1.0, 0.0, 1.0 } };
    double[,] mask2 = { { -1.0, -2.0, -1.0 }, { 0.0, 0.0, 0.0 }, { 1.0, 2.0, 1.0 } };

    convertRgb2Hsi();
    basicStretch();
    int[,] ResultArray = convolveXY(grayArray, image.Width, image.Height, mask1, mask2, 3, 3);
    displayGrayArray(0, 0, ResultArray, bitmap.Width, bitmap.Height);
}
```

그림 8-6 컬러영상의 소벨 마스크에 의한 에지 검출 예

8.5 컬러영상의 미디언 필터링

컬러영상의 미디언 필터링(median filtering) 기법은 음영영상에 대한 미디언 필터링과는 상당히 다르다. 음영영상에 있어서는 명도 정보 하나만을 사용하기 때문에 마스크 내의 각 명도 값을 오름차순으로 차례로 나열하고 그 중에서 중간값을 선택하면 극단적으로 밝은 스파크나 어두운 스파크에 대해 걸러주는 효과를 거둘 수 있다. 그러나, 컬러영상의 경우, RGB 세 개의 서로 다른 값을 가지고 있으므로 RGB 각각에 대한 중간값을 선택하더라도 이 값들이 실제 컬러영상의 샘플 픽셀에 해당되지 않는 전혀 새로운 추상적인 픽셀값이 되어 버리므로 잡음을 제거하는 효과를 거둘 수 없고 전혀 이상한 결과를 초래할 수 있다. 즉 이것은 각 픽셀 고유의 RGB 상관 관계를 잃어버린다는 것이 문제점이라고 할 수 있다. 따라서 컬러영상의 미디언 필터링에 있어서 주의해야할 점은 결과 영상이 반드시 입력 영상에 존재하는 샘플 픽셀에 있는 것들로 구성되어야 한다는 것이다.

컬러영상에 있어서 중간값은 음영영상의 중간값 개념이 아닌 새로운 개념의 값으로 정의되어야 한다. 음영영상의 중간값은 회선 윈도우 내의 다른 값들과의 차이의 합이 최소라는 것에 착안하여 이를 컬러영상의 중간값 개념으로 삼으면 된다. 즉, 컬러영상의 중간값은 회선 윈도우 내의 특정 픽셀이 다른 픽셀들과의 R의 차, G의 차, B의 차의 합의 합이 최소가 되는 것으로 정의할 수 있다. 다음 식은 회선 윈도우 내의 특정 픽셀이 다른 픽셀들과의 R의 차, G의 차, B의 차의 합(d^i)을 정의한 것이다.

$$d^i = \sum_{k=0}^{n} (|R_i - R_k| + |G_i - G_k| + |B_i - B_k|)$$

여기서 n은 회선 윈도우 내의 픽셀의 수를 나타낸다. 회선 윈도우내의 픽셀의 d^i가 최소인 곳의 i 위치의 픽셀이 컬러영상의 중간 값 픽셀에 해당된다.

[프로그램 목록 8-1(n)]은 회선 윈도우내의 픽셀의 d_i가 최소인 곳의 i 위치를 찾아 주는 루틴이다. 특정 픽셀 위치에서 자신을 포함한 다른 픽셀들과의 R, G, B 각각에 대한 차를 계산하고 이 차의 최소값이 되는 위치를 반환한다.

[프로그램 목록 8-1(n): faColorProcess의 Form1.cs]

```
int colorMedian(int[,] target, int tsize)
{
    int i,j,k,t;
    int sum, min;
    min = int.MaxValue;
    t = 0;
    for(i=0; i<tsize; i++)
    {
        sum = 0;
        for(j=0; j<tsize; j++)
            for(k=0; k<3; k++)
                sum += Math.Abs(target[i,k] - target[j,k]);
        if(sum < min)
        {
            min = sum;
            t = i;
        }
    }
    return t;
}
```

8.6 EmguCV에 의한 컬러영상처리

[그림 8-8]은 EmguCV를 이용한 컬러영상처리를 위한 윈도우즈 폼 설계를 한 것으로 이전에 음영영상처리에 국한되었던 것에서 벗어나 Image 제네릭 클래스의 풍부하고 강력한 기능을 이용해서 음영영상은 물론 컬러영상까지도 처리되는 구조로 설계하였다.

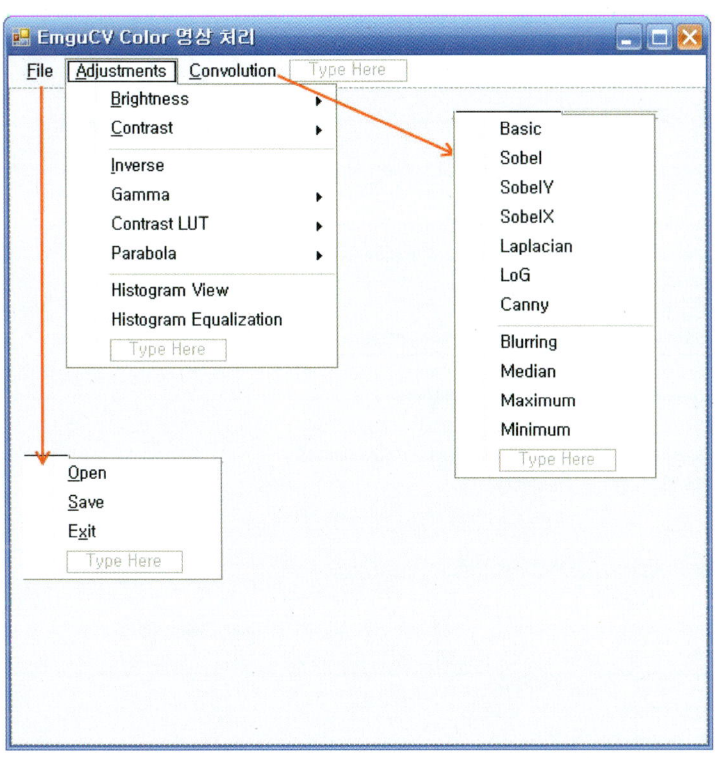

그림 8-8 EmguCV를 이용한 컬러영상처리 메뉴

에지 검출과 관련된 'Basic', 'Sobel', 'SobelY', 'SobelX', 'Laplacian', 'LoG', 'Canny' 등은 처리 대상 영상이 음영이든 컬러든 결과가 음영영상으로 나오게 하였으며, 나머지는 음영영상의 경우는 음영영상, 컬러영상의 경우는 컬러영상으로 나오게 하였다.

[프로그램 목록 8-2(a)]는 EmguCV를 이용해서 컬러영상처리를 할 때 Form1 클래스의 모든 메소드에서 접근할 수 있도록 Image<Bgr, byte> 클래스의 객체인 imageBgrObj를 멤버변수로 한다. 이것은 [프로그램 목록 3-5(a)]에서 음영영상 중심 처리를 위해 Image<Gray, byte> 클래스의 imageObj 객체를 멤버변수로 삼고 각 메소드에서 전반적으로 사용되었던 것과 같은 역할을 하기 위함이다. EmguCV를 이용한 컬러영상처리는 음영영상처리할 때 사용한 imageObj 대신 imageBgrObj으로 바꾸어 주기만 해도 Gray 구조체에 적용하던 것을 Bgr 구조체에 적용하기 때문에 대부분의 경우에서 통용된다.

[프로그램 목록 8-2(a): Emgu201ColorProcess의 Form1.cs]

```
Image image;
Image<Bgr, byte> imageBgrObj;

private void openItem_Click(object sender, EventArgs e)
{
   string filterName = "All Files(*.*)|*.*|Bitmap File(*.bmp)|*.bmp|Gif File(*.gif)|*.gif|"
   filterName = filterName + "JPEG(*.jpg)|*.jpg|PNG(*.png)|*.png|TIFF(*.tif)|*.tif"
   ofdOpen.Title = "Open image"
   ofdOpen.Filter = filterName;
   if (ofdOpen.ShowDialog() == DialogResult.OK)
   {
      string strFilename = ofdOpen.FileName;
      image = Image.FromFile(strFilename);
      imageBgrObj = new Image<Bgr, byte>(strFilename);
      ibCanvas.Image = imageBgrObj;
   }
}
private void saveItem_Click(object sender, EventArgs e)
{
   string filterName = "All Files(*.*)|*.*|Bitmap File(*.bmp)|*.bmp|Gif File(*.gif)|*.gif|"
   filterName = filterName + "JPEG(*.jpg)|*.jpg|PNG(*.png)|*.png|TIFF(*.tif)|*.tif"
   sfdSave.Title = "Save Image as ..."
   sfdSave.OverwritePrompt = true
   sfdSave.Filter = filterName;
   if (sfdSave.ShowDialog() == DialogResult.OK)
   {
      string strFilename = sfdSave.FileName;
      imageBgrObj.Save(strFilename);
   }
}
```

예를 들면 [프로그램 목록 8-2(b)]의 경우 [프로그램 목록 3-5(d)]에 있는 histoViewItem_Click() 메소드에서 음영영상을 상징하는 imageObj 대신 컬러 영상을 상징하는 imageBgrObj로 바꾸었을 뿐인데 표시되는 히스토그램의 경우 컬러영상에 대한 것은 [그림 8-9]와 같이 단순히 intensity만 나오지 않고 B, G, R 각각에 대한 각각의 히스토그램이 나온다. 이러한 식으로 'Adjustments' 메뉴에 속하는 것은 모두 컬러영상에 대해 똑같이 적용된다.

[프로그램 목록 8-2(b): Emgu201ColorProcess의 Form1.cs]

```
private void histoViewItem_Click(object sender, EventArgs e)
{
    HistogramViewer.Show(imageBgrObj);
}
```

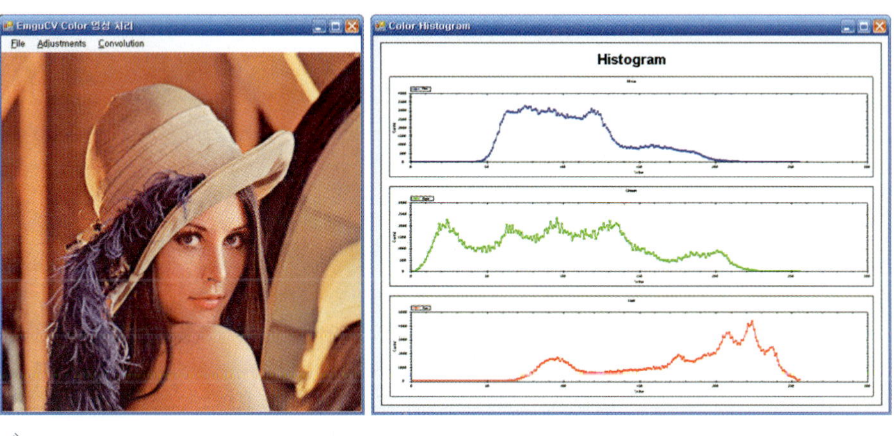

그림 8-9 EmguCV 컬러영상에 대한 히스토그램

[프로그램 목록 8-2(c)]의 경우 블러링, 미디언 필터, 최대값 필터, 최소값 필터가 컬러영상에 대해 적용되는 것을 나타낸 것이다. 일단 imageObj는 모두 imageBgrObj로 바뀌었고, 모두 Image 제네릭 클래스에서 제공하는 메소드를 사용하고 있다는데 주목할 필요가 있다. SmoothBlur(5,5) 메소드는 5×5 크기의 회선 윈도우를 사용하여 블러링을 수행하는 것이고, SmoothMedian(3)는 3×3 회선 윈도우를 사용하여 미디언 필터를 적용하는 것이다. 최대값 필터는 컬러영상에 대해서도 Dilate() 메소드를, 최소값 필터는 Erode() 메소드를 사용하면 된다.

[프로그램 목록 8-2(c): Emgu201ColorProcess의 Form1.cs]

```
private void blurringItem_Click(object sender, EventArgs e)
{
    imageBgrObj = imageBgrObj.SmoothBlur(5, 5);
    ibCanvas.Image = imageBgrObj;
}

private void medianItem_Click(object sender, EventArgs e)
{
    imageBgrObj = imageBgrObj.SmoothMedian(3);
    ibCanvas.Image = imageBgrObj;
}

private void maximumItem_Click(object sender, EventArgs e)
{
    imageBgrObj = imageBgrObj.Dilate(1);
    ibCanvas.Image = imageBgrObj;
}

private void minimumItem_Click(object sender, EventArgs e)
{
    imageBgrObj = imageBgrObj.Erode(1);
    ibCanvas.Image = imageBgrObj;
}
```

연/습/문/제

[기초문제]

※ 다음 글을 읽고 빈 칸에 가장 알맞은 말을 넣으시오.

1. 음영영상처리 기법이 대부분 0~255 사이의 (　　) 값만을 갖는 음영영상을 다루는 것이라면, 컬러영상처리 기법은 RGB 모델을 구성하는 빨강, 녹색, 파랑의 세 가지 요소가 각각 (　　)~(　　) 사이의 값을 갖는 컬러영상에 대해 다루는 것이다.

2. 컬러영상처리 기법은 명암도 값만을 다루는 음영영상처리와 달리 RGB 값을 다루므로 그 처리과정이 비교적 (　　)하고 다양하다.

3. 음영영상의 경우 2차원 배열을 사용하면 되지만, 컬러영상은 RGB값을 가질 수 있는 (　　)차원 배열을 사용해야 한다.

4. 컬러영상처리는 그 특성에 따라 RGB 각각에 대한 영상처 리를 한 후 이를 (　　)하는 경우도 있고, 일단 HSI 모델로 변환하여 (　　)에 해당되는 명도 값으로 음영영상처리 기법을 이용하여 처리한 결과 변경된 (　　)를 가진 HSI 모델을 역으로 (　　) 모델로 변환하여 그 결과를 표시하는 경우도 있다.

5. 컬러영상의 중간 값은 회선 윈도우 내의 특정 픽셀이 다른 픽셀들과의 R의 차, G의 차, B의 차의 (　　)이 최소가 되는 것으로 정의할 수 있다.

6. EmguCV를 이용한 컬러영상처리는 Gray 구조체에 적용하던 것을 (　　) 구조체에 적용하기 때문에 대부분의 경우에서 통용된다. 즉 Image<Gray, byte> 형식의 객체가 아니라 (　　　　) 형식의 객체를 사용한다

7. EmguCV를 이용한 컬러영상처리를 위해 생성한 Bgr 컬러영상에 대한 히스토그램의 경우 음영영상의 경우처럼 단순히 (　　)만 나오지 않고 B, G, R 각각에 대한 각각의 히스토그램이 나온다.

8. EmguCV를 이용한 컬러영상처리를 위해 Image 제네릭 클래스에서 제공하는 메소드를 사용한다. SmoothBlur(5, 5) 메소드는 5×5 크기의 회선

윈도우를 사용하여 (　　　　)을 수행하는 것이고, SmoothMedian(3)는 3×3 회선 윈도우를 사용하여 (　　　　)를 적용하는 것이다. 최대값 필터는 컬러영상에 대해서도 (　　　　) 메소드를, 최소값 필터는 (　　　　) 메소드를 사용하면 된다.

[심화문제]

1. RGB를 HSI로 HSI를 RGB로 변환하는 식을 유도할 수 있는 RGB 모델과 HSI 모델을 그리시오.

2. 컬러영상을 개선시키기 위해서는 다른 처리와 비슷하게 그 특성에 따라 RGB 각각에 대한 영상처리를 한 후 이를 통합하는 경우도 있고, 일단 HSI 모델로 변환하여 I에 해당되는 명도 값으로 음영영상처리 기법을 이용하여 처리한 결과 변경된 I를 가진 HSI 모델을 역으로 RGB 모델로 변환하여 그 결과를 표시하는 경우도 있다. 이 두 가지 방법을 다음 영상처리에 대해 각각 구현한 다음 그 처리 결과 영상의 차이 영상을 표시하는 프로그램을 작성하시오.

   1) 명도 증가

   2) 히스토그램 평활화

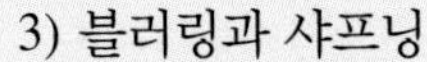

3) 블러링과 샤프닝

4) 에지 검출

Chapter
09

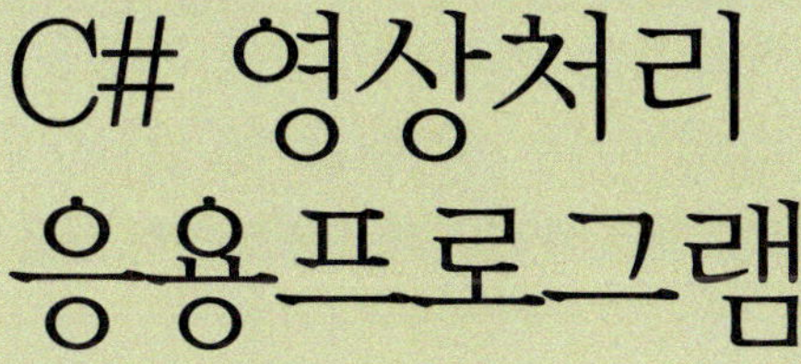
C# 영상처리
응용프로그램

9.1 C# 영상처리 정리

1) 프로젝트 개요

이 프로젝트는 MS사의 최신 그래픽 API인 GDI+의 핵심 클래스인 Graphics 클래스를 기반으로 래스터 영상(raster image)을 구현하는데 사용할 수 있는 Image와 Bitmap 클래스를 통해서 영상 및 그래픽 객체를 생성하고 이들을 가공하는 몇 가지 기능을 구현하여 영상 및 그래픽을 다루는 응용력을 키우게 하려는 목적으로 만든 것이다. [그림 9-1]은 이러한 목적을 달성하기 위해 기존의 File, Adjustments, Convolution 메뉴에 Edit 메뉴를 추가한 것을 나타낸다.

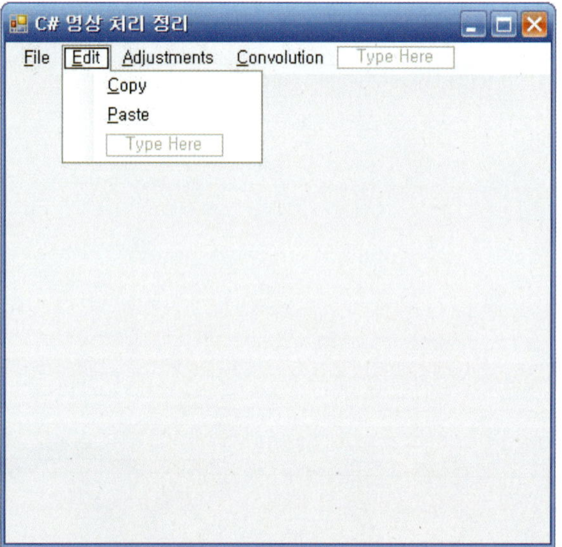

그림 9-1 C# 영상처리 정리 메뉴

기본적으로 File 메뉴에 open, save, exit 등이 있고, Adjustments 메뉴에 Brightnetss, Contrast, Inverse, Gamma, ContrastLUT, parabola, Histogram View, Histogram Stretch(basic, rate, equalization) 등이 있으며 Convolution 메뉴도 컬러영상처리에 맞도록 개선하여 그대로 활용할 수 있도록 했다. 물론

컬러영상에 대한 중간값 필터 적용 메뉴도 추가되어 있다. Edit 메뉴에는 copy와 paste가 있다. 여기서는 이미 설명된 메뉴의 미미한 개선 기능에 대해서는 생략하고 새롭게 추가되거나 대폭 수정된 메뉴의 기능에 대해서만 기술한다.

(1) 복사(Copy)

Edit-Copy 메뉴를 선택하면 표시된 전체 영상을 클립보드(Clipboard)에 복사한다. 클립보드에 복된 전체 영상은 붙이기(Paste)를 통해서 현재 화면이 변경되었더라도 다시 표시되게 할 수 있고, 다른 응용프로그램에서도 붙이기를 통해 표시되게 할 수 있다. [그림 9-2]는 [그림 8-4]의 File-open 메뉴를 통해 읽은 영상을 클립보드에 복사하여 파워포인트에서 '붙이기' 한 것을 나타낸 것이다.

그림 9-2 클립보드에 복사된 영상을 파워포인트에 붙이기

(2) 붙이기(Paste)

Edit-Paste 메뉴를 선택하면 클립보드에 복사되어 있는 영상이 화면에 표시된다. 이는 다른 응용 프로그램에서 클립보드에 복사해놓은 것에 대해서도 동일하게 수행된다. [그림 9-3]은 대표적인 웹 브라우저에 표시된 영상 위에서 마우스 우측버튼을 눌러 팝업 메뉴(pop-up menu)가 나오게 한 다음 '복사'를 선택하여 클립보드에 복사하는 것을 나타낸 것이고 [그림 9-4]는 이를 현 화면에서 Edit-Paste 메뉴를 선택하여 붙이기 한 것을 나타낸 것이다.

그림 9-23 웹브라우저에서 영상을 클립보드에 복사

그림 9-4 웹브라우저에서 획득한 영상을 현 화면에 붙이기

(3) 명도 조절(Brightness)

Adjustments-Brightness 메뉴를 선택하면 [그림 9-5]와 같이 트랙바(Track-Bar)를 통해 밝기를 조절할 수 있는 대화상자가 나온다. 트랙바를 드래그하여 최대 100, 최소 −100까지의 명도를 조정할 수 있다.

이 대화상자는 비주얼 C#의 [Projects-Add new item...] 메뉴에서 Windows 템플릿을 선택하여 이름을 정해주면 폼을 설계할 수 있는 화면이 나오고 여기서 [그림 9-5]와 같이 레이블(label) 1개, 버튼(button) 2개, 트랙바(trackbar) 1개를 도구상자를 통해 삽입하고 속성을 조정하면 된다.

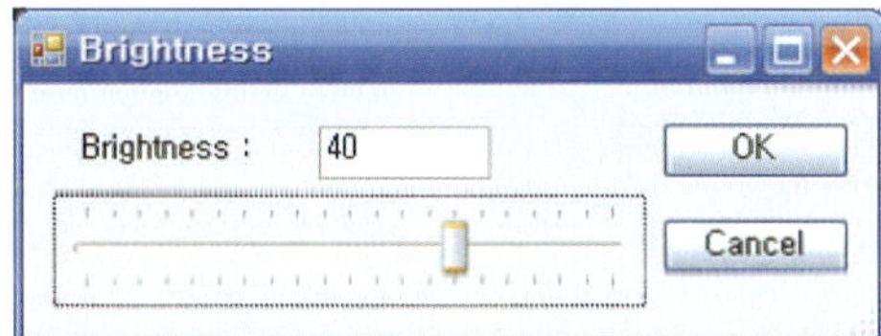

그림 9-5 명도 조절 대화상자

(4) 대비 조절(Contrast)

Adjustments-Contrast 메뉴를 선택하면 [그림 9-6]과 같이 트랙바(Track-Bar)를 통해 대비를 조절할 수 있는 대화상자가 나온다. 트랙바를 드래그하여 최대 100, 최소 −100까지의 대비를 조정할 수 있다. 명도 조절 대화상자와 비슷하게 컨트롤을 폼에 삽입하고 그 속성들을 조정하면 된다.

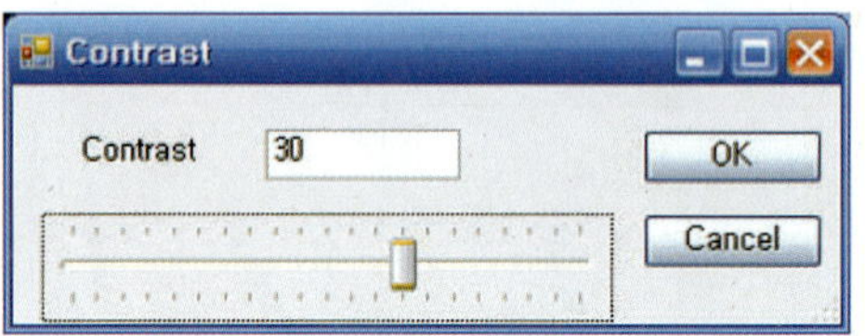

대비 조절 대화상자

2) 프로젝트 구성

본 프로젝트는 크게 Form1, HistogramForm, BrightForm, ContrastForm이라는 4개의 클래스로 구성되어 있다. 이 중 Form1 클래스는 주메뉴를 포함하고 있는 본 프로젝트의 핵심 클래스이다. 이 클래스 내에 닷넷 프레임워크에서 기본으로 제공하는 OpenFileDialog(파일 열기 대화상자 컨트롤), Save-FileDialog(파일 저장 대화상자 컨트롤), MenuStrip(메뉴 스크립트)을 포함하고 있다.

HistogramForm, BrightForm, ContrastForm 클래스는 비주얼 C#의 Project-Add New Item 메뉴에서 새롭게 생성한 것으로서 HistogramForm 클래스는 히스토그램 표시 창에 해당되는 것이고, BrightForm 클래스는 명도 지정 대화상자에 해당되는 것이고 ContrastForm 클래스는 대비 지정 대화상자에 해당되는 것이다. 이들 모두는 System.Windows.Forms.Form으로부터 상속된 클래스이므로 고유의 폼을 갖고 있다.

(1) Form1 클래스

다음은 Form1 클래스의 메소드와 멤버변수 중 중요한 핵심 메소드와 멤버변수들을 나타낸 것이다.

- bitmap 멤버변수 : Bitmap 객체로서 새도우 비트맵으로 설정된 후 주 화면에 표시되는 그림 정보를 모두 담고 있게 된다.
- grBm 멤버변수: 새도우 비트맵과 연결되는 Graphics 객체로서 이 변수의 DrawImage() 메소드에 의해 그려지는 것이 모두 새도우 비트맵(bitmap)에 남게된다.
- image 멤버변수: Image 객체로서 보조기억장치로부터 읽어들인 영상파일의 정보를 담게된다.
- ofdOpen 멤버변수: OpenFileDialog 객체
- sfdSave 멤버변수: SaveFileDialog 객체
- grayArray 멤버변수: 0~255 사이의 명도값을 갖는 2차원 배열로서 음영영상정보를 가지고 있다.
- rgbArray 멤버변수: RGB 각각 0~255 사이의 값을 갖는 3차원 배열로서 컬러영상정보를 가지고 있다.
- hsiArray 멤버변수: 색상(Hue), 채도(Saturation), 명도(Intensity) 값을 갖는 3차원 배열로서 HSI 모델을 나타낸다. 색상은 0~360, 채도와 명도는 0~1 사이의 값을 갖는다.
- copyItem_Click() 메소드: Edit-Copy 메뉴를 선택했을 때 수행되는 이벤트 핸들러이다. [프로그램 목록 23-2]와 같이 화면 상의 영상을 클립보드로 복사하는 역할을 한다. 화면 상의 영상은 새도우 비트맵인 bitmap에 보관되어 있다.

[프로그램 목록 9-1(a): faImageProcess의 Form1.cs]

```
private void copyItem_Click(object sender, System.EventArgs e)
{
   Clipboard.SetDataObject(bitmap, true);
   pasteItem.Enabled = true;
}
```

- pasteItem_Click() 메소드: Edit-Paste 메뉴를 선택했을 때 수행되는 이벤트 핸들러이다. [프로그램 목록 23-3]과 같이 클립보드 상에 복사되어 있는 영상을 현 화면으로 붙이기 하는 역할을 한다. Metafile은 네임스페이스를 'using System.Drawing.Imaging' 에 의해 정의해주어야 한다.

[프로그램 목록 9-1(b): faImageProcess의 Form1.cs]

```
private void pasteItem_Click(object sender, System.EventArgs e)
{
   IDataObject cdata = Clipboard.GetDataObject();
   if (cdata.GetDataPresent(typeof(Metafile)))
      image = (Image)cdata.GetData(typeof(Metafile));
   else if (cdata.GetDataPresent(typeof(Bitmap)))
      image = (Image)cdata.GetData(typeof(Bitmap));
   this.ClientSize = new System.Drawing.Size(image.Width, image.Height);
   setShadowBitmap();
   grBm.DrawImage(image, 0, 0, image.Width, image.Height);
   copyBitmap2RgbArray();
   Invalidate();
}
```

- Form1_Activated() 메소드: 프로그램이 처음 시작되거나 다른 응용프로그램을 수행하다가 본 프로그램으로 되돌아 올 때, 폼이 활성화되는데 이 때 수행되는 이벤트 핸들러로서 [프로그램 목록 9-1(c)]에 해당된다. 클립보드에 복사되어있는 것이 있다면 File-Paste 메뉴를 수행 가능하게 만들어 주는 준비 역할을 한다.

[프로그램 목록 9-1(c): faImageProcess의 Form1.cs]

```
private void Form1_Activated(object sender, System.EventArgs e)
{
    IDataObject cdata = Clipboard.GetDataObject();
    pasteItem.Enabled = false;
    pasteItem.Enabled = cdata.GetDataPresent(typeof(Metafile)) ||
                        cdata.GetDataPresent(typeof(Bitmap));
}
```

(2) HistogramForm 클래스

다음은 HistogramForm 클래스의 메소드와 멤버변수 중 중요한 핵심 메소드와 멤버변수들을 나타낸 것이다.

- bitmap 멤버변수 : Bitmap 객체로서 새도우 비트맵으로 설정된 후 폼에 표시되는 히스토그램 그림 정보를 모두 담고 있게 된다.
- grBm 멤버변수: 새도우 비트맵과 연결되는 Graphics 객체로서 이 변수

의 DrawImage() 메소드에 의해 그려지는 것이 모두 새도우 비트맵(bitmap)에 남게된다.

- viewHistogram() 메소드: 인수로 들어오는 2차원 배열의 음영영상정보를 분석하여 HistogramForm 객체에 히스토그램을 그리는 핵심 루틴이다. [프로그램 목록 3-4(b)]에 있는 것과 같다.

(3) BrightForm 클래스

다음은 BrightForm 클래스의 메소드와 필드변수 중 중요한 핵심 메소드와 필드변수들을 나타낸 것이다.

- BrightValue 속성 : public 접근제한자를 사용하여 외부 클래스에서 접근할 수 있도록 하여 밝기값을 알려주는 역할을 하는 int 변수이다. Brightness 클래스 내부에서만 접근할 수 있는 trbBright 트랙바의 Value 정보를 갖게 된다.
- trbBright 멤버변수: 밝기값을 지정할 수 있도록 하는 트랙바이다. BrightValue 속성에 의해 읽혀 외부로 그 값이 알려진다.
- tbBright 멤버변수: 밝기값을 지정할 수 있도록 하는 트랙바의 값이 표시되는 텍스트박스이다.
- btOk 멤버변수: '확인' 버튼에 해당된다. DialogResult 속성을 OK로 설정하였기 때문에 밝기값이 지정된 후 이 버튼을 누르면 해당 대화상자가 자동으로 닫히게 된다.
- trbBright_Scroll() 메소드: [그림 9-5]의 트랙바(track bar)가 스크롤하면 발생하는 이벤트에 대한 이벤트 핸들러로서 트랙바에서 변화되는 값(trb-Bright.Value)이 스트링 형태로 바로 위의 텍스트박스 값(tbBright.Text)으로 표시되게 한다.

[프로그램 목록 9-1(d): faImageProcess의 BrightForm.cs]

```
private void trbBright_Scroll(object sender, EventArgs e)
{
    tbBright.Text = trbBright.Value.ToString();
}
```

(4) Contrast 클래스

다음은 ContrastForm 클래스의 메소드와 필드변수 중 중요한 핵심 메소드와 필드변수들을 나타낸 것이다.

- ContrastValue 속성 : public 접근제 한자를 사용하여 외부 클래스에서 접근할 수 있도록 하여 대비값을 알려주는 역할을 하는 int 변수이다. Contrast 클래스 내부에서만 접근할 수 있는 trbContrast 트랙바의 Value 정보를 갖게 된다.
- trbContrast 멤버변수: 대비값을 지정할 수 있도록 하는 트랙바이다. ContrastValue 속성에 의해 읽혀 외부로 그 값이 알려진다.
- tbContrast 멤버변수: 대비값을 지정할 수 있도록 하는 트랙바의 값이 표시되는 텍스트박스이다.
- btOk 멤버변수: '확인' 버튼에 해당된다. DialogResult 속성을 OK로 설정하였기 때문에 대비값이 지정된 후 이 버튼을 누르면 해당 대화상자가 자동으로 닫히게 된다.
- trbContrast_Scroll() 메소드: [그림 9-5]의 트랙바(track bar)가 스크롤하면 발생하는 이벤트에 대한 이벤트 핸들러로서 트랙바에서 변화되는 값(trbContrast.Value)이 스트링 형태로 바로 위의 텍스트박스 값(tbContrast.Text)으로 표시되게 한다.

[프로그램 목록 9-1(d): faImageProcess의 BrightForm.cs]

```
private void trbContrast_Scroll(object sender, EventArgs e)
{
   tbBContrast.Text = trbContrast.Value.ToString();
}
```

9.2 EmguCV에 의한 얼굴인식

1) 프로젝트 개요

EmguCV를 이용하여 OpenCV의 Haar 알고리즘을 적용하여 웹캠(Web Cam)으로부터 들어오는 사람의 영상에서 실시간으로 얼굴을 찾아내는 프로젝트이다. [그림 9-7]은 이 프로젝트의 Camera 메뉴가 보이는 윈도우즈 폼을 나타낸 것으로 On, Capture, Off 세 개의 부 메뉴로 구성되어 있다. On 메뉴는 웹캠을 켜서 동작시키기 위한 것이고, Capture는 웹캠에 보이는 영상을 캡처하여 표시하기 위한 것이며, Off는 웹캠을 끄기 위한 것이다. [그림 9-7]의 폼 위에는 ImageBox 컨트롤이 꽉 차 있으며 이것은 웹 캠의 움직이는 영상에서 순간적으로 정지 영상을 캡처해서 표시하기 위한 것이다.

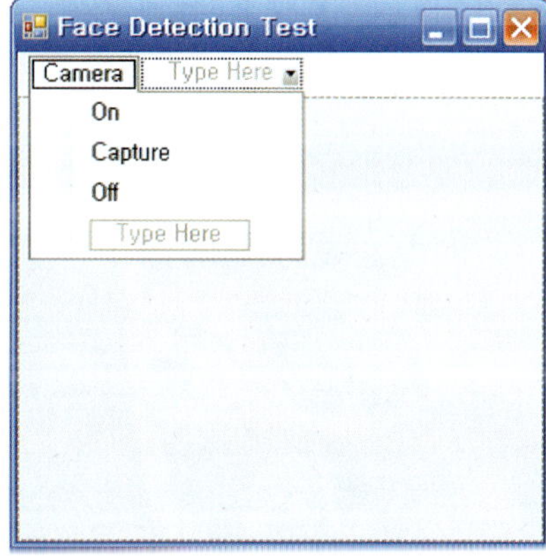

그림 9-7 EmguCV를 이용한 실시간 얼굴인식 메뉴

(1) 웹캠 동작

Camera-On 메뉴를 클릭하면 Form1 객체와 별도로 ImageViewer에 의해 표시되는 창 위에 웹캠에서 획득되는 움직이는 영상이 [그림 9-8]과 같이 표시된다.

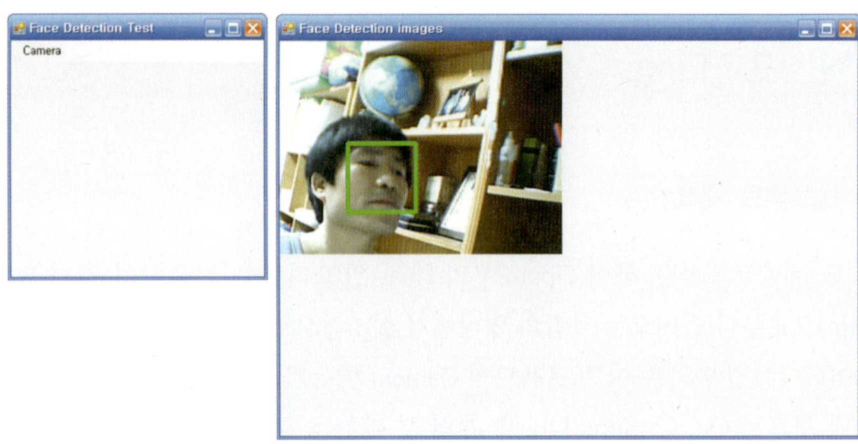

그림 9-8 웹캠의 동작 예

(2) 순간 정지 영상 캡처

Camera-Capture 메뉴를 클릭하면 ImageViewer 창에 표시되는 동영상의 순간 정지 영상이 캡처되어 ImageBox에 [그림 9-9]와 같이 표시된다.

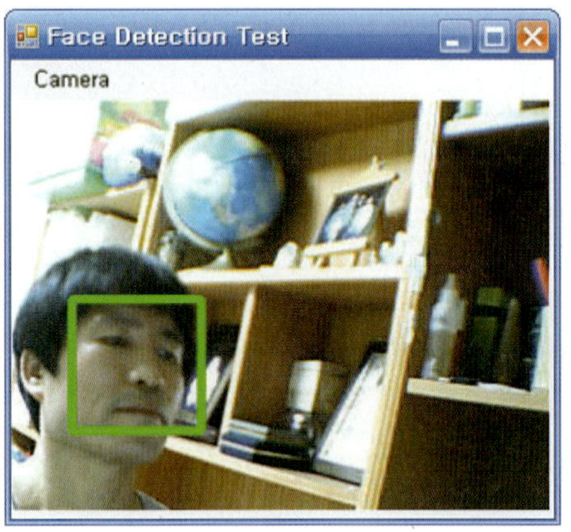

그림 9-9 캡처된 정지 영상 예

캡처된 정지 영상을 저장하려면 ImageBox에 표시된 영상 위에서 마우스 우측 버튼을 눌러 팝업 메뉴가 나오게 한 다음 'File-Save as...' 메뉴를 선택하고 파일명과 확장자를 정해주면 된다.

(3) 순간 정지 영상 캡처

Camera-Off 메뉴를 클릭하면 웹캠이 꺼지면서 ImageViewer 창도 사라지고 메인 창만 남아 있게 된다.

2) 프로젝트 구성

본 프로젝트는 Form1 클래스 한 개로 이루어져있다. Form1 클래스의 중요 멤버변수 viewer, capture, imageBgrObj, imageObj, haar 등과 함께 On 메뉴를 선택했을 때 처리하는 이벤트 핸들러 onItem_Click(), Capture 메뉴를 선택했을 때 처리하는 이벤트 핸들러 captureItem_Click(), Off 메뉴를 선택했을 때 처리하는 offItem_Click() 등으로 구성되어 있다. Form1에는 똑똑한 Picture-Box라 할 수 있는 ImageBox 컨트롤 ibCanvas가 폼을 꽉 채우고 있다.

- capture 멤버변수 : Capture 객체로서 웹 캠으로부터 영상을 받아들이기 위한 것으로 이를 통해 주기적으로 영상정보가 들어온다.
- viewer 멤버변수: ImageViewer 객체로서 웹캠으로부터 들어오는 영상을 Show() 메소드를 통해 Form1 객체와는 별도의 창에 표시한다. 여기서 모달리스 대화상자를 나오게하는 Show()메소드를 사용한 것은 주 메뉴 창에서도 동시에 작업을 할 수 있도록 하기 위함이다.
- imageBgrObj 멤버변수 : 컬러영상정보를 가지는 Image 제네릭 객체이다.
- imageObj 멤버변수 : 음영영상정보를 가지는 Image 제네릭 객체로서 Haar 알고리즘을 구현한 DetectHaarCascade() 메소드에 의해 얼굴을 찾을 때 인수로 들어간다.
- haar 멤버변수 : Haar 분류기 정보를 가지는 것으로서 DetectHaarCascade() 메소드의 인수로 들어간다.

[프로그램 목록 9-2(a): Emgu201FaceDetection의 Form1.cs]

```
ImageViewer viewer;
Capture capture;
Image<Bgr, Byte> imageBgrObj;
Image<Gray, Byte> imageObj;
private HaarCascade haar;

private void onItem_Click(object sender, EventArgs e)
{
   haar = new HaarCascade
        ("C:\\Program Files\\OpenCV\\data\\haarcascades\\haarcascade_frontalface_alt2.xml");
   viewer = new ImageViewer(); //create an image viewer
   capture = new Capture();     //create a camera capture
   Application.Idle += new EventHandler(Camera_Idle);
   viewer.Show(); //show the image viewerRetrieved
}
```

- onItem_Click() 메소드 : On 메뉴를 선택했을 때 처리하는 이벤트 핸들러이다. [프로그램 목록 9-2(a)]와 같이 Haar 분류기 정보를 읽고, viewer와 capture 객체를 생성하고 Application의 Idle 이벤트를 발생시켜 Idle Time에 그 이벤트 핸들러인 Camera_Idle() 메소드가 실행되게 하여 얼굴을 검출한 것을 표시하게 한다.
- Camera_Idle() 메소드 : [프로그램 목록 9-2(b)]의 DetectHaarCascade() 메소드로 얼굴을 검출하고 얼굴 부위를 녹색의 사각형으로 표시하게 하여 viewer의 image로 넘겨준다.

[프로그램 목록 9-2(b): Emgu201FaceDetection의 Form1.cs]

```
private void Camera_Idle(object sender, EventArgs e)
{
    viewer.Text = "Face Detection images";
    imageBgrObj = capture.QueryFrame();
    imageObj = imageBgrObj.Convert<Gray, Byte>();
    var faces = imageObj.DetectHaarCascade(
                haar, 1.4, 4,
                HAAR_DETECTION_TYPE.DO_CANNY_PRUNING,
                new Size(imageObj.Width / 8, imageObj.Height / 8)
   )[0];

   foreach (var face in faces)
   {
      imageBgrObj.Draw(face.rect, new Bgr(0, 255, 0), 3);
   }
   viewer.Image = imageBgrObj;
}
```

- captureItem_Click() 메소드 : Capture 메뉴를 선택했을 때 처리하는 이벤트 핸들러이다. [프로그램 목록 9-2(c)]와 같이 캡처된 정지 영상을 image2canvas() 메소드에 의해 메뉴화면의 ImageBox에 표시되게 한다.
- image2canvas() 메소드: [프로그램 목록 9-2(c)]와 같이 메뉴가 있는 폼의 크기를 캡처된 정지 영상 크기에 맞추고 ImageBox에 표시되게 하는데 ImageBox가 줌인(Zoom-In)과 줌아웃(Zoom-out), 크기 조정, 팝업 메뉴 등 모든 기능이 실시간으로 수행되게 지정한다.

[프로그램 목록 9-2(c): Emgu201FaceDetection의 Form1.cs]

```
private void captureItem_Click(object sender, EventArgs e) // Capture
{
   imageBgrObj = new Image<Bgr, byte>(viewer.Image.Bitmap);
   image2canvas(imageBgrObj);
}
private void image2canvas(Image<Bgr, byte> image)
{
   this.ClientSize = new System.Drawing.Size(image.Width, image.Height);
   ibCanvas.Image = image;
   ibCanvas.FunctionalMode = ImageBox.FunctionalModeOption.Everything;
}
```

- offItem_Click() 메소드 : [프로그램 목록 9-2(d)]와 같이 capture 객체를 소멸시켜 웹캠을 끄고, ImageViewer 창도 닫고, Application의 Idle 이벤트를 발생을 해제시킨다.

[프로그램 목록 9-2(d): Emgu201FaceDetection의 Form1.cs]

```
private void offItem_Click(object sender, EventArgs e)
{
   capture.Dispose();
   viewer.Close();
   Application.Idle -= new EventHandler(Camera_Idle);
}
```

부록

부록 A.　C# 윈도우즈 폼 응용 프로그래밍 환경
부록 B.　EmguCV를 이용한 C# 영상처리 프로그래밍 환경
부록 C.　도구상자에 ImageBox 컨트롤 추가

부록 A. C# 윈도우즈 폼 응용 프로그래밍 환경

비주얼 스튜디오 닷넷(Visual Studio .Net) 프로그래밍 환경은 닷넷 프레임워크(.NET Framework)을 기반으로 콘솔 프로그램(console program), 윈도우즈 프로그램(windows program), 웹 프로그램(web program)을 효율적이고 효과적으로 작성할 수 있도록 도와주는 객체 기반 프로그래밍 환경이라 할 수 있다. 영상처리 프로그램은 주로 윈도우즈 폼(form)에 구현하기 용이하므로 여기서는 윈도우즈 폼 프로그램의 기본 틀을 제공해주는 윈도우즈 프로그램을 중심으로 관련 객체들의 속성과 메소드(method), 그리고 이벤트(event)에 대해 살펴보고 이를 기초로 C# 프로그래밍 언어를 이용하여 프로그램을 작성하는 방법에 대해 공부한다.

다음은 비주얼 스튜디오 C# 2008 익스프레스(Microsoft Visual C# 2008 Express Edition) 버전에서 간단한 윈도우즈 폼 응용 프로그램을 작성하는 과정을 나타낸 것이다.

[간단한 윈도우즈 폼 응용 프로그램 작성]

① 윈도우즈의 [시작]-[프로그램]-[Microsoft Visual C# 2008 Express Edition] 선택하여 C# 2008 익스프레스 버전을 실행한다.

② 초기화면에서 [File-New Project] 메뉴를 선택하면 [그림 A-1]과 같은 화면이 나온다.

③ [그림 A-1]에서 템플릿(Templates)을 'Windows Form Application' 으로 지정하고 새 프로젝트의 이름(Name)을 입력한 다음 OK 버튼을 클릭하면 [그림 A-2]와 같은 화면이 나온다.

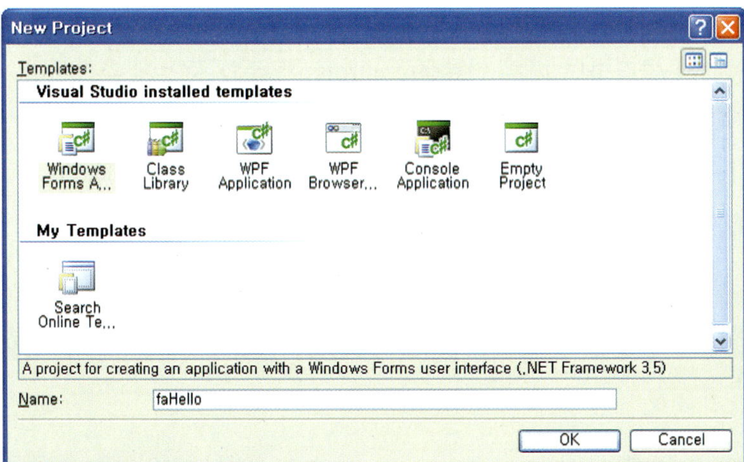

그림 A-1 프로젝트 유형과 템플릿 설정

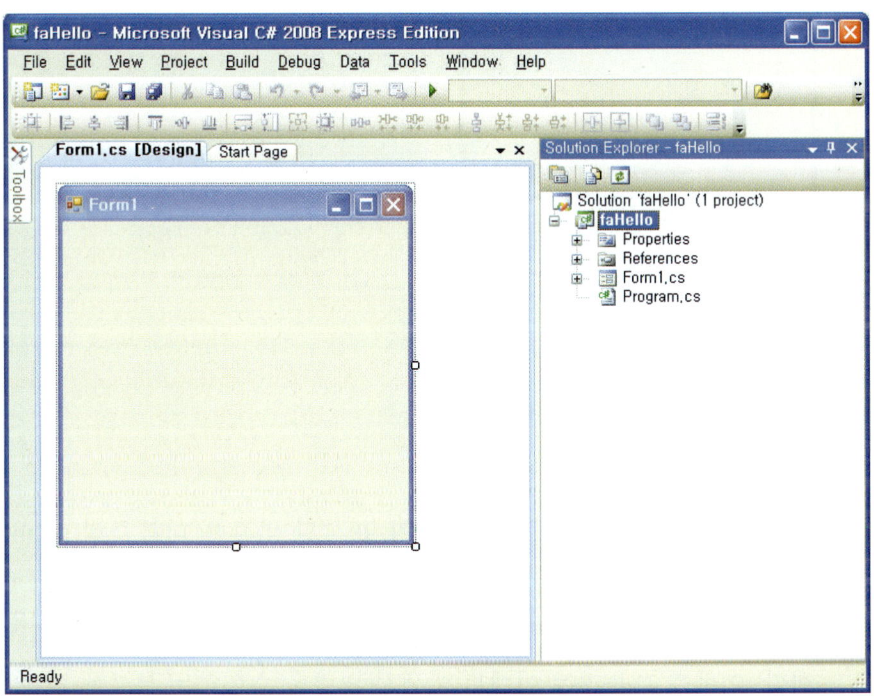

그림 A-2 윈도우 어플리케이션(application) 초기 화면

④ [그림 A-2]의 [ToolBox(도구상자)]에서 Button을 클릭(click)하고, 폼 중앙에서 클릭하면 버튼 컨트롤(controls)이 폼의 중앙에 추가된다. 속성창 [View-Properties Window 메뉴 선택하면 나옴] 에서 추가된 버튼의 [Text] 속성을 'Hello! 로, 폼(Form)의 [Text] 속성을 'Hello World' 로 변경한다.

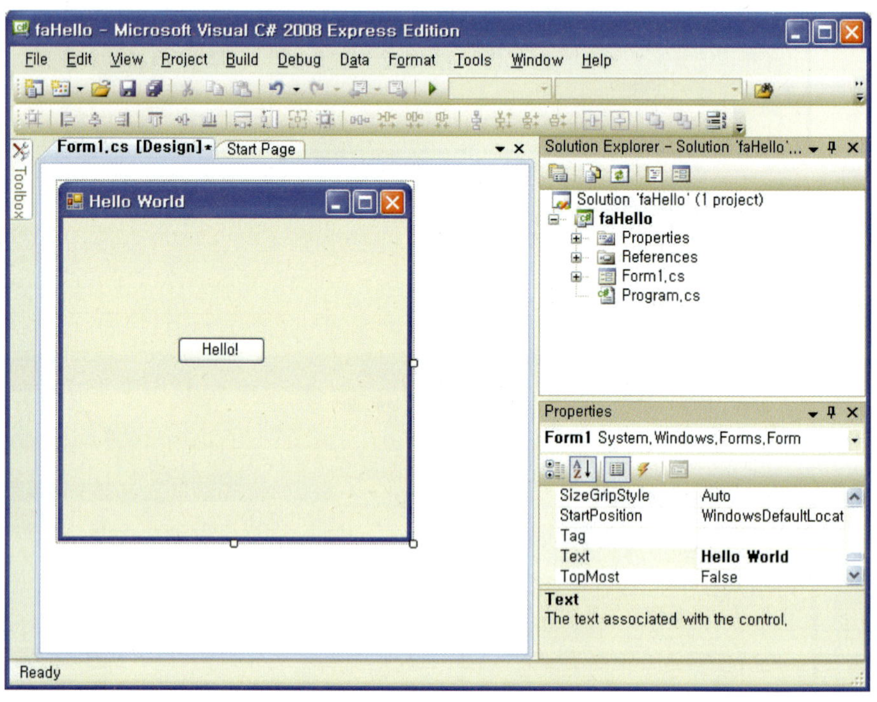

그림 A-3 윈도우즈 폼에 버튼 추가

⑤ [그림 A-3]처럼 폼 위에 'Hello!' 라 표시된 버튼을 더블클릭(double click) 하면, 이 버튼의 Click 이벤트 핸들러(event handler)를 정의할 수 있는 상태가 되므로 여기에서 [그림 A-4]와 같이 프로그램 코드를 입력한다. 이벤트 핸들러는 이벤트 발생시 명령을 수행하는 부분을 의미한다.

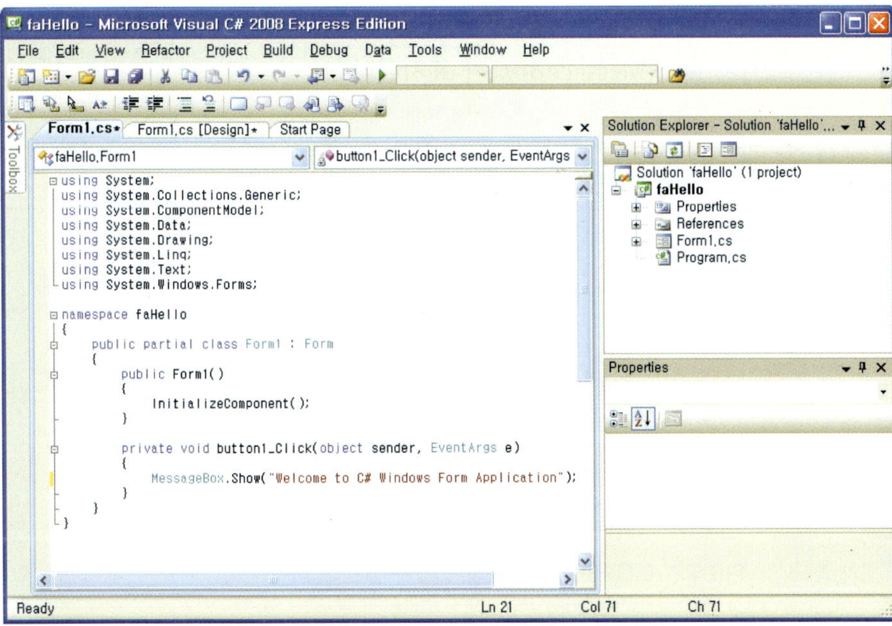

그림 A-4 프로그램 코드 추가 입력

⑥ [File-Save All]을 선택하여 [그림 A-5]가 나오면 저장 위치를 정해준다. 저장 위치를 필요에 따라 Browse 버튼 이용하여 원하는 위치로 지정한다.

⑦ [Build(빌드)-Build Solution(빌드 솔루션] 메뉴를 선택하여 컴파일(Compile) 및 링크(Link)를 수행한다. 필요에 따라 에러(error)를 수정한다.

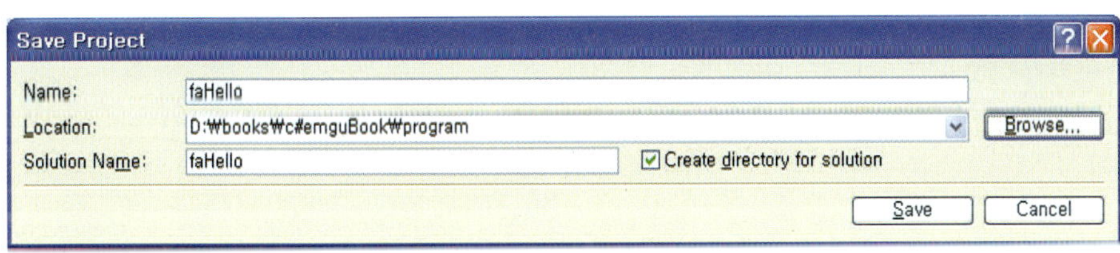

그림 A-5 프로젝트 이름과 저장 위치 지정

⑧ [Debug(디버그)-Start Without Debugging(디버깅하지 않고 시작]을 선택하여 실행한다.

⑨ [그림 A-6]에서 'Hello ' 이라 표시된 버튼을 클릭하면 [그림 A-7]과 같은 메시지 박스(MessageBox)가 표시된다.

그림 A-6 윈도우즈 어플케이션 실행 예

그림 A-7 메시지 박스 표시 예

부록 B. EmguCV를 이용한 C# 영상처리 프로그래밍 환경

비주얼 스튜디오 닷넷(Visual Studio .Net) 프로그래밍 환경에 OpenCV의 래퍼(wrapper)인 EmguCV를 이용하여 영상처리 프로그램을 효율적이고 효과적으로 작성하는 방법은 EmguCV가 쓰여진 C#.NET을 이용하는 것이다. C# 기반 윈도우즈 폼 응용 프로그램의 기본 틀 속에 EmguCV를 설치하여 추가하여 프로그래밍 환경을 만들면 된다.

다음은 비주얼 스튜디오 C# 2008 익스프레스(Microsoft Visual C# 2008 Express Edition) 버전을 기반으로 EmguCV2.0.10 버전을 다운로드 받아 설치하고 간단한 환경 설정을 한 다음 EmguCV를 이용한 C# 영상처리 프로그램을 작성하는 과정을 나타낸 것이다.

[EmguCV 다운로드 및 설치]

① EmguCV 메인 홈페이지(http://www.emgu.com/wiki/index.php/Main_Page)의 'Latest News'의 최신 버전에 대한 설명 부분에서 'sourceforge'(http://sourceforge.net/projects/emgucv/)를 클릭하여 이동하면 최신버전(Emgu.CV.x86_2.0.1.0_windows_installer.zip)을 다운로드 받을 수 있다.

② 다운로드 한 압축파일을 풀고 'setup.exe'을 실행하면 설치화면이 나오고 설치화면의 안내에 따라 [그림 B-1]과 같은 화면에서 설치 위치(C:\Program Files\Emgu\Emgu CV)를 지정해주는 것만 주의하고 지시하는 대로 따라하면 설치가 완료된다.

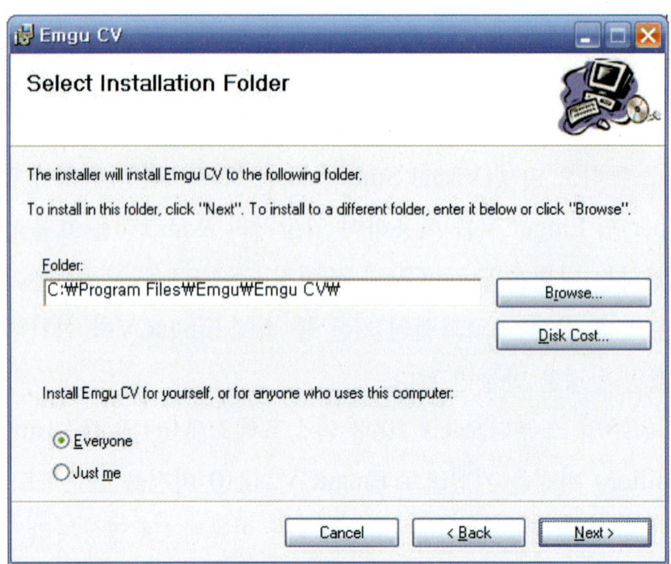

그림 B-1 EmguCV 설치 과정 중 설치 폴더를 지정하는 화면

[EmguCV를 이용한 간단한 윈도우즈 폼 응용 프로그램 작성]

① 윈도우즈의 [시작]-[프로그램]-[Microsoft Visual C# 2008 Express Edition] 선택하여 C# 2008 익스프레스 버전을 실행한다.

② 초기화면에서 [File-New Project] 메뉴를 선택하고 템플릿(Templates)을 'Windows Form Application' 으로 지정하고 새 프로젝트의 이름(Name)을 'Emgu201Hello' 라고 입력한 다음 OK 버튼을 클릭한다. 이 때 나오는 폼의 왼쪽 부분에 있는 [ToolBox(도구상자)]에서 Button을 더블 클릭(double click)하면 버튼 컨트롤(controls)이 폼의 중앙에 추가된다. 속성창[View-Properties Window 메뉴 선택하면 나옴] 에서 추가된 버튼의 [(name)] 속성을 ' btHello' 로, [Text] 속성을 'Hello! 로, 폼(Form)의 [Text] 속성을 'EmguCV 이미지 뷰어에 의한 환영 메시지' 로 변경하면 [그림 B-2]와 같이 된다.

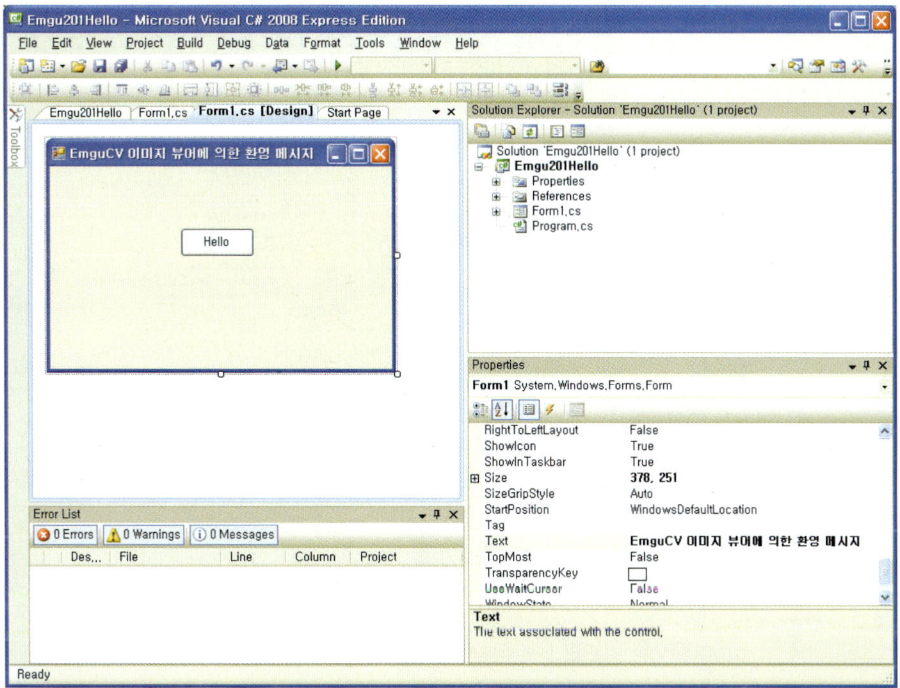

그림 B-2 EmguCV를 이용한 C# 예제 프로그램 화면 설계

③ [그림 B-2]와 같은 폼 위에 'Hello!' 라 표시된 버튼을 더블클릭(double click) 하면, 이 버튼의 Click 이벤트 핸들러(event handler)를 정의할 수 있는 상태가 되므로 여기에서 프로그램 코드를 입력하면 된다.

④ 그런데 EmguCV에 속하는 클래스와 메소드, 속성 등을 사용하려면 네임스페이스를 정의해야 하므로 프로그램 코드를 입력하기 전에 먼저 [Project-(Em201Hello) properties] 메뉴를 선택한 다음 'Reference Paths' 탭을 클릭하여 EmguCV가 설치된 경로의 'bin' 서브 폴더 경로를 [그림 B-3]과 같이 추가시켜준다. 그리고 'Solution Exploer' 창의 'References' 에서 우측 버튼을 눌러 나오는 메뉴에서 'Add Reference' 을 선택하여 'Emgu.CV'' 'Emgu.CV.UI', 'Emgu.Util' 을 반복해서 추가시킨다.

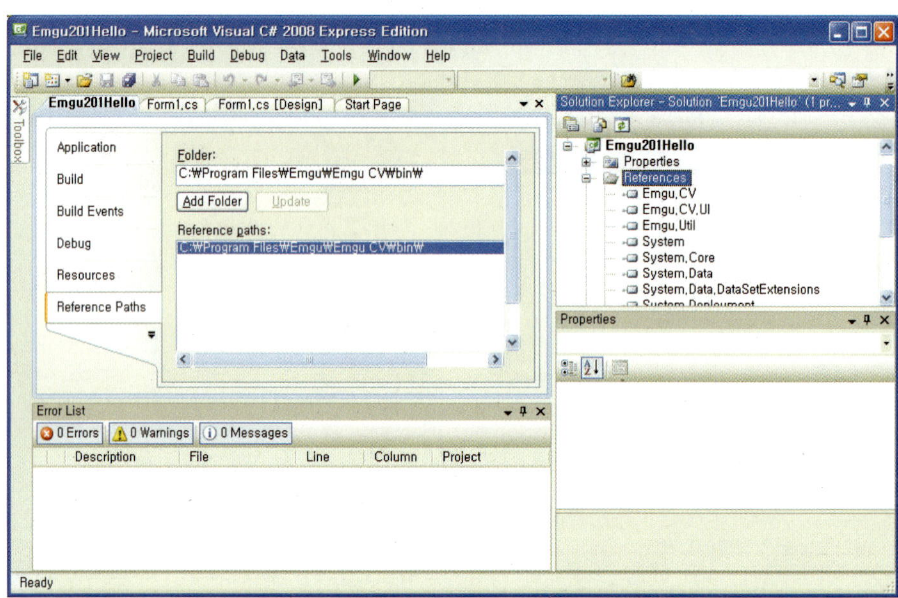

그림 B-3 EmguCV를 이용한 C# 프로젝트의 참조 경로 설정

⑤ 버튼의 이벤트 핸들러인 btHello_Click() 메소드 정의 부분에서 [프로그램 목록 B-1]]과 같이 입력한다. 이제는 'using Emgu.CV.Structure;', 'using Emgu.CV.CvEnum;' 'using Emgu.CV.UI;' 'using Emgu.Util;' 등이 의미 있게 입력될 수 있다.

⑥ [File-Save All]을 선택하여 나오는 대화상자에서 저장 위치를 정해준다. 저장 위치를 필요에 따라 Browse 버튼 이용하여 원하는 위치로 지정한다.

⑦ [Build(빌드)-Build Solution(빌드 솔루션] 메뉴를 선택하여 컴파일(Compile) 및 링크(Link)를 수행한다. 필요에 따라 에러(error)를 수정한다.

⑧ [Debug(디버그)-Start Without Debugging(디버깅하지 않고 시작]을 선택하여 실행한다.

[프로그램 목록 B-: Emgu201Hello의 Form1.cs]

```
using System;
using System.Collections.Generic;
using System.ComponentModel;
using System.Data;
using System.Drawing;
using System.Linq;
using System.Text;
using System.Windows.Forms;
using Emgu.CV;                // Image
using Emgu.CV.Structure;      // Bgr,  MCvFont
using Emgu.CV.CvEnum;         // FONT
using Emgu.CV.UI;             // ImageViewer
using Emgu.Util;              // (using)

namespace Emgu201Hello
{
   public partial class Form1 : Form
   {
      public Form1()
      {
         InitializeComponent();
      }

      private void btHello_Click(object sender, EventArgs e)
      {
         string msg = "Hello, EmguCV!!!";
         Bgr bgColor = new Bgr(255, 255, 255); // white
         Bgr fwColor = new Bgr(255, 0, 0); // blue
         Point stPoint = new Point(20, 100);
         ImageViewer viewer = new ImageViewer();

         using (Image<Bgr, Byte> img = new Image<Bgr, Byte>(400, 200, bgColor))
         {
            MCvFont f = new MCvFont(FONT.CV_FONT_HERSHEY_TRIPLEX, 1.2, 1.2);
            img.Draw(msg, ref f, stPoint, fwColor);
            viewer.Image = img;
            viewer.ShowDialog();
         }
      }
   }
}
```

⑧ [그림 B-4]에서 'Hello ' 이라 표시된 버튼을 클릭하면 [그림 B-5]와 같은 메시지 출력 영상이 화면에 표시된다.

그림 B-4 EmguCV를 이용한 C# 예제 프로그램 실행 초기 화면

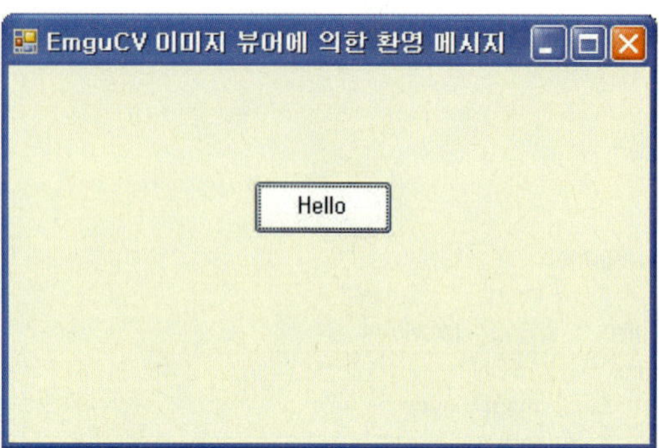

그림 B-5 'Hello' 버튼을 클릭하여 나오는 영상 형태의 환영 메시지 출력 화면

부록 C. 도구상자에 ImageBox 컨트롤 추가

비주얼 스튜디오 C# 2008 익스프레스(Microsoft Visual C# 2008 Express Edition) 버전을 기반으로 EmguCV2.0.10 버전에서 제공하는 Emgu.CV.UI에 속하는 ImageBox 클래스를 컨트롤로 사용할 수 있다. 윈도우 폼의 도구상자(Toolbox)의 맨 아래 General 탭에 ImageBox 컨트롤 추가하는 방법은 다음과 같다.

[EmguCV 다운로드 및 설치]

① 윈도우 폼이 선택된 상태에서 도구상자의 General 탭의 글자 위에서 마우스 우측 버튼을 클릭하면 나오는 팝업 메뉴에서 'Choose Items...'를 클릭한다.

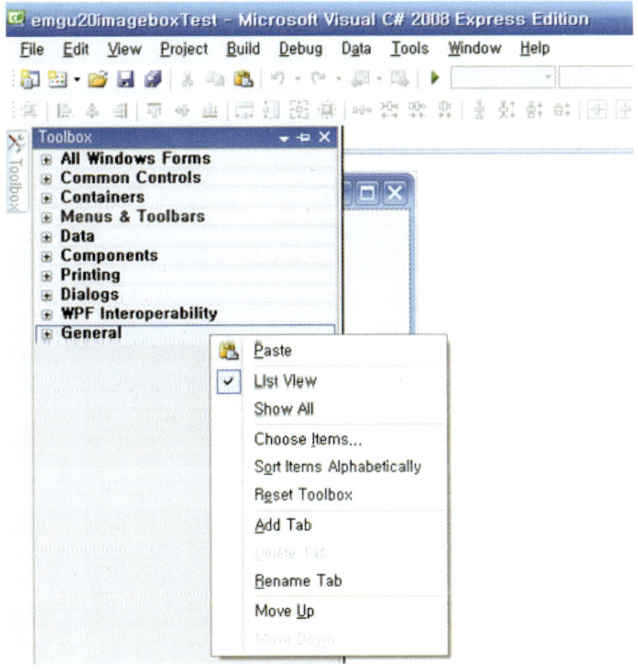

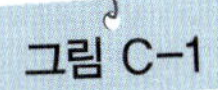
그림 C-1 윈도우즈 폼 도구상자의 General 탭 위의 팝업 메뉴

② [그림 C-2]와 같은 도구상자 항목 선택 대화상자에서 'Browse...' 버튼을 클릭한다.

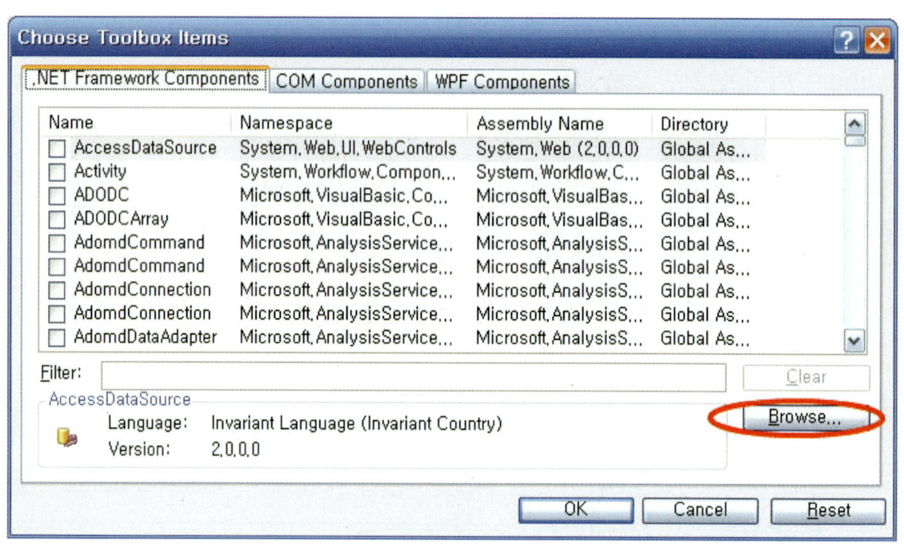

그림 C-2 도구상자 항목 선택 대화상자

③ EmguCV가 설치된 경로 'C:\Program Files\Emgu\Emgu CV\bin\' 으로 가서 Emgu.CV.UI.dll 파일을 선택하고 [그림 C-3]과 같은 대화상자에서 '열기.' 버튼을 클릭하면 [그림 C-4]와 같은 대화상자가 나오는데 여기서 ' OK' 버튼을 클릭한다.

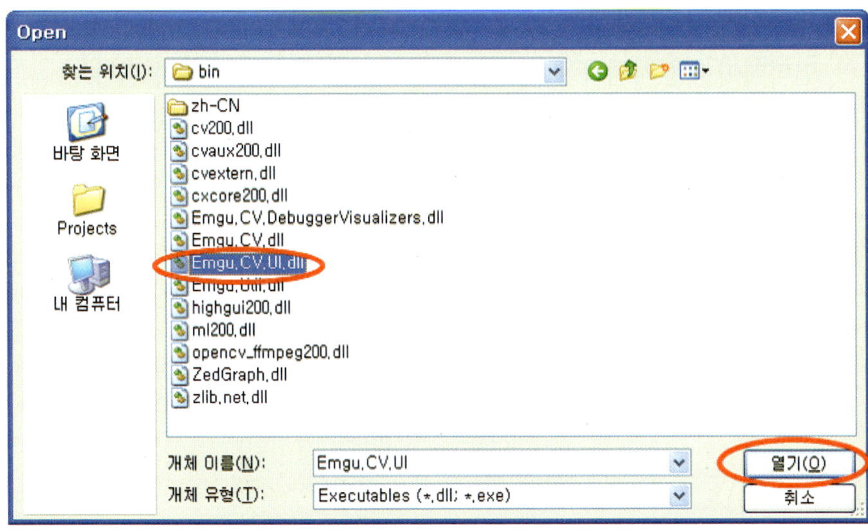

그림 C-3 Emgu.CV.UI.dll 파일 선택 대화상자

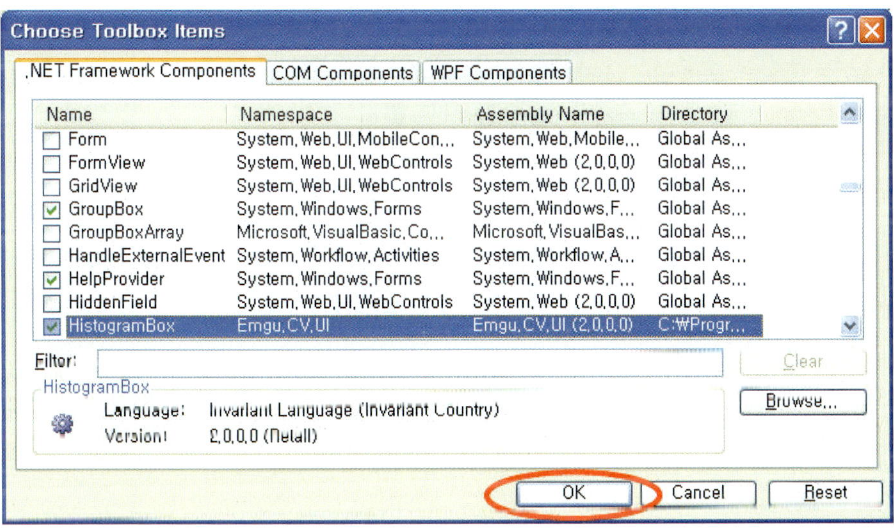

그림 C-4 도구상자 추가 항목 확인 대화상자

④ 도구상자에 [그림 C-5]와 같이 EmguCV에서 제공하는 편리한 사용자 인터페이스를 지원하는 컨트롤들을 사용할 수 있는 상태가 된다.

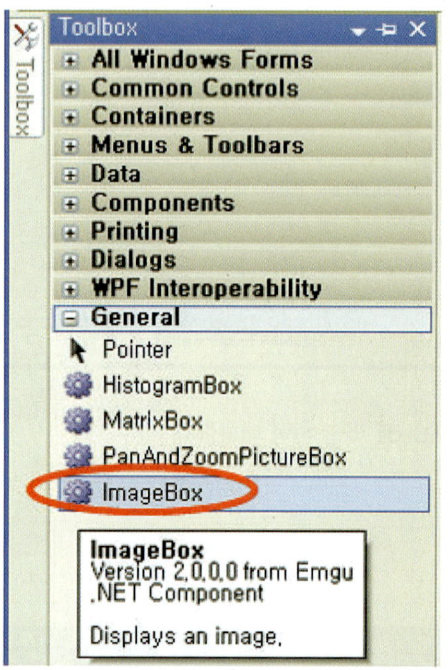

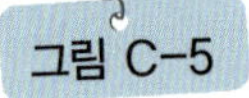
그림 C-5 도구상자에 표시된 ImageBox 컨트롤

찾아보기

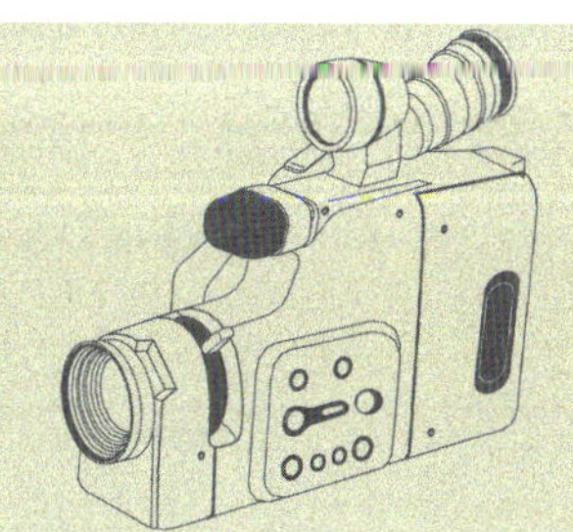

한글

EmguCV를 이용한 **C# 디지털 영상처리**

인　쇄 : 2010년 3월 10일
발　행 : 2010년 3월 15일

지은이 : 이칠우 · 정민영
발행인 : 현영덕
펴낸곳 : 도서출판 YOUNG
121-865 서울시 마포구 연남동 252-1 2층
전　화 : 02-3141-4134
팩　스 : 02-3141-4889
등록번호 105-90-67568
ISBN : 978-89-92843-30-0

정가 25,000원

*잘못 만들어진 책은 바꾸어 드립니다.